AF402452

INTRODUCTION

A LA PHILOSOPHIE

DES MATHÉMATIQUES,

ET

TECHNIE DE L'ALGORITHMIE;

Par M. HOËNÉ de WRONSKI,

Ci-devant Officier supérieur d'Artillerie au service de Russie.

PARIS,

Chez COURCIER, Imprimeur-Libraire pour les Mathématiques,
quai des Augustins, n° 57.

1811.

DÉDIÉ

A SA MAJESTÉ L'EMPEREUR

ALEXANDRE Ier,

AUTOCRATE DE TOUTES LES RUSSIES.

~~~~~~

PREMIÈRE PARTIE

INTRODUCTION

A LA PHILOSOPHIE

DES MATHÉMATIQUES.
~~~~~~

AVIS.

L'objet principal de cet Ouvrage, est l'établissement d'une branche nouvelle des Mathématiques. — Son objet accessoire est la fondation des Mathématiques en général.

La Technie de l'Algorithmie, formant la partie essentielle de cette branche nouvelle, a été présentée à l'Institut de France. La Commission nommée par ce Corps, a déclaré expressément que toutes les méthodes connues, fondées sur les développemens des fonctions, dérivent de la loi première de cette Technie, et qu'elles n'en sont que des cas très-particuliers; *et elle a reconnu, par là, la généralité absolue, du moins la généralité absolue présomptive, de cette loi algorithmique suprême. Mais, l'auteur n'ayant donné alors que les résultats, cette Commission ne pouvait approfondir la nature même de la Technie des Mathématiques; et elle a demandé les développemens nécessaires.*

Ces développemens appartiennent à la Philosophie des Mathématiques : l'auteur les présente dans la première partie de cet Ouvrage, ayant pour objet une INTRODUCTION A CETTE PHILOSOPHIE, et formant un extrait d'une Philosophie complète des sciences mathématiques. — Il donnera, dans la seconde partie, la TECHNIE DE l'ALGORITHMIE, telle qu'il a eu l'honneur de la présenter à l'Institut de France.

TABLE MÉTHODIQUE
DES MATIÈRES.

TABLE MÉTHODIQUE

DES MATIERES.

FIN DE LA TABLE.

INTRODUCTION

A LA PHILOSOPHIE

DES MATHÉMATIQUES.

LE monde physique présente, dans la causalité non intelligente, dans la nature, deux objets distincts : l'un, qui est la *forme*, la manière d'être ; l'autre, qui est le *contenu*, l'essence même de l'action physique.

La déduction de cette dualité de la nature, appartient à la Philosophie : nous nous contenterons ici d'en indiquer l'origine transcendantale. — Elle consiste dans la dualité des lois de notre savoir, et nommément dans la diversité qui se trouve entre les lois transcendantales de la sensibilité (de la réceptivité de notre savoir), et les lois transcendantales de l'entendement (de la spontanéité ou de l'activité de notre savoir). C'est, en effet, dans la diversité qui résulte de l'application de ces lois aux phénomènes donnés à posteriori, que consiste la dualité de l'aspect sous lequel se présente la nature ; dualité que nous rangeons, conduits de nouveau par des lois transcendantales, sous les conceptions de *forme* et de *contenu* du monde physique.

Or la *forme*, la manière d'être de la nature ou du monde physique, est l'objet général des MATHÉMATIQUES ; et son *contenu*, son essence même, est l'objet général de la PHYSIQUE. — Mais, laissons cette dernière, pour ne nous occuper ici que des Mathématiques.

La forme du monde physique, qui résulte de l'application des lois transcendantales de la sensibilité aux phénomènes donnés à posteriori, est le *temps*, pour tous les objets physiques en général, et l'*espace*, pour les objets physiques extérieurs. — Ce sont donc les lois du temps et de l'espace, en considérant ces derniers comme appartenant au monde physique donné à posteriori, qui font le véritable objet des Mathématiques (*).

Telle est d'abord la détermination de l'objet en question, donnée par la Philosophie en général, et nommément par l'Architectonique du savoir humain. — La détermination ultérieure de cet objet, appartient à la PHILOSOPHIE DES MATHÉMATIQUES.

Cette dernière Philosophie a pour but l'application des lois pures du savoir, transcendantales et logiques, à l'objet général des sciences dont il s'agit, à l'objet général tel que nous venons de le déterminer ; et elle doit ainsi, suivant cette idée, déduire, par une voie subjective, les *lois premières* des Mathématiques, ou leurs *principes philosophiques*. — Les MATHÉMATIQUES ELLES-MÊMES partent de ces principes, et en déduisent, par une voie purement objective, sans remonter jusqu'aux lois intellectuelles, les propositions dont l'ensemble fait l'objet de ces sciences.

Pour mieux approfondir la nature de la Philosophie des Mathématiques, il faut savoir qu'il existe, pour les fonctions intellectuelles de l'homme, des lois déterminées. Ces lois, transcendantales et logiques, caractérisent l'intelligence humaine, ou plutôt constituent la nature même du savoir de l'homme. Or, en appliquant ces lois, prises dans leur pureté subjective, à l'objet général des Mathématiques, à la forme du monde physique, il en résulte, dans le domaine de notre savoir, un système de lois particulières, qui régissent les fonctions intellectuelles spéciales portant sur l'objet de cette application, sur le temps et l'espace. — Ce sont ces lois particulières, qui constituent les principes philosophiques des Mathématiques, principes que nous avons nommés. — Il faut encore remarquer que, suivant cette exposition de la Philosophie des Mathématiques, cette Philosophie donne, en même temps, l'explication

---

(*) Nous devons observer ici, pour les Philosophes, que nous disons expressément que les Mathématiques ont pour objet les lois du temps et de l'espace, en considérant ces derniers *objectivement*, c'est-à-dire, comme appartenant au monde physique, donné à posteriori, et non *subjectivement*, comme lois transcendantales de notre savoir, données à priori. — Les intuitions du temps et de l'espace, considérées sous ce dernier point de vue, font l'objet de la Philosophie elle-même, et spécialement de l'Æsthétique transcendantale.

des phénomènes intellectuels que présentent les sciences mathématiques : en effet, l'ensemble de ces sciences forme un certain ordre
de fonctions intellectuelles, et ces fonctions sont de véritables phénomènes ; de manière que les lois de ces fonctions, qui sont, en
même temps, les lois de ces phénomènes, contiennent la condition de la possibilité de ces derniers, et donnent, par là, leur explication philosophique.

Or, c'est cette Philosophie des Mathématiques qui est l'objet de
l'Introduction formant la première partie de cet Ouvrage. — Nous
y sacrifierons provisoirement la rigueur scientifique, à la popularité
que nous croyons nécessaire de donner à cette matière, en la pré-
sentant au public pour la première fois.

Deux points de vue se présentent dès l'abord de cette Philosophie : l'un subjectif, portant sur le *savoir* ; l'autre objectif, portant
sur la *science* même des Mathématiques. Sous le premier de ces
deux points de vue, il s'agit des lois que suit le savoir de l'homme,
appliqué à l'objet général des Mathématiques ; sous le second, il
s'agit des lois que suit cet objet général dans l'application du savoir
de l'homme : les premières de ces lois, les *lois subjectives*, sont,
pour ainsi dire, les lois que reçoit notre cognition par l'objet des
Mathématiques ; et les secondes, les *lois objectives*, sont les lois
que reçoit l'objet des Mathématiques par la cognition de l'homme.

Les lois subjectives que nous venons de déduire, embrassent le
contenu et la *forme* de notre savoir mathématique. — Le contenu
cognitif présente les différentes parties essentielles de nos connaissances mathématiques, les différens objets particuliers, distincts et
nécessaires, dans les sciences dont il est question : il constitue
l'ARCHITECTONIQUE DES MATHÉMATIQUES. La forme cognitive présente les différentes manières d'envisager ces objets particuliers ;
les différens modes intellectuels de leur connaissance : elle constitue la MÉTHODOLOGIE DES MATHÉMATIQUES. — Quant aux lois
objectives que nous venons de déduire, et qui sont proprement
les lois de l'objet même des sciences dont il s'agit, elles constituent
la MÉTAPHYSIQUE DES MATHÉMATIQUES.

Pour ce qui concerne, en premier lieu, l'Architectonique des
Mathématiques, elle a évidemment pour but de déduire, des lois
mêmes du savoir, les différens *objets distincts* et *nécessaires* des

sciences en question. — Elle forme une partie essentielle de cette Introduction à la Philosophie des Mathématiques, dont l'objet principal est l'établissement de la Technie de ces sciences. Pour cette raison, nous joignons, à cette Introduction, un Tableau architectonique des Mathématiques, du moins pour les Mathématiques pures, tel qu'il résulte de l'Architectonique dont il s'agit; et nous indiquerons expressément, dans le cours de cet Ouvrage, les déductions appartenant spécialement à cette première partie de la Philosophie des Mathématiques.

Pour ce qui concerne, en second lieu, la Méthodologie des Mathématiques, elle a pour objet la détermination des différentes *méthodes* qu'on doit suivre et qu'on suit nécessairement dans les différentes branches de ces sciences. — Or, cette partie de la Philosophie des Mathématiques étant fondée sur des principes purement logiques, nous l'omettons dans cette Introduction, où il ne doit être question que des résultats concernant l'objet même des Mathématiques. — La seule chose que nous croyons devoir faire remarquer, c'est que les méthodes qu'on suit dans les différentes branches des sciences en question, paraissent être entièrement méconnues des géomètres : on nomme, par excellence, *Analyse* toutes les branches qui dépendent de calculs généraux, et dont plusieurs mériteraient, par excellence, le nom de *Synthèse*.

Pour ce qui concerne, en troisième et dernier lieu, la Métaphysique des Mathématiques, c'est là proprement la partie principale de la Philosophie de ces sciences, et c'est aussi la partie principale de cette Introduction. — Nous avons déjà vu que cette Métaphysique a pour but les lois que suit l'objet même des Mathématiques, lois qui sont les principes premiers ou philosophiques de ces sciences. C'est donc à cette Métaphysique, aidée de l'Architectonique, qu'appartiennent proprement la détermination ultérieure de l'objet des Mathématiques, et la déduction des lois fondamentales que nous nous proposons de découvrir pour expliquer ces sciences. — Venons au fait.

Les lois du temps et de l'espace, qui, suivant la détermination philosophique générale, forment l'objet des Mathématiques, peuvent être considérées *in concreto*, ou *in abstracto*. Dans le premier cas, elles font l'objet des Mathématiques appliquées; dans le second, celui des Mathématiques pures. — Mais, la considération concrète des lois en question, qui dépend visiblement de la considération abstraite de ces lois, ou qui n'en est qu'un corollaire, ne saurait nous intéresser dans l'Ouvrage présent, où il s'agit principalement de fonder la Technie des Mathématiques ; aussi, ne nous en occuperons-nous plus dans cette Introduction.

Quant aux Mathématiques pures, plaçons-nous, d'abord, dans un point de vue général, et commençons par la considération objective, par la détermination ultérieure de l'objet de ces sciences.

Or, en appliquant au temps considéré objectivement, comme appartenant aux phénomènes physiques donnés à posteriori, les lois transcendantales du savoir, et nommément la première des lois de l'entendement, la *quantité*, prise dans toute sa généralité, il en résulte la conception de la *succession des instans*, et dans la plus grande abstraction, la conception ou plutôt le schéma du *nombre*. De plus, en appliquant la même loi transcendantale à l'intuition de l'espace, ce dernier étant de même considéré objectivement, comme appartenant aux phénomènes physiques donnés à posteriori, il en résulte la conception de la *conjonction des points*, et dans la plus grande abstraction, la conception ou plutôt le schéma de l'*étendue*.

Ces deux déterminations particulières de l'objet général des Mathématiques donnent naissance à deux branches des Mathématiques pures. — La première a pour objet les *nombres* : nous l'appellerons Algorithmie. La seconde a pour objet l'*étendue* : c'est la Géométrie.

Les nombres, comme tous les objets intellectuels, peuvent être considérés en *général* et en *particulier*, c'est-à-dire, qu'on peut considérer séparément les *lois* des nombres, et les *faits* des nombres (*). — Cette considération est purement logique, et n'appartient, par conséquent, qu'à la méthode de la science. Quoi qu'il en soit, les *lois* des nombres forment l'objet d'une branche de l'Algorithmie, qui est l'Algèbre ; et les *faits* des nombres forment l'objet d'une autre branche, qui est l'Arithmétique. — Il en est de même de l'étendue : les *lois* de l'étendue forment l'objet de la Géométrie

---

(*) Par exemple, $3 + 4 = 7$, est un *fait* de nombres ; et la proposition : la moitié de la somme, plus la moitié de la différence de deux nombres, égalent le plus grand de ces nombres, est une *loi* de nombres.

GÉNÉRALE; et les *faits* de l'étendue, l'objet de la GÉOMÉTRIE PARTI-
CULIÈRE.

Passons à la considération subjective. — Une quantité mathématique peut être envisagée sous deux points de vue essentiellement
différens : sous l'un, on découvre la *nature* de cette quantité; sous
l'autre, on découvre sa *mesure*. Par exemple, pour les quantités
algorithmiques nommées logarithmes, l'expression

$$\log. (x.y.z.\text{etc.}) = \log. x + \log. y + \log. z + \text{etc.}$$

appartient au point de vue de la nature de ces quantités; et l'expression

$$\log. x = (x-1) - \tfrac{1}{2}(x-1)^2 + \tfrac{1}{3}(x-1)^3 - \text{etc.}$$

appartient au point de vue de la mesure de ces quantités.

Ces deux points de vue sont nécessaires : ils sont fondés sur la
nature même du savoir humain. — Le premier, sous lequel on découvre la nature des quantités mathématiques, c'est-à-dire, *ce qui
est* (dans l'essence de ces quantités), est fondé sur la *spéculation*.
Le second, sous lequel on découvre la mesure des quantités mathématiques, c'est-à-dire, *ce qu'il faut faire* (pour arriver à l'évaluation
de ces quantités), est fondé sur une espèce d'*action*. Dans le premier
de ces deux points de vue domine l'*entendement*, faculté de la spéculation; dans le second domine la *volonté*, faculté de l'action.

Ainsi, la *nature* et la *mesure* des quantités mathématiques, sont
deux objets distincts et nécessaires des Mathématiques en général,
et spécialement de l'Algorithmie et de la Géométrie.

Nous nommerons THÉORÈMES celles des propositions qui ont pour
objet la *nature* des quantités mathématiques; et nous nommerons
MÉTHODES celles des propositions qui ont pour objet la *mesure* de
ces quantités. Le système des théorèmes formera en général la
THÉORIE MATHÉMATIQUE; et spécialement, la THÉORIE ALGORITH-
MIQUE et la THÉORIE GÉOMÉTRIQUE. Le système des méthodes for-
mera en général la TECHNIE MATHÉMATIQUE; et spécialement, la
TECHNIE ALGORITHMIQUE et la TECHNIE GÉOMÉTRIQUE.

Poursuivons ces déductions. — Les différentes fonctions intellectuelles dépendent de la différence contingente qui se trouve dans
les facultés intellectuelles; mais, quelle qu'en soit la diversité, la

coexistence de ces fonctions n'est possible que par une identité ou par une unité nécessaire des différentes facultés dont elles dépendent. Cette unité nécessaire a sa source transcendantale dans le principe même du savoir, dans la conscience qui sert de base à la possibilité des facultés intellectuelles, et qui les lie par la loi de l'identité, en les considérant subjectivement, ou par la loi de l'unité, en les considérant objectivement. — Ainsi, en appliquant les facultés intellectuelles à l'objet général des Mathématiques, il doit en résulter, d'abord, des fonctions intellectuelles mathématiques, différant entre elles et dépendant des facultés intellectuelles différentes, et ensuite, des fonctions intellectuelles mathématiques, formant la liaison des premières, et dépendant de l'unité transcendantale qui se trouve entre ces facultés intellectuelles. — Le premier ordre de ces fonctions intellectuelles mathématiques constitue évidemment les *élémens* de toutes les opérations mathématiques possibles; le second ordre de ces fonctions constitue la *réunion systématique* de ces élémens.

En appliquant ces considérations philosophiques aux deux branches générales des Mathématiques pures, l'Algorithmie et la Géométrie, on en déduira les conclusions générales suivantes. — La Théorie et la Technie de l'Algorithmie, ainsi que la Théorie et la Technie de la Géométrie, ont chacune deux parties distinctes : l'une, qui a pour objet les ÉLÉMENS NÉCESSAIRES des opérations mathématiques qui appartiennent à ces branches respectives; l'autre, qui a pour objet la RÉUNION SYSTÉMATIQUE de ces opérations élémentaires.

Pour procéder aux développemens ultérieurs, et sur-tout à la déduction des lois fondamentales qui nous restent à découvrir, quittons le point de vue général où nous nous trouvons, et venons, en particulier, à chacune des deux branches de l'Algorithmie, que nous avons déterminées, savoir, la Théorie et la Technie de l'Algorithmie. — Quant à la Géométrie, les limites de cette Introduction ne nous permettent pas de nous en occuper davantage : nous ne pouvons présenter ici que les résultats architectoniques, concernant cette partie intégrante des Mathématiques pures (*). Ces résultats, tels qu'ils se trouvent dans le Tableau joint à cette Introduction, suffiront pour

____

(*) Nous pourrons donner, dans une troisième partie de cet Ouvrage, un Supplément contenant la Philosophie de la Géométrie.

nous former une idée exacte, au moins des différentes branches nécessaires de la Géométrie, et de leur origine transcendantale. — Procédons donc à la THÉORIE DE L'ALGORITHMIE.

Suivant les considérations philosophiques précédentes, la Théorie algorithmique a évidemment pour objet, d'abord, la détermination de la nature de tous les algorithmes élémentaires possibles, en les considérant chacun séparément ou d'une manière indépendante des autres, et ensuite, la détermination de la nature de l'influence réciproque de ces différens algorithmes élémentaires, ou plutôt la détermination de la nature de la réunion systématique de ces différens algorithmes. — La première partie de cette théorie formera la THÉORIE ALGORITHMIQUE ÉLÉMENTAIRE; la seconde, la THÉORIE ALGORITHMIQUE SYSTÉMATIQUE.

Or, deux algorithmes élémentaires, primitifs et essentiellement opposés, savoir, la SOMMATION et la GRADUATION, se présentent dans la première des deux parties de la Théorie algorithmique. — Le premier de ces algorithmes a deux branches particulières, l'une progressive, l'autre régressive, l'ADDITION et la SOUSTRACTION ; le second a également deux branches particulières, l'une progressive, l'autre régressive, les PUISSANCES et les RACINES.

Ces deux algorithmes primitifs sont, pour ainsi dire, les deux pôles intellectuels du savoir humain, dans son application aux quantités algorithmiques. — Dans la sommation, les parties de la quantité sont discontinues et extensives; elles ont proprement le caractère de l'agrégation (*per juxta positionem*). Dans la graduation, les parties de la quantité sont au contraire continues, ou du moins considérées comme telles, et sont en quelque sorte intensives; elles ont, de cette manière, l'aspect du caractère de la croissance (*per intus susceptionem*). — Ces deux fonctions algorithmiques de notre savoir, qui ont chacune leurs lois particulières, sont entièrement hétérogènes, et il est impossible de les déduire l'une de l'autre. — Voici leur déduction métaphysique, ou du moins leur principe transcendantal : la première, la fonction intellectuelle de la sommation, est fondée sur les *lois constitutives de l'entendement strictement dit*; la seconde, la fonction intellectuelle de la graduation, est fondée sur les *lois régulatives de la raison*.

La neutralisation de ces deux fonctions intellectuelles et, par conséquent,

conséquent, des deux algorithmes élémentaires qui leur répondent, produit une fonction intermédiaire, à laquelle correspond un algorithme également intermédiaire, tenant de la sommation et de la graduation : nous nommerons cet algorithme REPRODUCTION. — Ses deux branches, progressive et régressive, sont la MULTIPLICATION et la DIVISION. — Ce troisième algorithme élémentaire qui, considéré sous le point de vue métaphysique, se rapporte essentiellement à la faculté du *jugement*, doit encore, à cause de son origine, être considéré comme algorithme *primitif*.

Ainsi, la Théorie algorithmique présente *trois algorithmes élémentaires et primitifs*. Leurs origines se rapportent aux trois facultés primitives de notre intellect, l'entendement (strictement dit), le jugement et la raison. Les lois de ces trois algorithmes, fondées sur les lois respectives de ces trois facultés primordiales de notre intellect, sont, ainsi que la nature même de ces algorithmes, essentiellement différentes, et ne sauraient, dans toute leur généralité, être dérivées les unes des autres. — Il n'existe donc, et il ne peut exister pour l'homme, d'autres fonctions algorithmiques que celles qui sont, ou immédiatement fondées sur ces trois algorithmes primitifs, ou dérivées de ces algorithmes.

Parmi les fonctions algorithmiques *dérivées*, il en existe dont la dérivation est *nécessaire*, c'est-à-dire, donnée comme conséquence ou corollaire dans la nature même des trois algorithmes primitifs, et d'autres dont la dérivation est purement *contingente*. — Les premières, à cause de leur nécessité, font partie des *principes mêmes* de l'Algorithmie ; et pour cette raison, leur déduction appartient à la Philosophie des Mathématiques, et spécialement à leur Architectonique qui est l'objet de cette Introduction. Les dernières dont le nombre est indéfini, sont *subordonnées* aux principes de l'Algorithmie ; et leur déduction appartient aux Mathématiques elles-mêmes. — Passons donc à la détermination des fonctions algorithmiques dérivées, mais nécessaires.

Considérées en général, les trois fonctions primitives paraissent admettre quatre dérivations nécessaires, correspondantes aux quatre manières différentes dont elles peuvent être combinées entre elles, en les prenant, d'abord deux à deux, et ensuite toutes les trois. Mais en considérant, en particulier, la nature de ces fonctions primitives, on verra que la combinaison de l'algorithme de la sommation avec celui de la graduation, se trouve déjà dans l'origine de celui de la reproduction ; de manière qu'il ne reste de combinaisons réellement différentes, que celles de l'algorithme de la reproduction avec les algorithmes respectifs de la sommation et de la graduation.

Or, la combinaison des algorithmes primitifs de la reproduction et de la sommation, donne l'algorithme dérivé nécessaire qui forme la Numération ; et la combinaison des algorithmes primitifs de la reproduction et de la graduation, donne l'algorithme dérivé nécessaire qui forme les Facultés. — Le schéma du premier de ces algorithmes dérivés, est

$$A_{o} \cdot \varphi_{o} x + A_{1} \cdot \varphi_{1} x + A_{2} \cdot \varphi_{2} x + \text{etc.} ;$$

et celui du second

$$\varphi_{o} x \cdot \varphi_{1} x \cdot \varphi_{2} x \cdot \varphi_{3} x \ldots \text{etc.} ;$$

en désignant par A_{o}, A_{1}, A_{2}, etc., des quantités indépendantes de x, et par $\varphi_{o} x$, $\varphi_{1} x$, $\varphi_{2} x$, etc. des fonctions quelconques de x, liées entre elles par une loi.

Tels sont donc les algorithmes nécessaires qui dérivent immédiatement des trois algorithmes primitifs. — Nous pouvons nous dispenser ici de donner de plus grands développemens de leur déduction ; d'ailleurs, les schémas que nous avons présentés, pourront y suppléer. Nous nous contenterons d'ajouter quelques mots pour caractériser la nature de ces algorithmes dérivés.

La théorie de la numération a pour objet la génération d'une quantité algorithmique, en combinant la sommation et la reproduction. On peut donc, dans cette génération, resserrer ces deux algorithmes composans entre des limites données, et obtenir néanmoins la génération complète de la quantité proposée : c'est là le caractère distinctif de la théorie de la numération. — Son importance se manifeste sur-tout dans la génération des *faits* des nombres, ou de ce qu'on appelle *nombres naturels* ; en effet, par aucun des trois algorithmes primitifs, et sur-tout par celui de la sommation qui s'applique essentiellement à cette génération, nous ne pouvons avoir immédiatement la conception claire que de quelques-uns des premiers nombres de la suite des nombres naturels ; mais, en resserrant les algorithmes de la reproduction et de la sommation entre les limites de ceux des nombres naturels dont nous avons ou supposons avoir la conception claire, nous pouvons, au moyen de la théorie de la numération, opérer la génération de tous les autres faits des nombres, ou de tous les autres nombres naturels. — Cette théorie a ses lois particulières, dépendantes de la nature des fonctions $\varphi_o x$, $\varphi_1 x$, $\varphi_2 x$, etc. (car il n'est pas nécessaire que ces fonctions forment une suite de puissances), et de la nature des limites dans lesquelles on resserre les algorithmes de la sommation et de la graduation qui en sont les parties constituantes.

La théorie des facultés a pour objet la génération d'une quantité algorithmique, en combinant la graduation et la reproduction. On peut donc également, dans cette génération, resserrer ces deux algorithmes composans entre des limites données, et obtenir néanmoins la génération complète de la quantité proposée. — Cette théorie est encore trop nouvelle pour qu'on en connaisse toute l'importance : nous pouvons assurer, et nous en donnerons la preuve dans la Philosophie générale des Mathématiques, que la génération des *lois* théoriques des nombres, ou la détermination de toutes les expressions algébriques appartenant à la théorie algorithmique (les sinus, les logarithmes, les racines des équations immanentes, les intégrales, etc.), sont essentiellement du ressort de la théorie des facultés ; de manière que l'importance de cette théorie pour la génération des *lois* des nombres, ou pour l'Algèbre, est la même que celle de la théorie de la numération pour la génération des *faits* des nombres, ou pour l'Arithmétique. — Il est clair que la théorie des facultés doit avoir ses lois particulières, dépendantes de la nature des fonctions $\varphi_o x$, $\varphi_1 x$, $\varphi_2 x$, etc., et de celle des limites entre lesquelles on resserre les algorithmes de la graduation et de la reproduction qui en sont les parties constituantes (*).

Voilà donc les deux algorithmes dérivés qui résultent immédiatement des trois algorithmes primitifs, c'est-à-dire, de leur combinaison nécessaire. — Ici finirait la déduction de ces algorithmes dérivés, s'il ne se trouvait, dans la nature de la numération et des

____

(*) *Voyez* la seconde note à la fin de cet Ouvrage.

facultés, le principe d'une conséquence ultérieure et également nécessaire. Ce principe consiste en ce que la reproduction, qui est commune à ces deux algorithmes dérivés, établit entre eux une liaison, une espèce d'unité ; d'où résulte, comme conclusion nécessaire, la proposition, du moins problématique, de la transition de la théorie de la numération à celle des facultés, et réciproquement de la théorie des facultés à celle de la numération. — Les schémas de ces deux questions nécessaires, qui doivent définitivement terminer le système de tous les algorithmes élémentaires, possibles pour l'homme, sont :

1°. Transition de la numération aux facultés,

$$\varphi x_1 + \varphi x_2 + \varphi x_3 + \text{etc.} = \varphi \{ x_1 \cdot x_2 \cdot x_3 \cdot \text{etc.} \} ;$$

2°. Transition des facultés à la numération,

$$\varphi x_1 \cdot \varphi x_2 \cdot \varphi x_3 \cdot \text{etc.} = \varphi \{ x_1 + x_2 + x_3 + \text{etc.} \} ,$$

en désignant par x_1, x_2, x_3, etc. des quantités variables quelconques.

Il s'agit donc de déterminer les fonctions respectives φ, s'il en existe, qui répondent à ces deux questions algorithmiques, proposées par la nature même de notre savoir.

Or, pour ce qui concerne d'abord la première de ces deux questions dont le schéma est

$$\varphi x_1 + \varphi x_2 + \varphi x_3 + \text{etc.} = \varphi \{ x_1 \cdot x_2 \cdot x_3 \cdot \text{etc.} \} ,$$

il est clair que la fonction φ dont il s'agit ici, est l'exposant d'une quantité donnée qui forme, avec cet exposant, la valeur de la quantité variable, savoir,

$$a^{\varphi x} = x,$$

a étant une quantité constante quelconque. En effet, on aura

$$x_1 \cdot x_2 \cdot x_3 \cdot \text{etc.} = a^{\varphi x_1} \cdot a^{\varphi x_2} \cdot a^{\varphi x_3} \cdot \text{etc.} = a^{\varphi x_1 + \varphi x_2 + \varphi x_3 + \text{etc.}} ;$$

et par conséquent

$$\varphi x_1 + \varphi x_2 + \varphi x_3 + \text{etc.} = \varphi \{ x_1 \cdot x_2 \cdot x_3 \cdot \text{etc.} \} .$$

Il ne reste donc qu'à découvrir la nature de la fonction φ, et à savoir si elle est une fonction dérivée ÉLÉMENTAIRE, ou simplement une combinaison des autres fonctions élémentaires. — Pour y parvenir, désignons, en particulier, par le radical $\sqrt{\ }$, les racines réelles, et en général, par les exposans fractionnaires, les racines quelconques, réelles ou imaginaires, des quantités algorithmiques; et prenons la racine m des deux membres de l'égalité

$$a^{\varphi x} = x.$$

En faisant attention à la nature de cette expression, nous aurons

$$(\sqrt[m]{a})^{\varphi x} = x^{\frac{1}{m}};$$

car la base doit rester constante et réelle, pour que la question soit déterminée; et c'est la fonction φx qui doit répondre aux différentes racines $x^{\frac{1}{m}}$. Mais

$$(\sqrt[m]{a})^{\varphi x} = \{1 + (\sqrt[m]{a} - 1)\}^{\varphi x} =$$

$$1 + \frac{\varphi x}{1}(\sqrt[m]{a} - 1) + \frac{\varphi x}{1} \cdot \frac{\varphi x - 1}{2} \cdot (\sqrt[m]{a} - 1)^2 + \text{etc.}$$

Donc,

$$x^{\frac{1}{m}} - 1 = \frac{\varphi x}{1}(\sqrt[m]{a} - 1) + \frac{\varphi x}{1} \cdot \frac{\varphi x - 1}{2} \cdot (\sqrt[m]{a} - 1)^2 + \text{etc.}$$

Or en observant que, lorsque la quantité arbitraire m est infiniment grande, le second membre de la dernière égalité se réduit à son premier terme (*), on obtiendra définitivement

$$\varphi x = \frac{x^{\frac{1}{\infty}} - 1}{\sqrt[\infty]{a} - 1}.$$

Telle est donc la *nature* de la fonction en question. — Cette expression est évidemment celle de la génération théorique primitive de cette fonction : c'est l'*idée* ou la *conception première*, pro-

---

(*) Nous prions les géomètres de ne pas trouver défectueux qu'en supposant m infiniment grande, nous négligions tous les termes par rapport au premier, dans le second membre de l'égalité dont il s'agit. — Ils trouveront ci-après, lorsqu'il sera question du calcul différentiel, au moins une indication de la vraie métaphysique du calcul infinitésimal ; et il ne tiendra qu'à eux de voir que le procédé que nous venons de suivre est RIGOUREUX.

posée par la raison à l'entendement, pour être réalisée dans le domaine de l'expérience. — C'est donc là la fonction primitive formant ce qu'on nomme *logarithme*.

De plus, en appliquant le binome de Newton à la puissance $M^{\frac{1}{\mu}}$, on a

$$M^{\frac{1}{\mu}} = \left\{ 1 + (M^{\mu} - 1) \right\}^{\frac{1}{\mu\infty}} =$$

$$1 + \frac{1}{\mu\infty} \cdot (M^{\mu} - 1) - \frac{1}{2\mu\infty} \cdot (M^{\mu} - 1)^2 + \frac{1}{3\mu\infty} \cdot (M^{\mu} - 1)^3 - \text{etc.},$$

μ étant une quantité arbitraire; et partant, on aura

$$\varphi x = \frac{q}{p} \cdot \frac{(x^p - 1) - \frac{1}{2}(x^p - 1)^2 + \frac{1}{3}(x^p - 1)^3 - \text{etc.}}{(a^q - 1) - \frac{1}{2}(a^q - 1)^2 + \frac{1}{3}(a^q - 1)^3 - \text{etc.}},$$

p et q étant deux quantités arbitraires. Ainsi, en observant que ce développement peut toujours être rendu convergent, au moyen des deux quantités arbitraires p et q, on verra que la fonction φx en question est susceptible de valeurs réelles.

Or, la fonction algorithmique φx que nous venons de déterminer, et qui se trouve avoir effectivement des valeurs réelles, est évidemment une fonction dérivée ÉLÉMENTAIRE, parce qu'elle implique, dans son expression, des exposans *infinis* qui font sortir les puissances qui leur répondent, de la classe des puissances ordinaires, susceptibles d'une signification immédiate. En effet, en remontant à la source transcendantale, on trouve que les puissances ordinaires qui répondent à des exposans finis, sont des fonctions intellectuelles *immanentes*, ou des fonctions simples de l'*entendement;* et que les puissances qui répondent à des exposans infinis, ne sont possibles que par l'application de la *raison* aux fonctions de l'entendement que nous venons de nommer, et sont ainsi des fonctions intellectuelles supérieures, et nommément des fonctions *transcendantes;* ou des conceptions de la raison, des idées proposées par cette faculté intellectuelle suprême.

Il s'ensuit que les fonctions appelées LOGARITHMES, sont des fonctions algorithmiques ÉLÉMENTAIRES, parmi les fonctions algorithmiques possibles pour l'homme; et que la THÉORIE DES LOGARITHMES forme une des branches nécessaires de l'Agorithmie.

Pour répandre plus de clarté sur la nature de ces fonctions,

anticipons ici, par quelques observations, sur la métaphysique
même de leur théorie. —

Avant tout, il ne faut pas perdre de vue que l'expression que nous
avons déterminée, savoir,

$$\varphi x = \frac{x^{\frac{1}{\infty}} - 1}{\sqrt[\infty]{a} - 1},$$

contient nécessairement, comme expression théorique primitive,
le principe de toute la théorie des logarithmes; et par conséquent,
qu'elle forme la loi fondamentale de cette théorie. — C'est donc
de cette expression que dérivent originairement toutes les propriétés et tous les développemens possibles de ces fonctions : toute
autre déduction de leurs propriétés, et tout autre développement
de leur valeur, sont nécessairement artificiels ou indirects.

Or, suivant cette expression primitive, on trouve, d'abord,
que si x_1, x_2, etc. sont des quantités variables, et n_1, n_2, etc.
des quantités quelconques, on a la relation

$$\varphi \left(x_1^{n_1} . x_2^{n_2} . \text{etc.} \right) = n_1 . \varphi x_1 + n_2 . \varphi x_2 + \text{etc.},$$

qui forme un principe subordonné de la théorie des logarithmes.
En effet, on a

$$\varphi \left(x_1^{n_1} . x_2^{n_2} . \text{etc.} \right) = \frac{\left(x_1^{n_1} . x_2^{n_2} . \text{etc.} \right)^{\frac{1}{\infty}} - 1}{\sqrt[\infty]{a} - 1} ;$$

et observant qu'en général $(x^{\frac{1}{\infty}} - 1)$ est une quantité infiniment
petite, on a de plus et en général

$$x^{\frac{n}{\infty}} = \left\{ 1 + (x^{\frac{1}{\infty}} - 1) \right\}^n = 1 + n.(x^{\frac{1}{\infty}} - 1);$$

et par conséquent

$$x_1^{\frac{n_1}{\infty}} . x_2^{\frac{n_2}{\infty}} . \text{etc.} = 1 + n_1.(x_1^{\frac{1}{\infty}} - 1) + n_2.(x_2^{\frac{1}{\infty}} - 1) + \text{etc.}$$

Donc, en substituant, on aura

$$\varphi \left(x_1^{n_1} . x_2^{n_2} . \text{etc.} \right) = \frac{n_1 . (x_1^{\frac{1}{\infty}} - 1)}{\sqrt[\infty]{a} - 1} + \frac{n_2 . (x_2^{\frac{1}{\infty}} - 1)}{\sqrt[\infty]{a} - 1} + \text{etc.} = n_1 . \varphi x_1 + n_2 . \varphi x_2 + \text{etc.}$$

En second lieu, suivant l'expression primitive de la fonction
dont il s'agit, on voit qu'elle forme autant de systèmes différens

qu'il y a de valeurs différentes pour la base a. — Mais il se présente une particularité remarquable; la voici. — En multipliant le numérateur et le dénominateur de cette fonction, par la quantité infiniment grande ∞ qui entre dans son expression, on a

$$\varphi x = \frac{\infty\,(x^{\frac{1}{\infty}} - 1)}{\infty\,(\sqrt[\infty]{a} - 1)};$$

et alors le numérateur et le dénominateur sont des quantités finies. Or le cas le plus simple de ces fonctions serait évidemment celui où le dénominateur, dans lequel n'entre point la variable, serait égal à l'unité; et par conséquent, où cette fonction serait, pour ainsi dire, indépendante de la base. Il se présente donc, dans la nature même de ces fonctions, la question rationnelle ou philosophique dont voici le schéma :

$$\infty\,(\sqrt[\infty]{e} - 1) = 1;$$

e désignant le nombre qui répond à cette question. — L'expression de ce nombre philosophique, impliqué dans la génération même des fonctions dont il s'agit, sera par conséquent

$$e = \left(1 + \frac{1}{\infty}\right)^{\infty};$$

expression qui, en développant le binome, donne

$$e = 1 + \frac{1}{1} + \frac{1}{1.2} + \frac{1}{1.2.3} + \text{etc.},$$

ou bien

$$e = 2,71828 \text{ etc.}$$

C'est là l'expression théorique primitive, l'idée ou la conception première du nombre qu'on appelle *base des logarithmes naturels*. — Si nous désignons par L les logarithmes de ce système, nous aurons en particulier, pour cette base,

$$Lx = \infty\,(x^{\frac{1}{\infty}} - 1);$$

et par conséquent, en général, pour une base quelconque a,

$$\varphi x = \infty\,(x^{\frac{1}{\infty}} - 1)\frac{1}{La}.$$

Reveno

Revenons à l'Architectonique des Mathématiques qui est ici notre véritable objet, et nommément à la seconde des deux questions rationnelles que nous avons posées plus haut, à celle de la transition des facultés à la numération, dont le schéma est

$$\varphi x_1 . \varphi x_2 . \varphi x_3 . \text{etc.} = \varphi \{ x_1 + x_2 + x_3 + \text{etc.} \}.$$

Il s'agit donc encore de déterminer la fonction φ, s'il en existe, qui réponde à cette seconde question algorithmique, proposée par la nature même de notre savoir. — Or il est clair que les fonctions exponentielles, qui appartiennent entièrement à l'algorithme primitif de la graduation, répondent effectivement, et d'une manière complète, à cette seconde question rationnelle. En effet, si a et m sont deux quantités constantes, on aura la fonction exponentielle générale

$$\varphi x = a^{mx},$$

qui donne

$$\varphi x_1 . \varphi x_2 . \varphi x_3 . \text{etc.} = a^{mx_1} . a^{mx_2} . a^{mx_3} . \text{etc.} = a^{m(x_1 + x_2 + x_3 + \text{etc})};$$

et par conséquent

$$\varphi x_1 . \varphi x_2 . \varphi x_3 . \text{etc.} = \varphi \{ x_1 + x_2 + x_3 + \text{etc.} \}.$$

Ainsi, en considérant les fonctions exponentielles dans toute leur généralité, la seconde des deux questions rationnelles dont il s'agit, la transition des facultés à la numération, ne donnerait lieu à aucun algorithme nouveau. Il ne pourrait donc s'en trouver ici que dans le cas particulier où l'exposant m recevrait une valeur qui placerait les fonctions exponentielles hors de la classe des puissances ordinaires et susceptibles d'une signification immédiate. Ce cas a lieu effectivement lorsque l'exposant m est imaginaire, et nommément lorsque $m = \sqrt{-1}$, ainsi que nous allons le déduire.

Tant que l'exposant m est réel et fini, la fonction $(a^m)^x$ reste dans la classe de l'algorithme ordinaire de la graduation, quelle que soit la valeur de a, réelle ou imaginaire : elle est alors une simple fonction immanente. Mais, lorsque l'exposant m implique l'infini ou est imaginaire, cette fonction sort de la classe de l'algorithme ordinaire de la graduation, parce qu'elle n'est possible

que par l'influence de la raison constitutive qui la rend alors fonction transcendante. Or, le cas où l'exposant m implique l'infini,
est celui des logarithmes ou des fonctions que nous venons de
traiter ; il ne reste donc, dans la question présente, des fonctions
réellement nouvelles que dans le cas où l'exposant m est imaginaire. — Voici quelles sont les fonctions qui résultent dans ce cas.
— Mais, traitons la question dans toute sa généralité : nous aurons
ainsi

$$\varphi x = (a^{\sqrt{\pm 1}})^x.$$

Pour déterminer la nature de la fonction φx, observons d'abord
que, pour un nombre quelconque n, on a

$$n = (n^{\frac{1}{\infty}})^\infty = \left\{ 1 + (n^{\frac{1}{\infty}} - 1) \right\}^\infty;$$

et développant le binome

$$n = 1 + \frac{\infty}{1} (n^{\frac{1}{\infty}} - 1) + \frac{\infty^2}{1.2} (n^{\frac{1}{\infty}} - 1)^2 + \frac{\infty^3}{1.2.3} (n^{\frac{1}{\infty}} - 1)^3 + \text{etc.}$$

Mais si e est la base des logarithmes naturels, on a

$$\infty (\sqrt[\infty]{e} - 1) = 1;$$

et par conséquent

$$\infty^\mu (\sqrt[\infty]{e} - 1)^\mu = 1,$$

en supposant que μ est un nombre entier. Donc en substituant,
dans la dernière expression de n, ces valeurs de l'unité, on aura

$$n = 1 + \frac{1}{1} \cdot \frac{n^{\frac{1}{\infty}} - 1}{\sqrt[\infty]{e} - 1} + \frac{1}{1.2} \cdot \frac{(n^{\frac{1}{\infty}} - 1)^2}{(\sqrt[\infty]{e} - 1)^2} + \text{etc.};$$

et observant de plus que

$$\frac{n^{\frac{1}{\infty}} - 1}{\sqrt[\infty]{e} - 1} = Ln,$$

on aura définitivement

$$n = 1 + \frac{1}{1} Ln + \frac{1}{1.2} (Ln)^2 + \frac{1}{1.2.3} (Ln)^3 + \text{etc.}$$

On pourrait aussi obtenir, d'une manière également théorique, le développement précédent, en le déduisant immédiatement de l'expression du logarithme, savoir, de

$$Ln = \infty \left(n^{\frac{1}{\infty}} - 1 \right).$$

En effet, on en tire

$$n = \left(1 + Ln \cdot \frac{1}{\infty} \right)^{\infty},$$

et développant le binome

$$n = 1 + \frac{1}{1} Ln + \frac{1}{1.2} (Ln)^2 + \frac{1}{1.2.3} (Ln)^3 + \text{etc.}$$

Nous devons profiter de cette occasion pour prévenir que l'expression

$$n = \left(1 + Ln \cdot \frac{1}{\infty} \right)^{\infty}$$

est le véritable schéma philosophique de l'algorithme primitif de la graduation : en effet, c'est ainsi que la raison fait envisager la génération des nombres, en influant d'une manière régulative sur les opérations algorithmiques de l'entendement. — Mais revenons à la fonction φx.

Si l'on applique le développement que nous venons de trouver pour n, à la fonction φx dont il s'agit, nous aurons

$$n = (a^{\sqrt{\pm 1}})^x, \qquad Ln = x \sqrt{\pm 1} \cdot La,$$

et par conséquent

$$a^{x\sqrt{\pm 1}} = 1 + \frac{La}{1} \cdot x \sqrt{\pm 1} \pm \frac{L^2 a}{1.2} \cdot x^2 \pm \frac{L^3 a}{1.2.3} \cdot x^3 \sqrt{\pm 1} + \text{etc.}$$

Cette expression se trouve composée de deux suites, l'une réelle, l'autre imaginaire. En désignant par Fx la première de ces suites, et par fx le coefficient de $\sqrt{-1}$ dans la seconde, on aura

$$Fx = 1 \pm \frac{(La)^2 \cdot x^2}{2} + \frac{(La)^4 \cdot x^4}{2.3.4} \pm \frac{(La)^6 \cdot x^6}{2.3.4.5.6} + \text{etc.} ;$$

$$fx = La \cdot x \pm \frac{(La)^3 \cdot x^3}{2.3} + \frac{(La)^5 \cdot x^5}{2.3.4.5} \pm \frac{(La)^7 \cdot x^7}{2.3.4.5.6.7} + \text{etc.} ,$$

et on verra que les deux fonctions Fx et fx sont susceptibles de valeurs réelles.

La nature de la fonction φx en question sera donc

$$\varphi x = Fx + fx \sqrt{\pm 1},$$

dans laquelle les deux quantités Fx et fx sont deux fonctions de x, susceptibles de valeurs réelles. — Or, à cause du double signe du radical qui entre, d'une manière générale, dans la fonction φx, on a les deux équations

$$Fx + fx \cdot \sqrt{\pm 1} = a^{+x\sqrt{\pm 1}},$$
$$Fx - fx \cdot \sqrt{\pm 1} = a^{-x\sqrt{\pm 1}};$$

lesquelles donnent

$$Fx = \tfrac{1}{2} \cdot \{ a^{+x\sqrt{\pm 1}} + a^{-x\sqrt{\pm 1}} \};$$
$$fx = \frac{1}{2\sqrt{\pm 1}} \{ a^{+x\sqrt{\pm 1}} - a^{-x\sqrt{\pm 1}} \}.$$

Telles sont les fonctions nouvelles susceptibles de valeurs réelles, qui sont impliquées dans la fonction φx dont il s'agit, c'est-à-dire, qui résultent de la seconde des deux questions rationnelles que nous traitons, de la transition des facultés à la numération. — La dernière de ces fonctions est ce qu'on appelle *sinus*, et la première, ce qu'on nomme *cosinus*; le signe supérieur, sous le radical, répond aux sinus et cosinus *hyperboliques*; le signe inférieur, aux sinus et cosinus *circulaires*.

Or, suivant ce que nous avons dit plus haut, ces deux fonctions forment des algorithmes dérivés ÉLÉMENTAIRES, du moins dans le cas de l'exposant imaginaire. En effet, cet exposant imaginaire fait sortir les puissances qui lui répondent, de la classe des puissances ordinaires et susceptibles d'une signification immédiate; et en remontant jusqu'à la source transcendantale, on trouve ici, comme pour les puissances qui impliquent l'infini dans leurs exposans, que les puissances à exposans imaginaires ne sont possibles, comme opérations intellectuelles, que par l'application de la raison à l'algorithme *immanent* de la graduation : il résulte, de cette application, des fonctions intellectuelles nouvelles, et nommément des fonctions *transcendantes* de la raison, ou des idées proposées par cette faculté supérieure.

Ainsi les fonctions nommées en général *sinus*, sont des fonctions algorithmiques ÉLÉMENTAIRES, parmi les fonctions algorithmiques possibles pour l'homme; et la THÉORIE DES SINUS forme une des branches nécessaires de l'Algorithmie.

Ici finit ce qui, dans la question générale des sinus, appartient à l'Architectonique des Mathématiques. — En anticipant sur la Philosophie même de la théorie des sinus, nous ajouterons quelques développemens pour répandre plus de clarté sur la nature de ces fonctions, ainsi que nous l'avons fait pour celles nommées logarithmes.

Avant tout, il faut remarquer que les fonctions dont il s'agit sont essentiellement *algorithmiques*, et non *géométriques*, comme on paraît l'avoir cru jusqu'à ce jour : elles ont, et doivent nécessairement avoir leur origine dans l'Algorithmie, dont elles forment, comme les puissances, les logarithmes, etc. une partie élémentaire et essentielle; ce n'est que par l'application de l'Algorithmie à la Géométrie, qu'on peut les retrouver dans cette dernière, et cette circonstance est entièrement contingente. Quand même les sinus et les cosinus ne se retrouveraient point dans la Géométrie, ils n'en subsisteraient pas moins, dans l'Algorithmie, d'une manière entièrement indépendante. — Il faut encore remarquer qu'il entre, dans ces fonctions, une quantité arbitraire a, qui est la *base* d'autant de systèmes différens de sinus et cosinus, qu'elle peut recevoir de valeurs différentes : cette base est, pour ces fonctions, ce qu'est, pour les fonctions nommées logarithmes, la base des différens systèmes de ces derniers. Lorsque sa valeur est celle de la base des logarithmes nommés naturels, le système de sinus et cosinus est proprement celui qu'on a connu jusqu'à présent.

Quoiqu'il n'entre point dans notre objet de donner des développemens qui n'appartiennent pas à la Philosophie même des Mathématiques, nous devons ici, pour faire mieux connaître cette nouvelle manière d'envisager la théorie des sinus et cosinus, donner au moins les résultats de l'application de cette théorie à la Géométrie, en la prenant dans toute sa généralité : voici ces résultats.

Dans les expressions des fonctions Fx et fx dont il est question, les deux signes appliqués à l'unité dans le radical $\sqrt{\pm 1}$, répondent, le supérieur ($\sqrt{+1}$) aux différens systèmes de sinus et cosinus hyperboliques, et l'inférieur ($\sqrt{-1}$) aux différens systèmes des sinus et cosinus elliptiques. La quantité variable x est le double de la surface du secteur d'une hyperbole ou d'une ellipse, compris entre le premier axe et le rayon vecteur mené du centre de ces courbes à un de ses points ; ou, plus généralement, cette surface divisée par la moitié du quarré du premier axe. Quant aux fonctions Fx et fx, si l'on décrit une hyperbole équilatère ou une ellipse équilatère, un cercle, sur les premiers axes de l'hyperbole ou de l'ellipse dans lesquelles on prend les secteurs dont nous venons de parler, et si de plus on mène, par les points qui déterminent ces secteurs, des lignes parallèles à leurs deuxièmes axes, on rencontrera, sur leurs courbes équilatères respectives, des points dont les distances aux deux axes seront proportionnelles aux fonctions Fx et fx ; et particulièrement la distance de ces points au premier axe, divisée par la moitié de ce premier axe, sera égale à la fonction fx, et la distance au second axe, divisée de même par la moitié du premier axe, sera égale à la fonction Fx. Enfin, pour ce qui concerne la base a des différens systèmes des sinus et cosinus, si l'on désigne par p le premier axe, et par q le second axe de l'hyperbole ou de l'ellipse particulière à laquelle appartient un système de ces fonctions, la base a est une quantité telle, qu'en désignant, comme plus haut, par L le logarithme naturel, on a

$$La = \frac{p}{q}.$$

Lorsque $q = p$, c'est-à-dire, lorsque les courbes sont équilatères, on a $La = 1$; et c'est alors qu'on a respectivement le système des sinus et cosinus de l'hyperbole équilatère, et le système des sinus et cosinus de l'ellipse équilatère ou du cercle, qui sont les systèmes particuliers qu'on a connus jusqu'à ce jour.

Les expressions que nous avons déduites pour les fonctions Fx et fx dont il s'agit, savoir,

$$Fx = \tfrac{1}{2} \cdot \left\{ a^{x\sqrt{\pm 1}} + a^{-x\sqrt{\pm 1}} \right\},$$
$$fx = \frac{1}{2\sqrt{\pm 1}} \left\{ a^{x\sqrt{\pm 1}} - a^{-x\sqrt{\pm 1}} \right\},$$

contiennent nécessairement, comme expressions théoriques primitives, les principes de toute la théorie algorithmique de ces fonctions. — Or, en prenant leurs secondes puissances, on trouve

$$(Fx)^2 \mp (fx)^2 = 1,$$

qui est la propriété caractéristique, ou plutôt la liaison de ces fonctions. Mais négligeons le signe positif de l'unité dans le radical qui entre dans les expressions précédentes, et ne considérons que le signe négatif, qui seul rend ces fonctions réellement transcendantes; nous aurons alors

$$Fx = \tfrac{1}{2}\left(a^{x\sqrt{-1}} + a^{-x\sqrt{-1}}\right), \quad fx = \frac{1}{2\sqrt{-1}}\left(a^{x\sqrt{-1}} - a^{-x\sqrt{-1}}\right),$$

et pour leur liaison, la condition

$$(Fx)^2 + (fx)^2 = 1.$$

Cette condition, jointe à la nature de l'expression de la fonction principale φx, savoir,

$$\varphi x = Fx + fx \cdot \sqrt{-1},$$

nous fait découvrir, du moins problématiquement, que cette fonction φx, ou bien la fonction exponentielle $(a^{\sqrt{-1}})^x$ qu'elle représente, est une racine déterminée de l'unité, dans le cas où $x = 1$, et généralement une puissance déterminée de l'unité, dans le cas de toute autre valeur de x. En effet, la forme de cette expression est celle des quantités imaginaires en général, de la classe desquelles sont les racines impossibles de l'unité; et de plus, le caractère distinctif de ces racines est que la somme des quarrés des deux quantités réelles qui entrent dans l'expression de ces racines, est égale à l'unité.

Ce caractère distinctif des racines de l'unité, provient ou n'est proprement qu'une conclusion de ce que celles des racines de l'unité qui, prises deux à deux, ne diffèrent que par le signe du radical imaginaire $\sqrt{-1}$, étant multipliées l'une par l'autre, donnent toujours l'unité pour produit. En effet, soient deux telles racines

$$\alpha + \beta\sqrt{-1}, \qquad \alpha - \beta\sqrt{-1};$$

en les multipliant entre elles, on a pour produit $\alpha^2 + \beta^2$: donc, s'il est prouvé généralement que le produit de ces racines de l'unité est l'unité même, on a nécessairement $\alpha^2 + \beta^2 = 1$; et alors cette relation est évidemment la condition de la forme des racines de l'unité. Mais quoiqu'il soit facile, dans la Philosophie même de la théorie de la graduation, de démontrer cette vérité fondamentale, ainsi que nous le ferons ci-après, nous nous contenterons ici, pour ne rien supposer gratuitement, de la considérer comme hypothétique, et cela à cause de la généralité de la conclusion qui en résulte pour la co-existence de deux pareilles racines de l'unité. Supposons donc, dans l'Architectonique des Mathématiques, au moins la possibilité de ce que la fonction φx dont il s'agit, c'est-à-dire, la fonction exponentielle $(a^{\sqrt{-1}})^x$ est une racine déterminée de l'unité dans le cas particulier où $x = 1$; et si notre supposition est fondée, cherchons quel est l'exposant réel de cette racine. — Soit donc en général π l'exposant, réel ou au moins imaginaire,

qui donne $\qquad\qquad (a^{\sqrt{-1}})^{\pi} = 1.$

En ne prenant que les racines imaginaires, les racines quatrièmes des deux membres de cette égalité, sont

$$a^{+\frac{1}{4}\pi\sqrt{-1}} = +\sqrt{-1}, \qquad a^{-\frac{1}{4}\pi\sqrt{-1}} = -\sqrt{-1}.$$

Mais on a

$$\sqrt{-1} = \frac{1+\sqrt{-1}}{1-\sqrt{-1}};$$

donc, en prenant les logarithmes des racines quatrièmes précédentes, on aura en général

$$\tfrac{1}{4}\pi\sqrt{-1} \cdot La = L\,\frac{1+\sqrt{-1}}{1-\sqrt{-1}},$$

et par conséquent

$$\pi = \frac{4}{La\sqrt{-1}}\{L(1+\sqrt{-1}) - L(1-\sqrt{-1})\}.$$

De plus, suivant les développemens trouvés plus haut pour les logarithmes, on a

$$L(1+\sqrt{-1}) = +\sqrt{-1} - \tfrac{1}{2}(\sqrt{-1})^2 + \tfrac{1}{3}(\sqrt{-1})^3 - \text{etc.},$$
$$L(1-\sqrt{-1}) = -\sqrt{-1} - \tfrac{1}{2}(\sqrt{-1})^2 - \tfrac{1}{3}(\sqrt{-1})^3 - \text{etc.};$$

donc

donc, en substituant, on aura définitivement

$$\pi = \frac{8}{La}\left\{1 - \tfrac{1}{3} + \tfrac{1}{5} - \tfrac{1}{7} + \text{etc.}\right\};$$

ou bien

$$\pi = \frac{2}{La} \cdot 3{,}14159 \ \text{etc.}$$

Ainsi, l'exposant π en question est effectivement un nombre réel, et il est vrai que la fonction exponentielle $a^{\sqrt{-1}}$ est une racine déterminée de l'unité. — Cette circonstance influe d'une manière majeure sur la nature des fonctions Fx et fx qui nous occupent, et leur donne un caractère particulier, celui d'une génération périodique, ainsi que nous allons le voir. — Nous avons

$$a^{\pi\sqrt{-1}} = 1,$$

π étant un nombre réel. Donc, nous aurons aussi

$$a^{m\pi\sqrt{-1}} = 1,$$

m étant un nombre entier quelconque, positif, négatif ou zéro. Or les fonctions Fx et fx sont

$$Fx = \tfrac{1}{2}\left(a^{x\sqrt{-1}} + a^{-x\sqrt{-1}}\right), \qquad fx = \frac{1}{2\sqrt{-1}}\left(a^{x\sqrt{-1}} - a^{-x\sqrt{-1}}\right);$$

elles seront donc en général

$$Fx = \tfrac{1}{2} \cdot \left\{a^{(x+m\pi)\sqrt{-1}} + a^{-(x+m\pi)\sqrt{-1}}\right\},$$

$$fx = \frac{1}{2\sqrt{-1}}\left\{a^{(x+m\pi)\sqrt{-1}} - a^{-(x+m\pi)\sqrt{-1}}\right\}.$$

Ainsi, en observant que π est un nombre réel, et m un nombre entier quelconque, positif, négatif ou zéro, on verra, par ces expressions générales, que les fonctions Fx et fx ont des valeurs périodiques, et que les limites de cette génération périodique correspondent aux valeurs

$$x = \mu\pi, \qquad x = (\mu \pm 1)\pi,$$

μ étant un nombre entier quelconque, positif, négatif ou zéro.

Ce sont donc ces dernières expressions qui forment le principe le plus général des fonctions dont il s'agit ; et par conséquent, c'est de ces expressions, déduites par la Philosophie des Mathématiques, que l'Algorithmie doit dériver toutes les propriétés et tous les développemens de ces fonctions. — Nous nous contenterons ici, en nous transportant dans l'Algorithmie elle-même, de déduire, de ces expressions générales, le principe subordonné duquel est parti Lagrange, dans sa Théorie et dans son Calcul des fonctions, pour déterminer les différentielles, ou, comme il les appelle, les dérivées des fonctions qui nous occupent : cette déduction, quoique purement mathématique ou doctrinale (et non philosophique ou métaphysique) nous servira pourtant ici, en nous faisant apprécier l'ordre ou le rang logique du principe que nous venons de nommer, et, par conséquent, la valeur philosophique des résultats mêmes que Lagrange en a tirés ; d'ailleurs, c'est de la Géométrie que cet illustre géomètre emprunte ce principe subordonné.

Par la nature des fonctions Fx et fx, la seconde des deux questions rationnelles dont nous sommes partis, celle de la transition des facultés à la numération, se trouve résolue complètement, et l'on a en général

$$\{Fx_1 + \sqrt{\pm 1}\,.\,fx_1\}\,.\,\{Fx_2 + \sqrt{\pm 1}\,.\,fx_2\}\,.\,\{Fx_3 + \sqrt{\pm 1}\,.\,fx_3\}\,.\,\text{etc.}$$
$$= F(x_1 + x_2 + x_3 + \text{etc.}) + \sqrt{\pm 1}\,.\,f(x_1 + x_2 + x_3 + \text{etc.}).$$

Or, lorsque $x_3 = x_4 = x_5 = \text{etc.} = 0$, on a simplement

$$\{Fx_1 + \sqrt{\pm 1}\,.\,fx_1\}\,.\,\{Fx_2 + \sqrt{\pm 1}\,.\,fx_2\} =$$
$$F(x_1 + x_2) + \sqrt{\pm 1}\,.\,f(x_1 + x_2),$$

égalité qui donne

$$Fx_1\,.\,Fx_2 \pm fx_1\,.\,fx_2 + \sqrt{\pm 1}\,\{Fx_1\,.\,fx_2 + Fx_2\,.\,fx_1\} =$$
$$F(x_1 + x_2) + \sqrt{\pm 1}\,.\,f(x_1 + x_2);$$

et par conséquent, en égalant séparément les parties qui ne dépendent pas et celles qui dépendent du radical $\sqrt{\pm 1}$, à cause des deux signes que ce radical peut avoir, on a

$$\left. \begin{array}{l} F(x_1 + x_2) = Fx_1\,.\,Fx_2 \pm fx_1\,.\,fx_2 \\ f(x_1 + x_2) = Fx_1\,.\,fx_2 + Fx_2\,.\,fx_1 \end{array} \right\} \cdots\cdots \text{(A)}$$

De plus, suivant les expressions générales des fonctions Fx et fx, on a évidemment

$$F(-x) = F(+x), \qquad f(-x) = -f(+x);$$

donc

$$\left.\begin{aligned} F(x_1 - x_2) &= Fx_1 \cdot Fx_2 \mp fx_1 \cdot fx_2 \\ f(x_1 - x_2) &= Fx_2 \cdot fx_1 - Fx_1 \cdot fx_2 \end{aligned}\right\} \ldots\ldots \text{(B)}.$$

Tels sont les quatre théorèmes géométriques connus (A) et (B), qui forment le principe duquel Lagrange tire les différentielles des fonctions nommées sinus et cosinus : on peut actuellement apprécier le rang logique de ce principe, et, par conséquent, la valeur philosophique des résultats qui en proviennent. — Mais revenons à la Philosophie, et disons encore quelques mots concernant le nombre remarquable que nous avons désigné par π, et que les mathématiciens connaissent déjà dans la Géométrie, comme exprimant le rapport de la circonférence au rayon du cercle, du moins dans un cas particulier.

Nous avons vu que ce nombre doit son existence au problème rationnel ou philosophique

$$\left(a^{\sqrt{-1}}\right)^{\pi} = 1;$$

et que c'est là proprement que se trouve son véritable et premier principe. Nous avons vu de plus, que ce problème est une question proposée nécessairement, par la nature même de notre savoir, dans la génération des fonctions algorithmiques nommées sinus et cosinus. Nous avons vu enfin que son expression théorique est

$$\pi = \frac{4}{La\sqrt{-1}} \left\{ L(1 + \sqrt{-1}) - L(1 - \sqrt{-1}) \right\},$$

qui peut se réduire à

$$\pi = \frac{4}{La} \cdot \frac{L\sqrt{-1}}{\sqrt{-1}} \quad (*).$$

Mais il entre, dans cette expression, des logarithmes qui

(*) Jean Bernoulli.

sont déjà des fonctions algorithmiques DÉRIVÉES ; il reste donc le problème de déterminer la nature de ce nombre philosophique, avec des fonctions algorithmiques entièrement PRIMITIVES (l'Addition, là Multiplication et les Puissances, qui sont, pour l'homme, les élémens de tout calcul). C'est là le dernier but de la raison ; c'est le but, du moins secret, que cette législatrice de notre savoir avait fixé à tous ceux qui, jusqu'à ce jour, se sont occupés, dans la Géométrie, de la recherche chimérique de construire, par des lignes, le rapport de la circonférence au rayon du cercle. — Or, nous avons trouvé, pour la nature du logarithme du nombre n, l'expression

$$Ln = \infty \, (n^{\frac{1}{\infty}} - 1),$$

quel que soit le nombre n, réel ou imaginaire ; nous aurons donc

$$L(1 + \sqrt{-1}) - L(1 - \sqrt{-1}) = \infty \left\{ (1 + \sqrt{-1})^{\frac{1}{\infty}} - (1 - \sqrt{-1})^{\frac{1}{\infty}} \right\} ;$$

et par conséquent,

$$\pi = \frac{4}{La} \cdot \frac{\infty}{\sqrt{-1}} \cdot \left\{ (1 + \sqrt{-1})^{\frac{1}{\infty}} - (1 - \sqrt{-1})^{\frac{1}{\infty}} \right\}.$$

Telle est définitivement la nature, l'expression théorique élémentaire, l'idée primitive du fameux nombre π dont il s'agit ici, et qui, dans le cas particulier où $La = 1$, est la valeur du rapport de la circonférence au rayon du cercle. — En voici le développement très-simple, suivant le binome de Newton :

$$(1 + \sqrt{-1})^{\frac{1}{\infty}} = 1 + \frac{1}{\infty} (\sqrt{-1}) - \frac{1}{2\infty} (\sqrt{-1})^2 + \frac{1}{3\infty} (\sqrt{-1})^3 - \text{etc.}$$

$$(1 - \sqrt{-1})^{\frac{1}{\infty}} = 1 - \frac{1}{\infty} (\sqrt{-1}) - \frac{1}{2\infty} (\sqrt{-1})^2 - \frac{1}{3\infty} (\sqrt{-1})^3 - \text{etc.}$$

$$(1 + \sqrt{-1})^{\frac{1}{\infty}} - (1 - \sqrt{-1})^{\frac{1}{\infty}} =$$

$$\frac{2\sqrt{-1}}{\infty} \cdot \left\{ 1 - \tfrac{1}{3} + \tfrac{1}{5} - \tfrac{1}{7} + \tfrac{1}{9} - \text{etc.} \right\} ;$$

et par conséquent

$$\pi = 8 \left\{ 1 - \tfrac{1}{3} + \tfrac{1}{5} - \tfrac{1}{7} + \text{etc.} \right\} \ (*),$$

(*) Leibnitz.

ou bien

$$\pi = 2\,(3,14159 \text{ etc.}).$$

Pour terminer la question des logarithmes et des sinus, ou des fonctions qui forment respectivement la transition de la numération aux facultés, et des facultés à la numération, il nous reste à déterminer l'unité ou la liaison de ces deux espèces de fonctions : cette détermination est encore une question philosophique, et sert à terminer définitivement le système de tous les algorithmes élémentaires possibles pour l'homme, ou à poser la dernière limite à ce système. Nous nous contenterons de présenter cette détermination sous une forme purement mathématique, ayant déjà déduit la nature de ces fonctions, plus que ne le permettaient peut-être les limites de cette Introduction.

Dans la théorie des sinus, on a les valeurs

$$a^{x\sqrt{\pm 1}} = Fx + \sqrt{\pm 1}\,.\,fx,$$
$$a^{-x\sqrt{\pm 1}} = Fx - \sqrt{\pm 1}\,.\,fx,$$

qui, étant divisées l'une par l'autre, donnent

$$a^{2x\sqrt{\pm 1}} = \frac{Fx + \sqrt{\pm 1}\,.\,fx}{Fx - \sqrt{\pm 1}\,.\,fx};$$

ou bien

$$a^{2x\sqrt{\pm 1}} = \frac{1 + \sqrt{\pm 1}\,.\,Tx}{1 - \sqrt{\pm 1}\,.\,Tx},$$

en désignant par Tx le rapport $\dfrac{fx}{Fx}$ des deux fonctions fx et Fx (*).

(*) Le rapport des fonctions Fx et fx entre elles et avec l'unité, donne des fonctions nouvelles, dérivées, mais simples ; les voici :

$$\frac{fx}{Fx}, \quad \frac{Fx}{fx}, \quad \frac{1}{Fx}, \quad \frac{1}{fx}.$$

Or il existe, dans la Géométrie, des lignes dont la valeur algorithmique se trouve exprimée par ces fonctions : on les nomme *tangentes*, *cotangentes*, *sécantes* et *cosécantes*. — Conserverons-nous ces dénominations géométriques pour les fonctions algorithmiques dont il s'agit ? Formerons-nous des dénominations nouvelles, ou au moins, pour éviter la signification immédiate, reprendrons-nous les déno-

Cette dernière expression, considérée dans la théorie des logarithmes, donne

$$2x\sqrt{\pm 1} = \log.\ \frac{1+\sqrt{\pm 1}\,.\,Tx}{1\mp\sqrt{\pm 1}\,.\,Tx},$$

les logarithmes ainsi que les fonctions Fx et fx desquelles dérive la fonction Tx, étant pris dans les systèmes qui répondent à la même base a. Or, en ne considérant que le radical imaginaire, et faisant

$$\frac{1+\sqrt{-1}\,.\,Tx}{1\mp\sqrt{-1}\,.\,Tx} = z,$$

on a

$$Tx = \frac{z-1}{z+1}\cdot\frac{1}{\sqrt{-1}}.$$

Ainsi, ayant égard à la génération périodique des fonctions nommées sinus, et désignant en général par l'abréviation *réc.* la fonction réciproque d'une fonction quelconque, on aura

$$x+\frac{m\pi}{2} = \text{réc.}\left\{T = \frac{z-1}{z+1}\cdot\frac{1}{\sqrt{-1}}\right\},$$

π étant le nombre que nous venons d'examiner, et m un nombre entier quelconque, positif, négatif ou zéro. —On aura donc définitivement

$$\log.\ z = 2\sqrt{-1}\,.\,\text{réc.}\left\{T = \frac{z-1}{z+1}\cdot\frac{1}{\sqrt{-1}}\right\}+2m\pi\sqrt{-1}.$$

C'est là la liaison où l'unité entre les fonctions nommées logarithmes et celles nommées sinus, et par conséquent la limite de tous les algorithmes élémentaires.

Nous voilà donc au terme de la première partie de la théorie algorithmique. — Nous sommes actuellement certains que les différens algorithmes que nous venons de déduire, sont réellement

minations anciennes de *prosinus* pour les fonctions $\frac{fx}{Fx}$, $\frac{Fx}{fx}$, et de *transinus* pour les fonctions $\frac{1}{Fx}$, $\frac{1}{fx}$? — Il convient, ce me semble, de conserver les dénominations de *tangente* et de *sécante*.

ÉLÉMENTAIRES, et forment, par conséquent, les parties composantes absolues de tous les calculs, quels qu'ils puissent être. Nous sommes certains que la forme sous laquelle nous les avons déduits, est leur expression primitive, et contient les principes de leurs théories respectives. Nous sommes enfin certains qu'il ne saurait y avoir, pour l'homme, d'autres algorithmes élémentaires, et, par conséquent, d'autres fonctions algorithmiques primitives.

Venons à la PARTIE SYSTÉMATIQUE de la Théorie algorithmique. — En reportant nos regards sur les principes dont nous avons dérivé tous les algorithmes élémentaires, nous verrons facilement que la possibilité de ces différens algorithmes consiste dans la dualité intellectuelle (*) que présentent les théories de la sommation et de la graduation; c'est-à-dire, en remontant plus haut, qu'elle consiste dans l'opposition des lois constitutives de l'entendement (strictement dit), desquelles dérive l'algorithme primitif de la sommation, et des lois régulatives de la raison, desquelles dérive l'algorithme de la graduation. Mais cette espèce de polarité intellectuelle, si je puis m'exprimer ainsi, qui se trouve dans l'application du savoir humain à la détermination des lois des quantités algorithmiques, doit évidemment se rencontrer dans toutes ces quantités; car le principe de cette application est le même pour toutes les quantités algorithmiques en général. Il en résulte, dans ces quantités considérées objectivement, non une simple neutralisation ou combinaison, mais une véritable *réunion systématique* des deux fonctions intellectuelles qui ont pour objet les deux algorithmes primitifs et opposés, la sommation et la graduation. Cette réunion systématique introduit, dans les quantités algorithmiques, de nouvelles déterminations de leur nature, de nouvelles lois théoriques; et ce sont ces lois qui font l'objet de la partie systématique de la théorie algorithmique.

Mais on peut ici se placer dans deux points de vue différens pour considérer la réunion systématique dont il s'agit : dans l'un, qui est le point de vue *transcendantal*, on découvre l'influence de cette réunion sur la *génération même* (la constitution) des quantités

---

(*) Si cette dualité intellectuelle n'avait pas lieu, l'homme ne pourrait avoir qu'un seul algorithme, celui de la sommation.

algorithmiques ; dans l'autre, qui est purement un point de vue *logique*, on découvre l'influence de cette réunion sur la *relation réciproque* (la comparaison) de ces quantités. — Sous le premier aspect, la réunion systématique dont il est question, donne lieu, dans la génération des quantités algorithmiques, à une unité transcendantale entre les deux algorithmes primitifs, la sommation et la graduation ; unité dont les lois forment l'objet de plusieurs branches séparées qu'on pourrait nommer en général THÉORIE DE LA CONSTITUTION ALGORITHMIQUE. Sous le second aspect, cette réunion donne lieu, dans la relation des quantités algorithmiques, à une unité logique entre les deux algorithmes primitifs, la sommation et la graduation ; unité dont les lois forment également l'objet de plusieurs branches séparées qu'on pourrait nommer en général THÉORIE DE LA COMPARAISON ALGORITHMIQUE. — Examinons donc séparément chacune de ces deux théories générales, et commençons par la théorie de la constitution algorithmique.

La réunion systématique de deux algorithmes peut généralement être envisagée, ou comme *diversité* systématique, ou comme *identité* systématique : dans le premier cas, ces deux algorithmes sont considérés comme distincts, l'un de l'autre, dans la génération d'une quantité algorithmique ; dans le second cas, ces algorithmes sont considérés comme indistincts, l'un de l'autre, dans la génération d'une telle quantité. — Or, les deux algorithmes primitifs, la sommation et la graduation, étant considérés par rapport à la génération des quantités, sont entièrement opposés dans leur nature, et ne sauraient, par cette raison, concourir indistinctement à la génération d'une quantité ; ils ne peuvent donc, dans leur réunion, donner lieu qu'à une diversité systématique. Mais les algorithmes dérivés immédiats, la numération et les facultés, qui touchent à la neutralisation des deux algorithmes primitifs opposés, et qui sont même liés par cette neutralisation, par l'algorithme de la reproduction, peuvent concourir indistinctement, du moins par l'unité de leur liaison, à la génération d'une quantité ; ces deux algorithmes dérivés doivent donc présenter, dans leur réunion, une véritable identité systématique.

Pour ce qui concerne, en premier lieu, la diversité systématique qui, dans la nature des quantités algorithmiques, résulte de la réunion

nion des deux algorithmes primitifs et opposés, de la sommation
et de la graduation, il est clair, à priori, qu'elle ne peut exister que
de trois manières : 1°. par l'influence systématique de la sommation
dans la génération des quantités où domine la graduation; 2°. par
l'influence systématique de la graduation dans la génération des
quantités où domine la sommation ; et 3°. par l'influence systématique et réciproque de la sommation et de la graduation, dans la
génération des quantités où dominent l'un et l'autre de ces algorithmes.
— Cette triple diversité systématique existe effectivement ; et donne
lieu, dans le premier cas, à la Théorie des Différences ; dans le
second, à un calcul nouveau, que nous nommerons Théorie des
Grades; et dans le troisième cas, à ce qu'on appelle Théorie des
Nombres. — Voici la déduction ultérieure de ces trois branches.

En considérant les fonctions d'une ou de plusieurs variables
comme exprimant la génération par *graduation* des quantités algorithmiques, on peut néanmoins envisager, par rapport à la *sommation*, la variation de ces quantités. C'est cette variation envisagée
ainsi, qu'on appelle en général différences, et ce sont les lois de
cette variation, qui font l'objet de la Théorie générale des Différences, directe et inverse. Quand on considère comme *finies*
les parties ou les élémens de la sommation dont l'influence systématique fait l'objet de la théorie des différences, on a le Calcul des
Différences, et quand on les considère comme *infiniment petites*
on a le Calcul des Différentielles. De plus, lorsque ces parties
sont considérées comme *déterminées*, c'est le Calcul des Différences déterminées; et lorsqu'au contraire, elles sont considérées
comme *indéterminées*, c'est le Calcul des Différences indéterminées, ou le Calcul de la variation des Différences (*).

Cette déduction de la théorie générale des différences et de ses
branches particulières, est évidente ; et nous pouvons nous dispenser
ici d'en donner de plus amples développemens. Ajoutons seulement quelques mots concernant la déduction métaphysique du calcul
différentiel.

____

(*) Le calcul qu'on nomme *Méthode des variations*. — Nous changeons ici
cette dénomination, parce que, selon nous, tout ce qui est *méthode* appartient
à la Technie de l'Algorithmie ; et que le calcul dont il s'agit, appartient à la
Théorie de l'Algorithmie.

6

La possibilité du calcul différentiel se trouve déduite à priori par ce que nous venons de dire ; et son existence, ou plutôt son *effectivité* est constatée à posteriori. — Mais, les procédés de ce calcul impliquent une antinomie qui les fait paraître, tour à tour, comme doués et comme dépourvus d'une exactitude rigoureuse. Cette antinomie, ou plutôt son résultat, a répandu sur la nature du calcul différentiel et sur sa métaphysique, une espèce de scepticisme. Portés d'ailleurs par la direction *matérielle* qui s'est glissée dans la Métaphysique en général, les géomètres de nos jours ont considéré le Calcul différentiel comme un procédé indirect et artificiel, et ont cherché à lui substituer un procédé direct et naturel qui, selon eux, en aurait été la véritable base. C'est à cette tendance que nous devons le *Calcul des Fonctions* de Lagrange, et toutes les autres *Théories de dérivation.* — Or, nous prouverons, dans l'une des notes (la quatrième) qui terminent cet Ouvrage, que le point de vue du Calcul des Fonctions de Lagrange et de toutes les Théories de dérivation en général, est absolument faux ; nous le prouverons mathématiquement, avec une évidence irrécusable, et il faut espérer qu'on renoncera à toutes ces théories qui, outre leur complication forcée ou artificielle, ne sont évidemment possibles elles-mêmes que par la nature du calcul qu'elles prétendent expliquer.

Les procédés du Calcul différentiel ne sont que des règles *subjectives*, des règles de notre *spéculation* sur la génération des quantités par la sommation des parties infiniment petites ; et nullement des règles *objectives*, des lois de la *réalité* même de cette génération : les premières de ces règles sont fondées, comme l'algorithme primitif de la graduation, sur les lois *régulatives* de la raison ; et les dernières, comme l'algorithme primitif de la sommation, sur les lois *constitutives* de l'entendement (strictement dit). Or, c'est en confondant ces deux points de vue très-distincts, que résulte l'antinomie qu'on trouve dans les procédés du Calcul différentiel. En effet, étant considérés comme simples règles de notre spéculation, ces procédés paraissent rigoureux ; et étant considérés comme véritables lois de la réalité même de la génération algorithmique, ces procédés paraissent défectueux. — Voilà le secret ou la vraie métaphysique du Calcul différentiel : il suffira donc de déduire les procédés de ce calcul sous le premier des deux points de vue que nous venons d'indiquer, et l'on obtiendra la démonstration rigoureuse de ces procédés. — Mais, pour cet Ouvrage, en voilà assez concernant la déduction de la possibilité du Calcul différentiel.

Anticipons par quelques mots sur la métaphysique de la théorie générale des différences, pour caractériser la nature de cette théorie.

Avant tout, il faut déterminer la conception générale des fonctions *directes* et *inverses des différences*.—Soit φx une fonction quelconque de x, mais dépendant essentiellement de l'algorithme de la graduation. La variable x peut être considérée comme recevant, dans sa génération, un accroissement suivant l'algorithme de la sommation, progressif (l'addition) ou régressif (la soustraction); et la fonction φx éprouvera nécessairement, dans sa génération, un accroissement correspondant qui sera ce que nous nommons différence de cette fonction. De plus, cet accroissement de la fonction φx, qui dépendra de la variable x, sera une nouvelle fonction de x, et admettra, comme la première, dans sa génération, un accroissement correspondant à celui de la variable, toujours suivant l'algorithme de la sommation. En procédant de cette manière, il résultera de cette considération une suite de fonctions de x, dérivées les unes des autres, et pouvant être considérées dans l'ordre direct, ou dans l'ordre inverse de cette dérivation. — Voilà la conception générale des fonctions directes et inverses des différences, quel que soit l'accroissement de la variable, fini ou infiniment petit. Voici sa construction algorithmique.

Désignons, selon l'usage, par Δ les accroissemens nommés différences, dont il est question; et nous aurons pour les différences consécutives, directes et inverses, les expressions:

1°) Suivant la voie progressive,

$$\Delta^{\mu}\varphi x = (-1)^{\mu}.\left(\varphi x - \frac{\mu}{1}.\varphi(x+\Delta x) + \frac{\mu}{1}.\frac{\mu-1}{2}.\varphi(x+2\Delta x) - \text{etc.}\right),$$

2°) suivant la voie régressive,

$$\Delta^{\mu}\varphi x = (+1)^{\mu}.\left(\varphi x - \frac{\mu}{1}.\varphi(x-\Delta x) + \frac{\mu}{1}.\frac{\mu-1}{2}.\varphi(x-2\Delta x) - \text{etc.}\right),$$

μ étant l'indice ou l'exposant de ces différences, dans l'ordre direct ou inverse de leur dérivation.

Telles sont donc les expressions algorithmiques de l'objet de la théorie des différences. — Pour en généraliser la déduction, et par conséquent, pour généraliser cette théorie elle-même, observons que ces deux expressions ne diffèrent que par les coefficiens $(-1)^\mu$, $(+1)^\mu$, et par le signe de l'accroissement Δx de la variable; de manière que nous pouvons n'en considérer qu'une seule, et rapporter à l'autre, au moyen de leur liaison facile, les résultats obtenus dans cette considération. —Nous choisirons la dernière de ces deux expressions, comme étant plus simple à cause du coefficient $(+1)^\mu$ qui est toujours $= 1$ (*); et nous aurons ainsi, pour l'objet de la théorie des différences, l'expression générale (a)

$$\Delta^\mu \varphi x = \varphi x - \frac{\mu}{1} \cdot \varphi(x - \xi) + \frac{\mu}{1} \cdot \frac{\mu - 1}{2} \cdot \varphi(x - 2\xi)$$
$$- \frac{\mu}{1} \cdot \frac{\mu - 1}{2} \cdot \frac{\mu - 2}{3} \cdot \varphi(x - 3\xi) + \text{etc.},$$

en désignant par ξ l'accroissement Δx de la variable.

Cette expression a d'abord lieu pour tous les ordres μ correspondans aux nombres entiers positifs, et se rapporte alors immédiatement aux fonctions des *différences directes* ou des *différences proprement dites*. En effet, prenant la différence des deux membres de cette expression, on aura

$$\Delta(\Delta^\mu \varphi x) = \left\{ \varphi x - \frac{\mu}{1} \cdot \varphi(x - \xi) + \frac{\mu}{1} \cdot \frac{\mu - 1}{2} \cdot \varphi(x - 2\xi) - \text{etc.} \right\}$$
$$- \left\{ \varphi(x - \xi) - \frac{\mu}{1} \cdot \varphi(x - 2\xi) + \frac{\mu}{1} \cdot \frac{\mu - 1}{2} \cdot \varphi(x - 3\xi) - \text{etc.} \right\}$$
$$= \varphi x - \frac{\mu + 1}{1} \cdot \varphi(x - \xi) + \frac{\mu + 1}{1} \cdot \frac{\mu}{2} \cdot \varphi(x - 2\xi) - \frac{\mu + 1}{1} \cdot \frac{\mu}{2} \cdot \frac{\mu - 1}{3}$$
$$\times \varphi(x - 3\xi) + \text{etc.};$$

et l'on a aussi, en vertu de l'expression (a),

$$\Delta(\Delta^\mu \varphi x) = \Delta^{\mu + 1} \varphi x = \varphi x - \frac{\mu + 1}{1} \cdot \varphi(x - \xi)$$
$$+ \frac{\mu - 1}{1} \cdot \frac{\mu}{2} \cdot \varphi(x - 2\xi) - \text{etc.}$$

(*) On pourrait en général prendre $(a)^\mu$ pour coefficient, a étant une quantité arbitraire; ce qui donnerait lieu à une considération nouvelle de la théorie des différences, dont nous parlerons dans une autre occasion.

De plus, l'expression générale (a) a lieu pour tous les ordres μ correspondans aux nombres entiers négatifs, et se rapporte alors aux fonctions des *différences inverses*, aux *intégrales* ou *sommes*, que nous désignerons suivant l'usage par Σ. En effet, faisant μ négatif dans l'expression (a), elle deviendra... (b)

$$\Sigma^\mu \varphi x = \varphi x + \frac{\mu}{1} \cdot \varphi(x - \xi) + \frac{\mu}{1} \cdot \frac{\mu+1}{2} \cdot \varphi(x - 2\xi) + \text{etc.}$$

Or, en prenant la différence des deux membres de cette nouvelle expression, on aura

$$\Delta(\Sigma^\mu \varphi x) = \left\{ \varphi x + \frac{\mu}{1} \cdot \varphi(x - \xi) + \frac{\mu}{1} \cdot \frac{\mu+1}{2} \cdot \varphi(x - 2\xi) + \text{etc.} \right\}$$

$$- \left\{ \varphi(x - \xi) + \frac{\mu}{1} \cdot \varphi(x - 2\xi) + \frac{\mu}{1} \cdot \frac{\mu+1}{2} \cdot \varphi(x - 3\xi) + \text{etc.} \right\}$$

$$= \varphi x + \frac{\mu-1}{1} \cdot \varphi(x - \xi) + \frac{\mu-1}{1} \cdot \frac{\mu}{2} \cdot \varphi(x - 2\xi) + \text{etc.} ;$$

et l'on aura aussi, en vertu de l'expression (b),

$$\Delta(\Sigma^\mu \varphi x) = \Sigma^{\mu-1} \varphi x = \varphi x + \frac{\mu-1}{1} \cdot \varphi(x - \xi)$$

$$+ \frac{\mu-1}{1} \cdot \frac{\mu}{2} \cdot \varphi(x - 2\xi) - \text{etc.}$$

Enfin, l'expression générale (a) et son inverse (b), ont lieu pour tous les ordres μ correspondans aux nombres fractionnaires, irrationnels et même imaginaires. Mais, dans ces cas, les fonctions $\Delta^\mu \varphi x$ et $\Sigma^\mu \varphi x$ n'ont aucune signification. Les valeurs des expressions (a) et (b) sont alors purement contingentes, et tirent leur possibilité de l'algorithme technique de l'interpolation dont il sera question ci-après. — C'est ici le lieu d'observer que les fonctions algorithmiques qui peuvent, par le moyen de l'interpolation, recevoir des valeurs déterminées pour toutes les valeurs de la quantité variable dont elles dépendent, ne sont point pour cela possibles dans tous les cas, ou du moins n'ont point nécessairement une signification dans tous les cas. Ainsi, lorsque la Commission de l'Institut qui a jugé cet Ouvrage, dit, dans son Rapport, que les facultés algorithmiques peuvent, comme les puissances, avoir leurs irrationnelles, parce qu'elles sont susceptibles d'interpolation, on pourrait en conclure que ces irrationnelles peuvent ou ne peuvent avoir aucune signification. Il n'en est pas ainsi : les facultés algorithmiques ont des irrationnelles par leur nature même, et ces irrationnelles sont susceptibles d'une signification immédiate, comme nous le montrerons dans la Philosophie générale des Mathématiques. Tout au contraire, et nous devons en prévenir ici, l'interpolation n'a elle-même de prise sur les fonctions algorithmiques, que lorsque, dans leur généralité, elles peuvent être exprimées par des facultés algorithmiques ; et c'est même là la vraie métaphysique, ou le principe de la possibilité qu'il y a d'appliquer la méthode technique de l'interpolation.

Venons maintenant à la loi fondamentale de la théorie générale des différences. — Nous avons dit, dans la déduction de cette théorie, qu'elle a pour objet les lois de l'influence systématique de la sommation sur la génération des quantités où domine la graduation : c'est ainsi, en effet, qu'il faut envisager les fonctions qu'on soumet au Calcul des différences et à celui des différentielles. Or, vu cette double origine, l'influence de la sommation et la prépondérance de la graduation, on conçoit à priori, à cause de l'unité transcendantale qui lie ici ces deux algorithmes, qu'il doit y avoir, dans la théorie des différences, une loi générale pour cette liaison des deux algorithmes primitifs et hétérogènes qui concourent, comme élémens, à la formation des fonctions des différences, directes et inverses. — Cette loi a lieu effectivement ; la voici :.....(c)

$$\Delta^{\mu}(Fx\,.fx) = Fx\,.\Delta^{\mu}fx + \frac{\mu}{1}\,.\,\Delta Fx(\Delta^{\mu-1}fx - \Delta^{\mu}fx)$$

$$+ \frac{\mu}{1}\,.\,\frac{\mu-1}{2}\,.\,\Delta^{2}Fx(\Delta^{\mu-2}fx - 2\Delta^{\mu-1}fx + \Delta^{\mu}fx)$$

$$+ \frac{\mu}{1}\,.\,\frac{\mu-1}{2}\,.\,\frac{\mu-2}{3}\,.\,\Delta^{3}Fx(\Delta^{\mu-3}fx - 3\Delta^{\mu-2}fx + 3\Delta^{\mu-1}fx - \Delta^{\mu}fx)$$

$$+ \text{etc.} ;$$

et son inverse en faisant μ négatif.,...(d)

$$\Sigma^\mu(Fx.fx) = Fx.\Sigma^\mu fx - \frac{\mu}{1}.\Delta Fx(\Sigma^{\mu+1}fx - \Sigma^\mu fx)$$

$$+\frac{\mu}{1}.\frac{\mu+1}{2}.\Delta^2 Fx(\Sigma^{\mu+2}fx - 2\Sigma^{\mu+1}fx + \Sigma^\mu fx)$$

$$-\frac{\mu}{1}.\frac{\mu+1}{2}.\frac{\mu+2}{3}.\Delta^3 Fx(\Sigma^{\mu+3}fx - 3\Sigma^{\mu+2}fx + 3\Sigma^{\mu+1}fx - \Sigma^\mu fx)$$

$$+ \text{etc.};$$

Fx et fx étant deux fonctions quelconques de x.

En effet, le développement que présente cette loi, est le développement d'un *produit* de deux fonctions, au moyen des *différences* des facteurs de ce produit; or, comme appartenant à l'algorithme de la reproduction, ce produit dépend essentiellement de l'algorithme de la graduation (*), et accuse par là, dans la fonction développée ($Fx.fx$), une prépondérance du principe de ce dernier algorithme; tandis que les différences des facteurs accusent immédiatement l'algorithme de la sommation. Ainsi, les développemens précédens (c) et (d) qui forment la loi en question, expriment l'influence systématique de l'algorithme primitif de la sommation dans la génération d'une quantité où domine le principe de l'algorithme primitif de la graduation.

C'est cette loi (et non le théorème de Taylor (**)) qui est la loi fondamentale de toute la théorie des différences, directe et inverse; et c'est elle qui forme le principe de toutes les propositions de cette théorie. Elle est, pour la théorie générale des différences, le Calcul des différences et le Calcul des différentielles, ce qu'est le binome de Newton pour l'algorithme de la graduation. — A

(*) Lorsque les facteurs sont identiques, ce produit rentre immédiatement dans l'algorithme de la graduation.

(**) La méthode, ou, comme on dit, le théorème de Taylor, est une expression TECHNIQUE très-particulière, ainsi qu'on le verra dans la suite de cet Ouvrage. Cette méthode ne peut donc, comme on l'a cru, servir de principe à une branche essentielle de la Théorie de l'Algorithmie, à la Théorie des Différences. — Un des inconvéniens très-graves des différentes *théories de dérivations* qui prétendent expliquer le Calcul différentiel, c'est qu'elles sont fondées sur la méthode de Taylor, qui n'est qu'une expression technique, et qu'elles confondent ainsi la Théorie avec la Technie de l'Algorithmie.

cause des deux facteurs qu'elle sert à développer, on pourrait, par
analogie, nommer cette loi générale *binome des différences*. — De
plus, cette loi, ainsi que le binome de Newton, est essentiellement théorique, quoiqu'elle ait, comme ce binome, la forme des
développemens techniques ; et ce n'est qu'à cause de cette forme
que nous la retrouvons ci-après, avec le binome de Newton, parmi
les principes généraux de la Technie algorithmique.

Pour mieux concevoir la généralité de la loi que nous donnons
ici pour la loi fondamentale de toute la théorie des différences,
directes et inverses, et sur-tout pour comprendre la raison de ce
que cette loi s'applique immédiatement à une fonction de la reproduction, savoir $Fx \times fx$, et non à une fonction de la graduation,
savoir $(Fx)^{fx}$, dont elle est cependant le véritable développement,
faisons les observations suivantes.

D'abord, pour qu'une loi qui donne l'expression des différences
et différentielles, directes et inverses, soit la loi fondamentale de
toute la théorie des différences, il faut qu'elle embrasse toutes
les fonctions algorithmiques possibles, et nommément les trois
fonctions algorithmiques primitives, la sommation, la reproduction et la graduation, dont toutes les autres sont formées nécessairement, c'est-à-dire, il faut qu'elle embrasse les trois cas

$$\Delta^\mu(Fx + fx), \qquad \Delta^\mu(Fx \times fx), \qquad \Delta^\mu(Fx^{fx}).$$

Mais, d'après la nature des différences, le premier de ces trois cas
est donné immédiatement, savoir

$$\Delta^\mu(Fx + fx) = \Delta^\mu Fx + \Delta^\mu fx ;$$

il ne reste donc en question que les deux derniers de ces trois cas.
Or, nous allons prouver que, pour la théorie des différences, le
troisième cas est contenu immédiatement dans le second ; de
manière que la loi que nous avons donnée pour la loi fondamentale, et qui s'applique au second de ces trois cas, à la fonction
de la reproduction, embrasse nécessairement la fonction de la
graduation, et par conséquent toutes les autres fonctions algorithmiques possibles. En effet, soit proposée la fonction de gradua-
tion $\Phi x^{\varphi x}$, Φ et φ désignant deux fonctions quelconques : faisons

Φ

$$\Phi x^{\varphi x} = Fx \times fx,$$

Fx et fx etant deux fonctions de x, dont l'une, par exemple fx, peut être considérée comme donnée ; et nous aurons

$$LFx = \varphi x . L\Phi x - Lfx,$$

et partant

$$\Delta^{\varpi} LFx = \Delta^{\varpi}(\varphi x \times L\Phi x) - \Delta^{\varpi} Lfx.$$

Ainsi, les différences du logarithme de la fonction Fx se réduisent au cas des fonctions de la reproduction, savoir $\varphi x \times L\Phi x$. Mais, suivant la loi en question, on a

$$\Delta^{\mu}(\Phi x^{\varphi x}) = \Delta^{\mu}(Fx \times fx) =$$
$$Fx . \Delta^{\mu} fx + \frac{\mu}{1} \Delta Fx (\Delta^{\mu-1} fx - \Delta^{\mu} fx) + \text{etc.} ;$$

il reste donc seulement à savoir si on peut, par la même loi, avoir les différences d'une fonction Fx, au moyen des différences du logarithme de cette fonction, pour reconnaître que le cas des différences $\Delta^{\mu}(\Phi x^{\varphi x})$ se trouve contenu dans celui des différences $\Delta^{\mu}(Fx \times fx)$. Or, on a

$$\Delta LFx = LFx - LF(x - \xi) = L \frac{Fx}{F(x - \xi)},$$

ξ étant, comme plus haut, l'accroissement dont dépendent les différences ; et partant

$$e^{\Delta LFx} - 1 = \frac{Fx - F(x - \xi)}{F(x - \xi)} = \frac{\Delta Fx}{F(x - \xi)},$$

qui donne

$$\Delta Fx = F(x - \xi) \times (e^{\Delta LFx} - 1),$$

et par conséquent, en vertu de la loi en question,

$$\Delta^{\lambda} Fx = F(x - \xi) . \Delta^{\lambda-1}(e^{\Delta LFx} - 1)$$
$$+ \frac{\lambda-1}{1} . \Delta F(x - \xi) . \left(\Delta^{\lambda-2}(e^{\Delta LFx} - 1) - \Delta^{\lambda-1}(e^{\Delta LFx} - 1) \right)$$
$$+ \text{etc.} ;$$

7

expression dans laquelle on a en général

$$\Delta^{\varpi}\left(e^{\Delta LFx} - \mathbf{1}\right) = \Delta^{\varpi}(\Delta LFx) + \tfrac{1}{2}\Delta^{\varpi}(\Delta LFx \times \Delta LFx) + \text{etc.}$$

Il est donc vrai que le cas des différences des fonctions de la reproduction embrasse celui des différences des fonctions de la graduation, et par conséquent les différences de toutes les fonctions algorithmiques possibles. Ainsi, la loi que nous avons donnée pour la loi fondamentale de la théorie générale des différences, embrasse réellement toutes les fonctions algorithmiques; et il reste seulement à prouver qu'il ne saurait y avoir aucune autre loi fondamentale, ou plutôt que la loi qui serait fondée immédiatement sur les différences des fonctions de la graduation, ne saurait, par elle-même, embrasser les différences de toutes les fonctions algorithmiques possibles, et nommément les différences des fonctions de la reproduction.

Cette seconde preuve est également facile. En effet, si la fonction proposée était $Fx \times fx$; pour la ramener à la fonction $\Phi x^{\varphi x}$, on aurait

$$\varphi x \, L\Phi x = LFx + Lfx\,;$$

et considérant la fonction Φx comme donnée,

$$\varphi x = \frac{LFx}{L\Phi x} + \frac{Lfx}{L\Phi x}\,;$$

et partant

$$\Delta^{\varpi}\varphi x = \Delta^{\varpi}\left(LFx \times \frac{\mathbf{1}}{L\Phi x}\right) + \Delta^{\varpi}\left(Lfx \times \frac{\mathbf{1}}{L\Phi x}\right);$$

de manière que, pour avoir les différences de l'une des deux fonctions qui composent la fonction de graduation $\Phi x^{\varphi x}$, il faudrait déjà avoir la loi des différences des fonctions de la reproduction.

Ainsi, la loi en question est réellement la loi fondamentale de toute la théorie des différences; et nous savons maintenant pourquoi elle s'applique immédiatement aux fonctions de la reproduction, et non aux fonctions de la graduation, comme la nature de la théorie des différences paraissait l'exiger.

Voici la déduction algorithmique de cette loi. — Faisons en général....... (e)

$$(\Delta^\mu fx)_\nu = (-1)^\nu \left\{ \Delta^\mu fx - \frac{\nu}{1}.\Delta^{\mu-1}fx + \frac{\nu}{1}.\frac{\nu-1}{2}.\Delta^{\mu-2}fx - \text{etc.} \right\};$$

ν étant un nombre entier quelconque ou zéro; et nous aurons, pour la loi dont il s'agit, l'expression abrégée

$$\Delta^\mu(Fx.fx) = A \frac{\mu(\mu-1)(\mu-2)\ldots(\mu-(\nu-1))}{1.2.3\ldots\nu}.\Delta^\nu Fx.(\Delta^\mu fx)_\nu;$$

A désignant l'agrégat des termes correspondans à toutes les valeurs entières de ν, et à celle de $\nu = 0$. De plus, pour généraliser cette expression, et pour l'étendre par là au cas de μ négatif, au cas des différences inverses, employons, dans leur nature, les facultés qui entrent dans cette expression; et nous aurons.... (f)

$$\Delta^\mu(Fx.fx) = A \frac{\mu^{\nu|-1}}{1^{\nu|1}}.\Delta^\nu Fx.(\Delta^\mu fx)_\nu.$$

Or, la différence du premier ordre de cette fonction est

$$\Delta(\Delta^\mu(Fx.fx)) = A \frac{\mu^{\nu|-1}}{1^{\nu|1}}\left\{ \Delta^\nu Fx.(\Delta^\mu fx)_\nu - \Delta^\nu F(x-\xi).(\Delta^\mu f(x-\xi))_\nu \right\};$$

ξ étant l'accroissement de la variable x, dont dépendent les différences; et l'on a

$$\Delta^\nu F(x-\xi) = \Delta^\nu Fx - \Delta\Delta^\nu Fx = \Delta^\nu Fx - \Delta^{\nu+1} Fx,$$

$$(\Delta^\mu f(x-\xi))_\nu = (\Delta^\mu fx)_\nu - \Delta(\Delta^\mu fx)_\nu = (\Delta^\mu fx)_\nu - (\Delta^{\mu+1} fx)_\nu.$$

Donc,

$$\Delta^{\mu+1}(Fx.fx) = A \frac{\mu^{\nu|-1}}{1^{\nu|1}}.\Delta^\nu Fx.(\Delta^{\mu+1} fx)_\nu + A \frac{\mu^{\nu|-1}}{1^{\nu|1}} \times$$

$$\times \Delta^{\nu+1} Fx.\left\{ (\Delta^\mu fx)_\nu - (\Delta^{\mu+1} fx)_\nu \right\},$$

A désignant toujours l'agrégat des termes correspondans à toutes les valeurs entières de ν, et à celle de $\nu = 0$. Mais, en considérant séparément le terme correspondant à $\nu = 0$, on a évidemment

$$A\frac{\mu^{\nu]-1}}{1^{\nu]1}}.\Delta'Fx:(\Delta^{\mu+1}fx)_\nu = Fx.\Delta^{\mu+1}fx + A\frac{\mu^{(\nu+1)]-1}}{1^{(\nu+1)]1}}\times$$
$$\times \Delta^{\nu+1}Fx.(\Delta^{\mu+1}fx)_{\nu+1};$$

et l'on a de plus
$$(\Delta^\mu fx)_\nu - (\Delta^{\mu+1}fx)_\nu =$$
$$= (-1)^\nu.\left\{\Delta^\mu fx - \frac{\nu}{1}.\Delta^{\mu-1}fx + \frac{\nu}{1}.\frac{\nu-1}{2}.\Delta^{\mu-2}fx - \text{etc.}\right\}$$
$$- (-1)^\nu.\left\{\Delta^{\mu+1}fx - \frac{\nu}{1}.\Delta^\mu fx + \frac{\nu}{1}.\frac{\nu-1}{2}.\Delta^{\mu-1}fx - \text{etc.}\right\} =$$
$$= (-1)^{\nu+1}.\left\{\Delta^{\mu+1}fx - \frac{\nu+1}{1}.\Delta^\mu fx + \frac{\nu+1}{1}.\frac{\nu}{2}.\Delta^{\mu-1}fx - \text{etc.}\right\},$$

c'est-à-dire..... (g)
$$(\Delta^\mu f(x-\xi))_\mu = (\Delta^\mu fx)_\nu - (\Delta^{\mu+1}fx)_\nu = (\Delta^{\mu+1}fx)_{\nu+1}.$$

Ainsi, la dernière expression de $\Delta^{\mu+1}(Fx.f\overline{x})$, se réduit à celle-ci
$$\Delta^{\mu+1}(Fx.fx) = Fx.\Delta^{\mu+1}fx + A\left(\frac{\mu^{(\nu+1)]-1}}{1^{(\nu+1)]1}} + \frac{\mu^{\nu]-1}}{1^{\nu]1}}\right)\times$$
$$\times \Delta^{\nu+1}Fx.(\Delta^{\mu+1}fx)_{\nu+1};$$

dans laquelle
$$\frac{\mu^{(\nu+1)]-1}}{1^{(\nu+1)]1}} + \frac{\mu^{\nu]-1}}{1^{\nu]1}} = \frac{\mu^{\nu]-1}.(\mu-\nu) + \mu^{\nu]-1}.(\nu+1)}{1^{(\nu+1)]1}} = \frac{(\mu+1)^{(\nu+1)]-1}}{1^{(\nu+1)]1}}.$$

Nous aurons donc définitivement
$$\Delta^{\mu+1}(Fx.fx) = Fx.\Delta^{\mu+1}fx + A\frac{(\mu+1)^{(\nu+1)]-1}}{1^{(\nu+1)]1}}\times$$
$$\times \Delta^{\nu+1}Fx.(\Delta^{\mu+1}fx)_{\nu+1},$$

et par conséquent
$$\Delta^{\mu+1}(Fx.fx) = A\frac{(\mu+1)^{\nu]-1}}{1^{\nu]1}}.\Delta'Fx.(\Delta^{\mu+1}fx)_\nu;$$

et c'est aussi ce que donne immédiatement l'expression (f) de la loi fondamentale dont il est question. — Il suffit donc que cette loi soit vraie dans un seul cas, pour l'être dans tous les autres; et elle l'est évidemment dans le cas de $\mu = 0$, où elle donne

$$\Delta^\circ(Fx . fx) = Fx . fx.$$

Ce n'est point ici le lieu de faire dériver, de cette loi, les différentes propositions de la théorie des différences : cette tâche appartient entièrement à l'Algorithmie elle-même. — Nous nous contenterons de nous arrêter sur une dérivation particulière de cette loi fondamentale, qui la caractérise essentiellement comme expression théorique, et qui, à certains égards, appartient encore à la philosophie de la Théorie des différences.

Lorsque $\mu = 1$, l'expression générale (d) donne.... (h)

$$\begin{aligned}
\Sigma (Fx . fx) = {}& Fx . \Sigma fx - \Delta Fx .(\Sigma^2 fx - \Sigma fx) \\
& + \Delta^2 Fx .(\Sigma^3 fx - 2\Sigma^2 fx + \Sigma fx) \\
& - \Delta^3 Fx .(\Sigma^4 fx - 3\Sigma^3 fx + 3\Sigma^2 fx - \Sigma fx) \\
& + \text{etc.}
\end{aligned}$$

Or, en faisant, comme dans la déduction précédente,

$$(\Sigma fx)_0 = \Sigma fx$$
$$(\Sigma fx)_1 = \Sigma fx - \Sigma^2 fx$$
$$(\Sigma fx)_2 = \Sigma fx - 2\Sigma^2 fx + \Sigma^3 fx$$
$$(\Sigma fx)_3 = \Sigma fx - 3\Sigma^2 fx + 3\Sigma^3 fx - \Sigma^4 fx$$
$$. . . . .$$
$$(\Sigma fx)_\varpi = \Sigma fx - \frac{\varpi}{1} . \Sigma^2 fx + \frac{\varpi}{1} . \frac{\varpi-1}{2} . \Sigma^3 fx - \frac{\varpi}{1} . \frac{\varpi-1}{2} . \frac{\varpi-2}{3} . \Sigma^4 fx + \text{etc.} ;$$

l'expression (h) prendra la forme.... (i)

$$\Sigma(Fx . fx) = Fx .(\Sigma fx)_0 + \Delta Fx .(\Sigma fx)_1 + \Delta^2 Fx .(\Sigma fx)_2 + \text{etc.}$$

De plus, en observant que, suivant l'expression (g), on a

$$(\Sigma fx)_1 = (\Sigma fx)_0 - \Sigma (\Sigma fx)_0$$
$$(\Sigma fx)_2 = (\Sigma fx)_1 - \Sigma (\Sigma fx)_1$$
$$. . . . .$$
$$(\Sigma fx)_\varpi = (\Sigma fx)_{\varpi-1} - \Sigma (\Sigma fx)_{\varpi-1} ;$$

on verra que l'expression (i) peut être transformée, par elle-même, en une infinité d'autres dont chacune séparément est finie ; les voici : .... (k)

$$\Sigma(Fx.fx) = Fx.\Sigma fx + \Sigma\{\Delta Fx.\Delta(\Sigma fx),\}$$
$$= Fx.\Sigma fx + \Delta Fx.(\Sigma fx), + \Sigma\{\Delta^2 Fx.\Delta(\Sigma fx),\}$$
$$= Fx.\Sigma fx + \Delta Fx.(\Sigma fx), + \Delta^2 Fx.(\Sigma fx),$$
$$+ \Sigma\{\Delta^3 Fx.\Delta(\Sigma fx)_3\}$$
$$= \text{etc. etc.}$$

Cette loi particulière forme évidemment une expression théorique. Elle est le principe fondamental de toutes des sommes ou intégrales du premier ordre ; et elle présente l'avantage particulier de pouvoir, dans le développement indéfini, négliger, à chaque terme, les quantités qui se détruisent dans la jonction des facteurs $\Delta^l Fx$ et $\Delta(\Sigma fx)_l$.

Il est sans doute superflu de rappeler que tout ce que nous venons de dire concernant la théorie générale des différences, s'étend nécessairement au calcul différentiel, direct et inverse, qui en est une branche, suivant la déduction architectonique que nous en avons donnée plus haut. Mais nous devons remarquer que les expressions (c) et (d) de la loi fondamentale de la théorie générale des différences, deviennent plus simples dans le cas particulier du calcul des différentielles. En effet, les différentielles des ordres plus élevés disparaissent devant celles des ordres moins élevés ; de manière qu'en désignant, suivant l'usage, par d et $\int$ les différentielles directes et inverses, les expressions (c) et (d) de la loi fondamentale deviennent. ... (l)

$$d^\mu(Fx.fx) = Fx.d^\mu fx + \frac{\mu}{1}.dFx.d^{\mu-1}fx + \frac{\mu}{1}.\frac{\mu-1}{2}$$
$$\times d^2 Fx.d^{\mu-2}fx + \text{etc},$$
$$\int^\mu(Fx.fx) = Fx.\int^\mu fx - \frac{\mu}{1}.dFx.\int^{\mu+1}fx + \frac{\mu}{1}.\frac{\mu+1}{2}$$
$$\times d^2 Fx.\int^{\mu+2}fx - \text{etc,}$$

en observant qu'il faut multiplier par $(dx)^\mu$ les deux membres de la dernière de ces deux expressions.

Il en est de même de la loi fondamentale particulière (*g*) pour les sommes ou intégrales du premier ordre. Dans le cas du calcul différentiel, elle est simplement..... (*m*)

$$\int(Fx.fx) = Fx.\int fx - \int\{dFx.\int fx\}$$
$$= Fx.\int fx - dFx.\int^2 fx + \int\{d^2Fx.\int^2 fx\}$$
$$= Fx.\int fx - dFx.\int^2 fx + d^2Fx.\int^3 fx - \int\{d^3Fx.\int^3 fx\}$$
$$= \text{etc. etc. ;}$$

où il faut multiplier les deux membres de ces égalités par la différentielle dx.

Quant au calcul de la variation des différences (*), il n'a point de lois particulières ; il est soumis aux lois générales de la théorie des différences. La particularité caractéristique de ce calcul, consiste en ce que les différences y sont considérées comme *indéterminées*, ainsi que nous l'avons déjà dit en donnant la déduction architectonique de la théorie générale des différences et de ses branches particulières ; ce sont ces différences ou différentielles indéterminées, qu'on appelle *variations*. — La raison de ce que le calcul des variations n'a et ne peut avoir de lois particulières, consiste en ce qu'il ne dépend que d'une circonstance *logique* (la détermination ou l'indétermination des différences), et nullement d'une circonstance *transcendantale*.

Nous terminerons cet article concernant la théorie des différences, en observant que la loi fondamentale de cette théorie, que nous avons appelée *binome des différences*, peut, comme le binome de Newton, se transformer facilement, et en vertu d'elle-même, en expression d'une fonction trinome, tétranome, et en général d'une fonction polynome quelconque. En effet, en ne nous attachant ici qu'aux différentielles, l'expression de la loi fondamentale ou du binome des différentielles, est évidemment

$$d^\mu(Fx.fx) = A\frac{\mu.(\mu-1)(\mu-2)\ldots(\mu-(\nu-1))}{1.2.3\ldots\nu}.d^\nu Fx.d^{\mu-\nu}fx,$$

en désignant par A l'agrégat des termes correspondans à toutes les valeurs entières et positives de ν, et à celle de $\nu = 0$. Mais,

---

(*) La Méthode des variations.

pour généraliser cette expression et pour l'étendre par là au cas
de μ négatif, au cas des différentielles inverses ou des intégrales,
employons ici dans leur nature, comme nous l'avons fait plus
haut, les facultés qui entrent dans cette expression. Nous aurons
ainsi

$$d^{\mu}(Fx.fx) = A\,\frac{\mu^{\nu|-1}}{1^{\nu|1}}\cdot d^{\nu}Fx\cdot d^{\mu-\nu}fx\,;$$

ou bien,

$$d^{\mu}(Fx.fx) = A\,\frac{1^{\mu|1}}{1^{\nu|1}\cdot 1^{(\mu-\nu)|1}}\cdot d^{\nu}Fx\cdot d^{\mu-\nu}fx\ldots(n),$$

à cause de

$$\mu^{\nu|-1} = \{\mu-(\nu-1)\}^{\nu|1} = \frac{1^{\mu|1}}{1^{(\mu-\nu)|1}}.$$

Or, si l'on a $fx = F_1x.f_1x$, l'expression précédente (n) contiendra celle de $d^{\mu-\nu}(F_1x.f_1x)$, qui suivant (n) est

$$d^{\mu-\nu}(F_1x.f_1x) = A_1\,\frac{1^{(\mu-\nu)|1}}{1^{\nu_1|1}\cdot 1^{(\mu-\nu-\nu_1)|1}}\cdot d^{\nu_1}F_1x\cdot d^{\mu-\nu-\nu_1}f_1x,$$

A_1 désignant l'agrégat des termes correspondans à toutes les valeurs
entières et positives de ν_1, et à celle de $\nu_1 = 0$. Ainsi, en substituant
cette dernière expression dans (n), on aura

$$d^{\mu}(Fx.F_1x.f_1x) = A\,\frac{1^{\mu|1}}{1^{\nu|1}\cdot 1^{\nu_1|1}\cdot 1^{(\mu-\nu-\nu_1)|1}}\cdot d^{\nu}Fx\cdot d^{\nu_1}F_1x\cdot d^{\mu-\nu-\nu_1}f_1x,$$

en dénotant par A l'agrégat des termes correspondans à toutes les
valeurs entières et positives de ν et ν_1, et à celles de $\nu = 0$ et $\nu_1 = 0$.
En procédant de la même manière au développement du facteur
f_1x, on trouvera qu'en général.... (o)

$$d^{\mu}(Fx.F_1x.F_2x\ldots fx) =$$
$$A\,\frac{d^{\nu}Fx.d^{\nu_1}F_1x.d^{\nu_2}F_2x\ldots d^{\mu-\nu-\nu_1-\nu_2\ldots}fx}{1^{\nu|1}\cdot 1^{\nu_1|1}\cdot 1^{\nu_2|1}\ldots 1^{(\mu-\nu-\nu_1-\nu_2\ldots)|1}}\cdot 1^{\mu|1},$$

A désignant l'agrégat des termes correspondans à toutes les valeurs
entières et positives de $\nu\ \nu_1\ \nu_2\ldots$, et à celles de $\nu = 0$, $\nu_1 = 0$,
$\nu_2 = 0.\ldots$

Ainsi

Ainsi, en observant que c'est là proprement la forme sous laquelle se trouve l'expression de la puissance μ d'un polynome, on aura. . . . (p)

$$d^{\mu}(Fx . F_{,}x . F_{,}x \dots) = \{dFx + dF_{,}x + dF_{,}x \dots\}^{\mu},$$

en ayant soin de donner, aux différentielles d, les exposans du développement de ce polynome.

Venons au second des trois cas dans lesquels peut avoir lieu la diversité systématique qui, dans la nature des quantités algorithmiques, résulte de la réunion des deux algorithmes primitifs et opposés, de la sommation et de la graduation. — Nous avons vu que ce second cas répond à l'influence systématique de la graduation dans la génération des quantités où domine la sommation, et qu'il donne lieu à un calcul nouveau que nous nommons Théorie des Grades. — Voici ce qu'il en est.

En considérant les fonctions d'une ou de plusieurs variables, comme exprimant la génération par *sommation* des quantités algorithmiques, on peut, sous le point de vue opposé à celui des différences, envisager la variation de ces quantités par rapport à la *graduation*. Il en résulte un algorithme systématique particulier, essentiellement distinct de celui que nous venons d'examiner, c'est-à-dire, de la théorie des différences. — Cette seconde manière d'envisager la variation des quantités algorithmiques, dérive évidemment, suivant la déduction architectonique que nous en avons donnée plus haut, de la même source d'où dérive celle sur laquelle est fondée la théorie des différences. Il est donc avéré à priori qu'il doit exister, ou du moins qu'il peut exister un autre calcul analogue à celui des différences, mais opposé à lui par la nature de l'algorithme dont l'influence systématique y a lieu. Dans le calcul des différences, c'est la sommation qui influe dans la génération des quantités où domine la graduation; et dans le calcul en question, c'est la graduation qui influe sur la variation des quantités où domine la sommation.

Ce calcul existe effectivement. — Soit y une fonction d'une variable x, que nous désignerons par φx, de manière que

$$y = \varphi x.$$

8

Concevons que l'exposant de x reçoive un accroissement, et désignons-le par γx; il est évident que l'exposant de y doit recevoir également un accroissement; et si nous désignons ce dernier par γy, nous aurons

$$y^{1+\gamma y} = \varphi\left(x^{1+\gamma x}\right).$$

Or, en divisant ces valeurs dérivées par la quantité primitive $y = \varphi x$, on aura. . . . . (α)

$$y^{\gamma y} = \frac{\varphi\left(x^{1+\gamma x}\right)}{\varphi x};$$

et ce sera l'*accroissement par graduation* de la fonction φx, correspondant à un accroissement pareil de la variable x.

Cette variation par graduation suit nécessairement des lois particulières; et c'est l'ensemble de ces lois qui forme le calcul dont il est question. — Nous le nommerons Théorie des Grades, comme nous l'avons déjà dit; et cela, parce que nous appellerons en général grades (*) les quantités que nous venons de désigner par γx, γy.

La théorie des grades forme donc encore une branche nécessaire et essentielle de l'Algorithmie. — De plus, en observant que les quantités γx, γy, peuvent être considérées comme *finies*, ou comme *infiniment petites*, on verra que cette théorie, comme la théorie générale des différences, doit avoir deux branches particulières. Nous

---

(*) Il paraît hors de doute que le mot *grade* est la traduction latine moderne du mot arabe *dergeh*, qui signifie originairement l'échelon d'une échelle ou le degré d'un escalier, et qui provient du verbe *daraga* (gradatim progredi). Il paraît également hors de doute que les Espagnols, qui d'ailleurs ont le mot *grado*, en furent les premiers traducteurs. — Peut-être le mot français *degré* provient-il immédiatement du mot arabe *dergeh*.

Les Arabes ont employé leur *dergeh* pour rendre le mot $\mu o \tilde{\iota} \rho \alpha$ de Ptolémée, que les anciens Latins traduisaient par le mot *pars*. Ce n'est que dans les traductions des Arabes, que le mot latin *gradus* fut employé dans la signification d'un degré du cercle. Il est vrai que Manilius dit de l'équateur :

Quatuor et gradibus sua fila reducit ab æstu ;

mais ce n'est ici qu'une expression poétique qu'il emploie au lieu de *pars*, et qui d'ailleurs signifie chez lui six degrés.

(Ces recherches historiques appartiennent aux professeurs Kaestner et Tychsen).

nommerons *grades* (strictement dits), les quantités γx, γy, lorsqu'elles sont considérées comme finies, et *gradules*, lorsqu'elles
sont considérées comme infiniment petites; et nous aurons ainsi,
par analogie avec les deux branches de la théorie des différences,
le Calcul des Grades et le Calcul des Gradules. — Enfin, les
accroissemens qui font l'objet de la théorie générale des grades, peuvent être considérées comme *déterminés* ou comme *indéterminés* ;
et cette théorie admet encore, comme la théorie des différences,
deux branches particulières, savoir, le Calcul des Grades déterminés, et le Calcul des Grades indéterminés, ou le Calcul de
la variation des Grades.

Voilà ce qui, concernant la théorie des grades, appartient à
l'Architectonique des Mathématiques. — Voici quelques aperçus
philosophiques de cette théorie elle-même.

D'abord, il faut avoir l'expression générale du grade et du gradule d'une fonction quelconque, au moyen d'autres algorithmes
connus. — Pour cela, reprenons l'expression (α)

$$y^{\gamma y} = \frac{\varphi(x^{1+\gamma x})}{\varphi x};$$

et faisons

$$x^{1+\gamma x} = x + \xi,$$

pour lier les grades avec les différences au moyen desquelles nous
allons exprimer les premiers. Nous aurons ainsi. . . . (β)

$$y^{\gamma y} - 1 = \frac{\varphi(x+\xi) - \varphi x}{\varphi x} = \frac{\Delta\varphi(x+\xi)}{\varphi x},$$

ξ étant l'accroissement dont dépend la différence Δ. Or, nous avons
vu plus haut que

$$\Delta\varphi x = \varphi(x-\xi) \cdot (e^{\Delta L\varphi x} - 1);$$

d'où il résulte

$$\Delta\varphi(x+\xi) = \varphi x \cdot (e^{\Delta L\varphi(x+\xi)} - 1).$$

Substituant cette valeur dans (β), nous aurons. . . . (γ)

$$y^{\gamma y} = e^{\Delta L\varphi(x+\xi)};$$

et par conséquent

$$\gamma \varphi x = \frac{\Delta L \varphi (x+\xi)}{L \varphi x}.$$

Telle est donc l'expression du grade d'une fonction φx. — Lorsqu'il s'agit du gradule, la quantité ξ doit évidemment être considérée comme infiniment petite, et la différence Δ qui entre dans cette expression, devient une différentielle; de manière qu'on a alors

$$g \varphi x = \frac{d L \varphi x}{L \varphi x},$$

en désignant les gradules par la lettre latine g, par analogie avec la notation des différentielles.

Mais ce ne sont encore là que les expressions du grade et du gradule du *premier ordre*; et il faut observer, comme nous allons le faire, que les grades et les gradules sont susceptibles, ainsi que les différences et les différentielles, de tous les ordres possibles, positifs ou négatifs. En effet, reprenant l'expression (γ)

$$\gamma^{\gamma y} = e^{\Delta L \varphi (x+\xi)},$$

on aura évidemment

$$\gamma^{\gamma y + \gamma_{\text{\tiny\textbullet}} y} = e^{\Delta L \{\varphi (x+\xi)\}^{(1+\gamma \varphi (x+\xi))}},$$

en désignant par $\gamma_{\text{\tiny\textbullet}} y$ ou $\gamma_{\text{\tiny\textbullet}} \varphi x$ le grade du *second ordre* de la fonction φx, et $\gamma \varphi (x+\xi)$ étant, comme plus haut, le grade du premier ordre de la fonction $\varphi (x+\xi)$. — Or, en divisant respectivement les deux membres de cette dernière égalité par ceux de l'expression (γ) dont elle dérive, on obtiendra la valeur

$$\gamma^{\gamma_{\text{\tiny\textbullet}} y} = e^{\Delta L \{\varphi (x+\xi)\}^{\gamma \varphi (x+\xi)}},$$

qui, en vertu de la même expression (γ), est

$$\gamma^{\gamma_{\text{\tiny\textbullet}} y} = e^{\Delta L e^{\Delta L \varphi (x+2\xi)}} = e^{\Delta . \Delta L \varphi (x+2\xi)}.$$

Donc le grade $\gamma_{\text{\tiny\textbullet}} y$ ou $\gamma_{\text{\tiny\textbullet}} \varphi x$ du second ordre d'une fonction φx, sera

$$\gamma_2 \varphi x = \frac{\Delta^2 L \varphi(x + 2\xi)}{L\varphi x};$$

et le gradule du même ordre

$$g_2 \varphi x = \frac{d^2 L\varphi x}{L\varphi x}.$$

En procédant de la même manière, on verra que les grades et les gradules sont susceptibles, comme les différences et les différentielles, de tous les ordres possibles, positifs ou négatifs; et l'on trouvera, pour un ordre quelconque μ, les expressions générales

$$\gamma_\mu \varphi x = \frac{\Delta^\mu L \varphi(x + \mu\xi)}{L\varphi x}, \qquad g_\mu \varphi x = \frac{d^\mu L\varphi x}{L\varphi x},$$

comme nous allons le démontrer. — La première de ces expressions générales, qui embrasse la seconde, donne

$$\varphi x^{\gamma_\mu \varphi x} = e^{\Delta^\mu L \varphi(x + \mu\xi)};$$

et prenant le grade de l'ordre suivant,

$$\varphi x^{\gamma_\mu \varphi x + \gamma_{\mu+1} \varphi x} = e^{\Delta^\mu L \{\varphi(x + \mu\xi)\}^{(1 + \gamma\varphi(x+\mu\xi))}}.$$

Or, en divisant respectivement, l'un par l'autre, les deux membres de ces deux dernières égalités, on obtiendra

$$\varphi x^{\gamma_{\mu+1} \varphi x} = e^{\Delta^\mu L \{\varphi(x + \mu\xi)\}^{\gamma\varphi(x+\mu\xi)}};$$

et en vertu de l'expression (γ),

$$\varphi x^{\gamma_{\mu+1} \varphi x} = e^{\Delta^\mu L e^{\Delta L \varphi(x + (\mu+1)\xi)}} = e^{\Delta^\mu . \Delta L \varphi(x + (\mu+1)\xi)}.$$

Donc,

$$\gamma_{\mu+1} \varphi x = \frac{\Delta^{\mu+1} L \varphi(x + (\mu+1)\xi)}{L\varphi x};$$

et c'est aussi ce que donne immédiatement l'expression hypothétique générale de laquelle nous sommes partis. Si donc cette expression est vraie dans un seul cas, et elle l'est évidemment dans le cas de $\mu = 0$, elle le sera dans tous les autres, quelle que soit la valeur de μ, positive ou négative. Nous aurons donc effectivement, pour les grades et pour les gradules, d'un ordre quelconque μ, les expressions générales. . . . (δ)

$$\gamma_\mu \varphi x = \frac{\Delta^\mu L\varphi(x + \mu\xi)}{L\varphi x}, \qquad g_\mu \varphi x = \frac{d^\mu L\varphi x}{L\varphi x}.$$

Lorsque μ est un nombre entier négatif, on a ici les grades et les gradules *inverses* qui répondent, dans la théorie des différences, aux différences et différentielles inverses, aux sommes ou intégrales. — Mais une circonstance caractéristique, qui rompt l'analogie de la théorie des grades avec celle des différences, se présente ici : le grade de l'ordre désigné par zéro, ou celui qui sert de transition des ordres positifs aux ordres négatifs, est égal à l'unité, et non, comme dans la théorie des différences, à la fonction même dont on considère les grades. Cette circonstance provient de ce que les différens ordres des grades se rapportent aux accroissemens consécutifs, par graduation, de la fonction en question, et non aux accroissemens de ces grades mêmes; parce que cette dernière variation est purement contingente, et n'a, dans l'Algorithmie, aucune signification nécessaire. En effet, c'est l'expression (γ)

$$\gamma^{\gamma y} = e^{\Delta L\varphi(x + \xi)},$$

ou originairement l'expression (α)

$$\gamma^{\gamma y} = \frac{\varphi(x' + \gamma x)}{\varphi x},$$

qui est le véritable accroissement par graduation de la fonction y ou φx; et l'exposant qui détermine une seconde variation pareille de la fonction y ou φx, est nécessairement le grade du second ordre. Or, en prenant ce second accroissement, on a

$$\left(\gamma^{\gamma y}\right)^{(1 + \Gamma y)} = e^{\Delta L\{\varphi(x + \xi)\}^{(1 + \gamma\varphi(x + \xi))}},$$

en désignant ici par Γy le grade qui produit l'accroissement de l'accroissement du premier ordre $\gamma^{\gamma y}$; et alors la quantité

$$(y^{\gamma y})^{(1 + \Gamma y)} = y^{\gamma y + \gamma y \cdot \Gamma y},$$

étant divisée par l'accroissement du premier ordre $y^{\gamma y}$, savoir

$$\frac{(y^{\gamma y})^{(1 + \Gamma y)}}{y^{\gamma y}} = y^{\gamma y \cdot \Gamma y},$$

donne évidemment $y^{\gamma y \cdot \Gamma y}$ pour l'accroissement du second ordre, $\gamma y \cdot \Gamma y$ pour l'exposant qui détermine cette seconde variation de la fonction y ou φx; et c'est effectivement l'exposant $\gamma y \cdot \Gamma y$, dénoté par $\gamma_2 y$, que nous avons considéré comme grade du second ordre. — Il en est de même des grades des autres ordres.

On pourrait, à la vérité, prendre l'accroissement par graduation du grade même du premier ordre, savoir

$$\gamma y^{(1 + \gamma \gamma y)} = \frac{\Delta L \{\varphi(x + \xi)\}^{(1 + \gamma \varphi (x + \xi))}}{L\{\varphi x\}^{(1 + \gamma \varphi x)}};$$

et l'on aurait $\gamma \gamma y$ ou $\gamma_2 y$ pour le grade qui déterminerait cet accroissement. Mais, comme nous l'avons déjà dit, cette considération est purement contingente, et n'a, dans l'Algorithmie, aucune signification nécessaire : elle n'embrasse point absolument l'accroissement de la fonction $y^{\gamma y}$, qui est l'accroissement du premier ordre; elle ne l'embrasse que relativement, comme on le voit dans l'expression

$$(y^{\gamma y})^{(1 + \Gamma y)} = y^{(1 + \gamma y)} \cdot \gamma y^{(1 + \gamma \gamma y)};$$

et cela, parce qu'elle ne porte que sur la variation des grades, et non sur la variation de la fonction elle-même. — C'est pour distinguer de cet accroissement des grades, qui est purement possible, l'accroissement de la fonction elle-même, qui est nécessaire, que nous avons désigné les véritables grades des différens ordres par des chiffres placés au bas des lettres caractéristiques γ et g.

Avant d'en venir à la loi fondamentale de la théorie des grades, que nous devons encore donner ici, déduisons, des expressions générales (δ), au moins les gradules du premier ordre des fonctions algorithmiques élémentaires. Les voici :

$$g x^m = g x, \qquad g L x = \frac{1}{L L x} \cdot g x, \qquad g a^x = L x \cdot g x,$$

$$g \sin. x = + \frac{x L x \cdot \cot. x}{L \sin. x} \cdot g x, \qquad g \cos. x = - \frac{x L x \cdot \operatorname{tang}. x}{L \cos. x} \cdot g x,$$

en y substituant, pour dx, la valeur qui résulte des mêmes expressions générales (δ), savoir, de

$$g x = \frac{d L x}{L x} = \frac{dx}{x L x}.$$

Venons maintenant à la loi fondamentale de la théorie des grades. —Ici, comme dans la théorie des différences, cette loi doit embrasser toutes les fonctions algorithmiques possibles, et nommément les trois fonctions algorithmiques primitives, la sommation, la reproduction et la graduation, dont toutes les autres sont formées nécessairement; c'est-à-dire, elle doit embrasser les trois cas

$$\gamma_{\mu}(F x + f x), \qquad \gamma_{\mu}(F x \times f x), \qquad \gamma_{\mu}(F x^{f x}).$$

Or, en appliquant au second de ces trois cas les expressions générales (δ), on trouvera immédiatement

$$\gamma_{\mu}(F x \times f x) = \frac{\Delta^{\mu} L(F(x + \mu \xi) \cdot f(x + \mu \xi))}{L(F x . f x)} = \frac{\Delta^{\mu} L F(x + \mu \xi) + \Delta^{\mu} L f(x + \mu \xi)}{L(F x . f x)};$$

et par conséquent, en vertu des mêmes expressions (δ),

$$\gamma_{\mu}(F x \times f x) = \frac{L F x \cdot \gamma_{\mu} F x + L f x \cdot \gamma_{\mu} f x}{L(F x . f x)};$$

et dans le cas des gradules

$$g_{\mu}(F x \times f x) = \frac{L F x \cdot g_{\mu} F x + L f x \cdot g_{\mu} f x}{L(F x . f x))}.$$

Ainsi, les grades des fonctions de la reproduction, sont donnés immédiatement au moyen des grades du même ordre, pris sur les facteurs de ces fonctions. — Il ne reste donc en question que le premier et le troisième des trois cas des fonctions algorithmiques primitives, savoir, le cas du développement théorique des grades pris sur les fonctions de la sommation, et celui du développement théorique des grades pris sur les fonctions de la graduation.

Or

Or, suivant ce que nous avons dit de la nature de l'algorithme des grades, comme étant la détermination de l'influence systématique de la graduation dans la génération des quantités où domine la sommation, il paraît nécessaire que le premier des deux cas qui restent en question, embrasse le dernier, c'est-à-dire, que ce dernier cas soit contenu dans la loi qui s'applique au premier. — Il en est ainsi réellement. En effet, si la fonction de graduation proposée était $\Phi x^{\varphi x}$, on pourrait faire

$$\Phi x^{\varphi x} = Fx \cdot fx \, ;$$

et considérant la fonction fx comme donnée, on aurait

$$LFx = \varphi x \cdot L\Phi x - Lfx \, ,$$

et par conséquent

$$\gamma_\mu LFx = \gamma_\mu \{\varphi x \cdot L\Phi x - Lfx\} \, ;$$

expression qui rentre dans le cas des fonctions de la sommation. Mais on aurait principalement

$$\gamma_\mu \Phi x^{\varphi x} = \gamma_\mu (Fx \cdot fx) = \frac{LFx \cdot \gamma_\mu Fx + Lfx \cdot \gamma_\mu fx}{L(Fx \cdot fx)} \, ;$$

et de plus, puisque

$$\Delta LF(x + \mu\xi) = LF(x + (\mu - 1)\xi) \cdot (e^{\Delta LLF(x + \mu\xi)} - 1) \, ,$$

on aurait accessoirement, en vertu des expressions (δ),

$$\gamma_\mu Fx = \frac{\Delta^\mu LF(x + \mu\xi)}{LFx} = \frac{\Delta^{\mu-1}\{LF(x + (\mu - 1)\xi) \times (e^{\Delta LLF(x + \mu\xi)} - 1)\}}{LFx} \, ,$$

et par conséquent, en vertu du binome des différences (c),

$$\gamma_\mu Fx = \frac{1}{LFx}\Big\{ LF(x + (\mu - 1)\xi) \cdot \Delta^{\mu-1}(e^{\Delta LLF(x + \mu\xi)} - 1) + \frac{\mu - 1}{1} \times$$
$$\times \Delta LF(x + (\mu - 1)\xi) \cdot \Big(\Delta^{\mu-2}(e^{\Delta LLF(x + \mu\xi)} - 1) - \Delta^{\mu-1}(e^{\Delta LLF(x + \mu\xi)} - 1)\Big)$$
$$+ \text{etc.}, \text{etc.}\Big\} \, ;$$

expression dans laquelle on aurait en général

$$\Delta^{\varpi}\left(e^{\Delta LLF(x+\mu\xi)}-1\right) = \Delta^{\varpi}\left(\Delta LLF(x+\mu\xi)\right) +$$
$$\tfrac{1}{2}\Delta^{\varpi}\left(\Delta LLF(x+\mu\xi)\cdot\Delta LLF(x+\mu\xi)\right)+\text{etc.},$$

et dans laquelle par conséquent on pourrait, au moyen des expressions générales (δ), substituer, à la place des différences de $LLF(x+\mu\xi)$, les grades de $LF(x+\mu\xi)$.

Il est donc vrai que la loi du développement théorique des grades, qui s'appliquerait aux fonctions de la sommation, embrasse les développemens des grades pris sur les fonctions de la graduation. — Mais il est vrai, de plus, que la loi du développement théorique des grades, qui s'appliquerait immédiatement aux fonctions de la graduation, ne pourrait embrasser les développemens des grades pris sur les fonctions de la sommation. En effet, si la fonction de sommation proposée était $(\Phi x+\varphi x)$; pour la ramener aux fonctions de graduation, on aurait $(\Phi x+\varphi x)=Fx\times fx$; ou bien, si cela était possible, $(\Phi x+\varphi x)=Fx^{fx}$; et dans ces deux cas, pour déterminer l'une des deux fonctions Fx ou fx, on aurait des expressions qui contiendraient toujours la fonction $(\Phi x+\varphi x)$ qui est proposée.

Ainsi la loi du développement théorique des grades, qui s'applique aux fonctions de la sommation, est réellement la loi fondamentale de toute la théorie des grades, directe et inverse; comme cela doit être suivant la nature de cet algorithme, qui, d'après la déduction métaphysique que nous en avons donnée, consiste dans l'influence systématique de la graduation dans la génération des quantités où domine la sommation.

Procédons à la détermination de cette loi fondamentale. — Suivant les expressions générales (δ), nous avons

$$\gamma_{\mu}(Fx+fx)=\frac{\Delta^{\mu}L\{F(x+\mu\xi)+f(x+\mu\varpi)\}}{L(Fx+fx)}=\frac{\Delta^{\mu}L(F_{\mu}+f_{\mu})}{L(F_{0}+f_{0})},$$

en désignant en général par F_{ϖ} et f_{ϖ} les fonctions $F(x+\varpi\xi)$ et $f(x+\varpi\xi)$. De plus,

$$\Delta^{\mu}L(F_{\mu}+f_{\mu})=\Delta^{\mu}\int\frac{dF_{\mu}+df_{\mu}}{F_{\mu}+f_{\mu}}=\Delta^{\mu}d^{-1}\Omega_{\mu}(dF_{\mu}+df_{\mu}),$$

en faisant $\Omega_\mu = (F_\mu + f_\mu)^{-1}$. — Mais si l'on désigne par Δ_ξ^μ, Δ_ζ^ν les différences de l'ordre μ et ν, prises respectivement par rapport aux accroissemens ξ et ζ, on a, pour une fonction quelconque φx, l'identité

$$\Delta_\zeta^\nu (\Delta_\xi^\mu \varphi x) = \Delta_\xi^\mu (\Delta_\zeta^\nu \varphi x),$$

quels que soient les exposans μ, ν, positifs ou négatifs, et quels que soient les accroissemens ξ, ζ, finis ou infiniment petits. En effet, suivant l'expression (a) de la formation des différences, on a

$$\Delta_\xi^\mu \varphi x = A_\varpi (-1)^\varpi \cdot \frac{\mu^{\varpi|-1}}{1^{\varpi|1}} \cdot \varphi(x - \varpi\xi),$$

$$\Delta_\zeta^\nu \varphi x = A_\pi (-1)^\pi \cdot \frac{\nu^{\pi|-1}}{1^{\pi|1}} \cdot \varphi(x - \pi\zeta),$$

en dénotant par A_ϖ, A_π, les agrégats des termes correspondans respectivement à toutes les valeurs entières de ϖ et π. Or, en prenant la différences Δ_ζ^ν de la première de ces deux dernières expressions, et la différence Δ_ξ^μ de la seconde, on aura

$$\Delta_\zeta^\nu (\Delta_\xi^\mu \varphi x) = A_\varpi (-1)^\varpi \cdot \frac{\mu^{\varpi|-1}}{1^{\varpi|1}} \cdot A_\pi (-1)^\pi \cdot \frac{\nu^{\pi|-1}}{1^{\pi|1}} \cdot \varphi(x - \varpi\xi - \pi\zeta),$$

$$\Delta_\xi^\mu (\Delta_\zeta^\nu \varphi x) = A_\pi (-1)^\pi \cdot \frac{\nu^{\pi|-1}}{1^{\pi|1}} \cdot A_\varpi (-1)^\varpi \cdot \frac{\mu^{\varpi|-1}}{1^{\varpi|1}} \cdot \varphi(x - \pi\zeta - \varpi\xi),$$

et par conséquent

$$\Delta_\zeta^\nu (\Delta_\xi^\mu \varphi x) = \Delta_\xi^\mu (\Delta_\zeta^\nu \varphi x).$$

Nous aurons donc

$$\Delta^\mu L(F_\mu + f_\mu) = \Delta^\mu d^{-1} \Omega_\mu (dF_\mu + df_\mu) = d^{-1} \Delta^\mu \Omega_\mu (dF_\mu + df_\mu),$$

et nous pourrons développer la différence Δ^μ du produit......
$\Omega_\mu \cdot (dF_\mu + df_\mu)$, au moyen du binome des différences (c) ou de la loi fondamentale des différences. — Mais, pour rendre cette expres-

sion plus simple, simplifions d'abord l'expression de ce binome même. Pour cela, rappelons-nous qu'en faisant

$$(\Delta^\mu fx)_\nu = (-1)^\nu . \left\{ \Delta^\mu fx - \frac{\nu}{1} . \Delta^{\mu-1} fx + \frac{\nu}{1} . \frac{\nu-1}{2} . \Delta^{\mu-2} fx - \text{etc.} \right\},$$

ν étant un nombre entier quelconque ou zéro, on a, suivant (g), l'expression générale

$$(\Delta^{\mu+1} fx)_{\nu+1} = (\Delta^\mu f(x-\xi))_\nu .$$

Donc, en vertu de cette expression même, on aura......$(g)^*$

$$(\Delta^\mu fx)_\nu = (\Delta^{\mu-1} f(x-\xi))_{\nu-1} = (\Delta^{\mu-2} f(x-2\xi))_{\nu-2} =$$
$$(\Delta^{\mu-3} f(x-3\xi))_{\nu-3} = \ldots = (\Delta^{\mu-\nu} f(x-\nu\xi))_0 = \Delta^{\mu-\nu} f(x-\nu\xi).$$

Ainsi, en substituant ces valeurs dans l'expression générale (c) du binome des différences, on aura, pour ce binome, une expression plus simple.....$(c)^*$

$$\Delta^\mu(Fx.fx) = Fx.\Delta^\mu fx + \frac{\mu}{1}.\Delta Fx.\Delta^{\mu-1} f(x-\xi) + \frac{\mu}{1}.\frac{\mu-1}{2} \times$$
$$\times \Delta^2 Fx.\Delta^{\mu-2} f(x-2\xi) + \frac{\mu}{1}.\frac{\mu-1}{2}.\frac{\mu-2}{3}.\Delta^3 Fx.\Delta^{\mu-3} f(x-3\xi)$$
$$+ \text{etc.}$$

Or, en appliquant cette expression au produit $\Omega_\mu.(dF_\mu + df_\mu)$ qui est en question, on obtiendra

$$\Delta^\mu L(F_\mu + f_\mu) = d^{-1} \left\{ \Omega_\mu.(d\Delta^\mu F_\mu + d\Delta^\mu f_\mu) + \frac{\mu}{1} \times \right.$$
$$\times \Delta\Omega_\mu.(d\Delta^{\mu-1} F_{\mu-1} + d\Delta^{\mu-1} f_{\mu-1}) + \frac{\mu}{1}.\frac{\mu-1}{2} \times$$
$$\left. \times \Delta^2\Omega_\mu.(d\Delta^{\mu-2} F_{\mu-2} + d\Delta^{\mu-2} f_{\mu-2}) + \text{etc.} \right\}.$$

De plus, en vertu des expressions générales (d), on a leurs réciproques que voici.....(ϵ)

$$\Delta^\mu \psi x = \psi(x - \mu\xi).\gamma_\mu e^{\psi(x-\mu\xi)}, \qquad d^\mu \psi x = \psi x . g_\mu e^{\psi x},$$

ψ dénotant une fonction quelconque ; de manière qu'on pourra, dans l'expression précédente de $\Delta^\mu L(F_\mu + f_\mu)$, substituer, à la place des différences des fonctions F et f, les grades de ces fonctions. — Cette substitution étant opérée, on obtiendra définitivement (ζ)

$$\gamma_\mu(Fx+fx) = \frac{1}{L(Fx+fx)} \cdot d^{-1} \left\{ d(Fx \cdot \gamma_\mu e^{Fx} + fx \cdot \gamma_\mu e^{fx}) \times \right.$$
$$\times \Delta^0(F(x+\mu\xi) + f(x+\mu\xi))^{-1}$$
$$+ \frac{\mu}{1} \cdot d(Fx \cdot \gamma_{\mu-1} e^{Fx} + fx \cdot \gamma_{\mu-1} e^{fx}) \times$$
$$\times \Delta^1(F(x+\mu\xi) + f(x+\mu\xi))^{-1}$$
$$+ \frac{\mu}{1} \cdot \frac{\mu-1}{2} \cdot d(Fx \cdot \gamma_{\mu-2} e^{Fx} + fx \cdot \gamma_{\mu-2} e^{fx}) \times$$
$$\times \Delta^2(F(x+\mu\xi) + f(x+\mu\xi))^{-1}$$
$$\left. + \text{etc., etc.} \right\} ;$$

et c'est là la loi fondamentale de toute la théorie des grades, directe et inverse.

Lorsqu'il s'agit des gradules, la loi fondamentale que nous venons de donner, reçoit une expression bien plus simple ; sur-tout parce que les différences et les différentielles qui y entrent, en sortent entièrement ; et la loi ne se trouve exprimée qu'en gradules des deux fonctions Fx et fx. En effet, on a alors

$$g_\mu(Fx+fx) = \frac{d^\mu L(Fx+fx)}{L(Fx+fx)} = \frac{d^{\mu-1} \Omega \cdot (dFx + dfx)}{L(Fx+fx)},$$

en faisant $\Omega = (Fx+fx)^{-1}$. Or, en développant, au moyen du binome des différentielles (l), le produit $\Omega \cdot (dFx+dfx)$, et en remettant, en vertu des expressions (ϵ), les gradules pour les différentielles, on trouvera. . . . (η)

$$g_\mu(Fx+fx) = \frac{\Omega}{L(Fx+fx)} \cdot \left\{ g_0 e^\Omega \cdot (Fx \cdot g_\mu e^{Fx} + fx \cdot g_\mu e^{fx}) \right.$$
$$+ \frac{\mu-1}{1} \cdot g_1 e^\Omega \cdot (Fx \cdot g_{\mu-1} e^{Fx} + fx \cdot g_{\mu-1} e^{fx})]$$
$$+ \frac{\mu-1}{1} \cdot \frac{\mu-2}{2} \cdot g_2 e^\Omega \cdot (Fx \cdot g_{\mu-2} e^{Fx} + fx \cdot g_{\mu-2} e^{fx})$$
$$\left. + \text{etc., etc.} \right\} ;$$

et c'est là la loi fondamentale de toute la théorie des gradules, directe et inverse. — Nous avons fait entrer, dans cette dernière expression, les gradules de la fonction e^{Ω} ou $e^{(Fx+fx)^{-1}}$, pour indiquer par là qu'il n'y entre proprement que des gradules des fonctions Fx et fx; parce qu'en prenant, au moyen des formules (δ), les différentielles qui sont les valeurs des gradules $g_{\cdot}e^{\Omega}$, $g_{\cdot}e^{\Omega}$, etc. on aura des expressions en différentielles des fonctions Fx et fx, et on pourra, au moyen des formules (ε), y substituer les gradules de ces fonctions à la place de leurs différentielles.

Nous savons, par la nature de l'algorithme des grades, et nous l'avons prouvé plus haut, que la loi du développement théorique en grades des fonctions de la sommation, qui est la loi fondamentale de toute la théorie des grades, embrasse nécessairement les développemens pareils des fonctions de la graduation. Mais nous devons remarquer ici que ces derniers développemens sont, en outre, soumis à une loi particulière très-simple, qui dérive immédiatement des formules générales (δ) de la formation des grades au moyen des différences. — Soit $(Fx)^{fx}$ la fonction générale de graduation; nous aurons, en vertu de la première des formules (δ),

$$\gamma_{\mu}Fx^{fx} = \frac{\Delta^{\mu}LF(x+\mu\xi)^{f(x+\mu\xi)}}{LFx^{fx}} = \frac{\Delta^{\mu}f(x+\mu\xi).LF(x+\mu\xi)}{fx.LFx};$$

et développant la différence Δ^{μ} au moyen du binome des différences $(c)'$, et remettant, en vertu de la première des formules générales (ε), les grades à la place des différences, nous trouverons..... (θ)

$$\gamma_{\mu}Fx^{fx} = \frac{1}{fx}.\left\{ f(x+\overline{\mu-0}.\xi).\gamma_{\cdot}e^{f(x+\overline{\mu-0}.\xi)}.\gamma_{\mu}Fx + \frac{\mu}{1} \times \right.$$
$$\times f(x+\overline{\mu-1}.\xi).\gamma_{\cdot}e^{f(x+\overline{\mu-1}.\xi)}.\gamma_{\mu-1}Fx + \frac{\mu}{1}.\frac{\mu-1}{2} \times$$
$$\left. \times f(x+\overline{\mu-2}.\xi).\gamma_{\cdot}e^{f(x+\overline{\mu-2}.\xi)}.\gamma_{\mu-2}Fx + \text{etc.} \right\}.$$

Cette expression est encore plus simple lorsqu'il s'agit des gradules : elle est alors...... (ϑ)

$$g_\mu Fx^{fx} = g_\circ e^{fx} \cdot g_\mu Fx + \frac{\mu}{1} \cdot g_1 e^{fx} \cdot g_{\mu-1} Fx + \frac{\mu}{1} \cdot \frac{\mu-1}{2} \cdot g_2 e^{fx} \cdot g_{\mu-2} Fx + \text{etc.}$$

Outre la simplicité de ces deux dernières expressions, nous devons remarquer l'analogie parfaite qu'elles ont, sur-tout celle des gradules, avec le binome de Newton; et en nous rappelant le binome des différences, spécialement celui des différentielles, nous découvrirons ici la circonstance très-remarquable que les binomes formés respectivement par les trois fonctions algorithmiques primitives, la sommation, la reproduction et la graduation, peuvent, au moyen des trois algorithmes des puissances, des différences et des grades, être développés sous une même forme. Voici ces développemens remarquables :

$$(Fx + fx)^\mu = fx^0 \cdot Fx^\mu + \frac{\mu}{1} \cdot fx^1 \cdot Fx^{\nu-1} + \frac{\mu}{1} \cdot \frac{\nu-1}{2} \cdot fx^2 \cdot Fx^{\mu-2} + \text{etc.}$$

$$d^\nu(Fx \cdot fx) = d^0 fx \cdot d^\mu Fx + \frac{\mu}{1} \cdot d^1 fx \cdot d^{\nu-1} Fx + \frac{\mu}{1} \cdot \frac{\nu-1}{2} \cdot d^2 fx \cdot d^{\mu-2} Fx + \text{etc.}$$

$$g_\mu(Fx)^{fx} = g_\circ e^{fx} \cdot g_\mu Fx + \frac{\mu}{1} \cdot g_1 e^{fx} \cdot g_{\mu-1} Fx + \frac{\mu}{1} \cdot \frac{\mu-1}{2} \cdot g_2 e^{fx} \cdot g_{\mu-2} Fx + \text{etc.}$$

Terminons cet article concernant la théorie des grades, en comparant les expressions générales (δ) et (ε), que voici :

$$\gamma_\mu \varphi x = \frac{\Delta^\mu L\varphi(x + \mu\xi)}{L\varphi x}, \qquad g_\mu \varphi x = \frac{d^\mu L\varphi x}{L\varphi x},$$

$$\Delta^\mu \psi x = \psi(x - \mu\xi) \cdot \gamma_\mu e^{\psi(x - \mu\xi)}, \qquad d^\mu \psi x = \psi x \cdot g_\mu e^{\psi x}.$$

Ces expressions forment évidemment la liaison entre l'algorithme des grades et celui des différences : les deux premières servent de transition du calcul des grades et des gradules à celui des différences et des différentielles ; et réciproquement, les deux dernières servent de transition du calcul des différences et des différentielles à celui des grades et des gradules. — Mais il ne s'ensuit nullement que l'un de ces calculs soit dépendant ou dérive de l'autre : ils subsistent, l'un et l'autre, d'une manière absolue, étant fondés sur des lois intellectuelles indépendantes et d'une origine également élevée ; aussi ont-ils chacun leurs lois particulières.

Pour ce qui concerne l'utilité ou l'application de l'algorithme

général des grades, ce n'est point ici le lieu d'en parler (*) : dans
l'Architectonique philosophique, qui est l'objet principal de cette
Introduction, il ne s'agit, et il ne doit être question que de l'existence de cet algorithme, comme d'une PARTIE INTÉGRANTE et
ESSENTIELLE de l'Algorithmie. — Il est à remarquer, pour nous
former une idée du degré de certitude que comportent ces déductions philosophiques, que le calcul des grades et des gradules est
un résultat de ces déductions, obtenu entièrement à priori ; et
non, comme la découverte du calcul des différences et des différentielles, un résultat auquel on ait été conduit à posteriori, par
le besoin d'employer ce calcul.

Venons au troisième et dernier cas dans lequel peut avoir lieu
la diversité systématique qui, dans la nature des quantités algorithmiques, résulte de la réunion des deux algorithmes primitifs et
opposés, de la sommation et de la graduation. — Nous avons vu
que ce troisième cas répond à l'influence systématique et réciproque
de la sommation et de la graduation dans la génération des quantités où dominent l'un et l'autre de ces algorithmes ; et que c'est là
l'objet de ce qu'on appelle THÉORIE DES NOMBRES.

La déduction de ce dernier cas de la diversité systématique dans
la nature des quantités algorithmiques, est également facile. —
Il suffit de remarquer que, d'un côté, l'algorithme de la sommation donne lieu, dans la nature des nombres, à l'*agrégation des
unités*, qui en est un des caractères distinctifs ; et que, de l'autre
côté, l'algorithme de la graduation et celui de la reproduction
donnent lieu, dans la nature des nombres, à l'existence des *facteurs*, qui en est le second caractère distinctif. Or, c'est évidemment dans l'influence systématique et réciproque de ces deux caractères distinctifs de la nature des nombres, que consiste l'objet de
la théorie entière que nous venons de nommer, et dont il est
question.

Il faut observer ici que puisque dans la théorie des nombres
il s'agit de l'influence systématique et réciproque des deux algorithmes primitifs, et non de l'influence partielle de l'un de ces algorithmes sur l'autre, cette influence ne peut se manifester que dans

____

(*) Nous en ferons ci-après une application importante.

les

les nombres déjà produits par leur génération, et non dans cette génération elle-même. Il s'ensuit que, dans cette théorie, les parties composantes, *finies* ou *infiniment petites*, ne peuvent, dans la génération des nombres, être un objet de considération particulière ; et par conséquent, que la théorie des nombres n'a point, comme la théorie des différences et celle des grades, deux branches relatives à ces parties finies et infiniment petites. — Mais elle admet, comme ces deux dernières théories, la considération particulière des *nombres déterminés* et celle des *nombres indéterminés ;* en effet, on peut considérer les nombres ou les quantités algorithmiques, comme donnés par eux-mêmes ou immédiatement, et comme donnés par d'autres nombres ou médiatement ; et dans le premier cas, ces quantités sont nécessairement déterminées, tandis que, dans le second, elles sont indéterminées, en tant qu'elles dépendent de la valeur des quantités au moyen desquelles elles sont données. La première considération fait l'objet de la Théorie des Nombres déterminés ; la seconde, celui de la Théorie des Nombres indéterminés (*).

Voilà ce qui, concernant la théorie des nombres, appartient à l'Architectonique des Mathématiques. — Ajoutons quelques observations philosophiques sur cette théorie elle-même.

La première chose qu'il faut déterminer, c'est, comme dans les deux théories précédentes, la conception ou l'expression algorithmique de l'objet de la théorie en question. — Pour cela, soit μ un nombre donné, et soit, s'il est possible, sa triple génération.... (A)

$$\mu = P + Q, \qquad \mu = M \times N, \qquad \mu = R^S,$$

suivant les trois algorithmes primitifs, la sommation, la reproduction et la graduation. Or, pour exprimer ici l'influence systématique et réciproque de la sommation et de la graduation dans la génération du nombre μ où dominent, suivant les suppositions (A), l'un et l'autre de ces algorithmes, il est évident, d'abord en général, qu'il faut déterminer les lois par lesquelles sont liées les quantités

---

(*) Je crois que nous devons à Legendre l'aperçu de l'idée philosophique de ranger, dans la Théorie générale des nombres, l'Algorithmie ou, comme l'on disait, l'Analyse indéterminée,

9

P, Q, M, N, R, S, qui entrent dans la génération de ce nombre ; et nommément qu'il faut établir les relations qui se trouvent entre ces quantités, en les considérant respectivement par rapport aux deux algorithmes primitifs et opposés, la sommation et la graduation. On aurait ainsi les trois relations générales. . . . (B)

$$P + Q = M \times N, \qquad M \times N = R^{S}, \qquad P + Q = R^{S} ;$$

en observant que l'algorithme de reproduction $M \times N$, qui participe à chacun des deux algorithmes primitifs et opposés, exprime, dans la première de ces relations, l'algorithme de la graduation, et dans la seconde, celui de la sommation. — Mais, en particulier, si l'on fait attention à la nature des deux algorithmes primitifs et opposés, la sommation et la graduation, et nommément à l'hétérogénéité absolue qui y est impliquée et qui les distingue, on comprendra facilement, d'après ce que nous avons dit plus haut, qu'il ne saurait exister de lois pour la troisième de ces relations, qui, lorsqu'elle a lieu, est purement contingente. Il ne saurait y avoir de lois que pour les deux premières de ces trois relations générales, et cela au moyen de l'algorithme de la reproduction, qui, par sa participation aux deux autres algorithmes primitifs, contient une unité de liaison avec ces algorithmes opposés respectifs, et donne lieu, par conséquent, à la possibilité de lois communes entre la génération par sommation et celle par reproduction d'une part, et entre la génération par reproduction et celle par graduation de l'autre. — Ainsi, les seules relations possibles, sont. . . . (C)

$$P + Q = M \times N, \qquad M \times N = R^{S};$$

et telles sont les expressions générales de l'objet de la théorie qui nous occupe, c'est-à-dire, les expressions générales de l'influence systématique et réciproque de la sommation et de la graduation dans la génération des nombres où dominent l'un et l'autre de ces algorithmes.

Voyons maintenant les lois fondamentales respectives qui, dans ces deux expressions, régissent l'influence systématique et réciproque dont il s'agit.

Soient n_1, n_2, n_3 ...., des nombres quelconques positifs ou négatifs, entiers, fractionnaires, ou irrationnels; la génération par sommation, au moyen de ces nombres, sera

$$n_1 + n_2 + n_3 \ldots + n_\omega.$$

Pour y introduire la génération par graduation, et par conséquent, pour établir l'influence réciproque de ces deux algorithmes, prenons le développement de la puissance m de ce polynome, savoir, de

$$(n_1 + n_2 + n_3 \ldots + n_\omega)^m,$$

mais remplaçons, par l'unité, les coefficiens $\frac{m}{1}$, $\frac{m(m-1)}{1.2}$, etc. de ce développement; et désignons par

$$\aleph[n_1 + n_2 + n_3 \ldots + n_\omega]^m$$

cette espèce de graduation. — Nous aurons ainsi, par exemple ;

$$\aleph[n_1+n_2]^2 = n_1^2 + n_2^2 + n_1 n_2, \quad \aleph[n_1+n_2]^3 = n_1^3 + n_2^3 + n_1 n_2^2 + n_1^2 n_2 + n_2 n_3,$$
$$\aleph[n_1+n_2+n_3]^3 = n_1^3 + n_2^3 + n_3^3 + n_1^2 n_2 + n_1^2 n_3 + n_2^2 n_1 + n_2^2 n_3 + n_3^2 n_1 + n_3^2 n_2 +$$
$$+ n_1 n_2 n_3, \text{ etc.}$$

Ces fonctions méritent une attention particulière : elles forment, comme nous allons le voir, un élément essentiel du principe de la théorie des nombres. — Nous leur consacrerons la lettre hébraïque $\aleph$, et, pour ne pas introduire de noms nouveaux, nous les distinguerons par celui d'*aleph* de la lettre que nous emploierons pour les désigner.

Or, si l'on fait

$$n_1 + n_2 + n_3 \ldots + n_\omega = N_\omega,$$

quel que soit le nombre des quantités n_1, n_2, n_3, etc., il s'établit, au moyen de l'unité de liaison formée par l'algorithme de la reproduction, la relation générale et fondamentale que voici :

$$\aleph[N_\omega - n_p]^m - \aleph[N_\omega - n_q]^m = (n_q - n_p) \times \aleph[N_\omega]^{m-1},$$

n_p, n_q étant deux quelconques parmi les quantités n_1, n_2, n_3, etc. ; et m un nombre entier arbitraire. — Pour en avoir la déduction algorithmique, observons d'abord que, suivant la loi de continuité de la formation des fonctions alephs, on a généralement

$$\aleph[a_1 + a_2 + a_3\ldots]^0 = 1, \quad \aleph[a_1 + a_2 + a_3\ldots]^{-m} = 0.$$

On aura donc évidemment

$$\aleph[N_\omega]^\mu = \aleph[N_\omega - n_\nu]^\mu + n_\nu \cdot \aleph[N_\omega - n_\nu]^{\mu-1} + n_\nu^2 \cdot \aleph[N_\omega - n_\nu]^{\mu-2} + \text{etc.,}$$

n_ν étant un quelconque des nombres $n_1, n_2, n_3, \ldots n_\omega$, et μ un nombre entier arbitraire. Ainsi, on aura

$$\aleph[N_\omega - n_p]^m = \aleph[N_\omega - n_p - n_r]^m + n_r \cdot \aleph[N_\omega - n_p - n_r]^{m-1} + n_r^2 \times$$
$$\times \aleph[N_\omega - n_p - n_r]^{m-2} + \text{etc.,}$$
$$\aleph[N_\omega - n_q]^m = \aleph[N_\omega - n_q - n_r]^m + n_r \cdot \aleph[N_\omega - n_q - n_r]^{m-1} + n_r^2 \times$$
$$\times \aleph[N_\omega - n_q - n_r]^{m-2} + \text{etc.,}$$

n_r étant un quelconque des nombres restans $N_\omega - n_p - n_q$; et partant

$$\aleph[N_\omega - n_p]^m - \aleph[N_\omega - n_q]^m = n_r^0 \cdot \{\aleph[N_\omega - n_p - n_r]^m - \aleph[N_\omega - n_q - n_r]^m\}$$
$$+ n_r \cdot \{\aleph[N_\omega - n_p - n_r]^{m-1} - \aleph[N_\omega - n_q - n_r]^{m-1}\}$$
$$+ n_r^2 \cdot \{\aleph[N_\omega - n_p - n_r]^{m-2} - \aleph[N_\omega - n_q - n_r]^{m-2}\}$$
$$+ \text{etc.}$$

Mais, si la relation générale qui est en question, était vraie, on aurait

$$\aleph[N_\omega - n_p - n_r]^\mu - \aleph[N_\omega - n_q - n_r]^\mu = (n_q - n_p) \cdot \aleph[N_\omega - n_r]^{\mu-1},$$

pour un nombre entier μ quelconque; et alors l'expression précédente deviendrait

$$\aleph[N_\omega - n_p]^m - \aleph[N_\omega - n_q]^m = (n_q - n_p) \cdot \{n_r^0 \cdot \aleph[N_\omega - n_r]^{m-1} + n_r \times$$
$$\times \aleph[N_\omega - n_r]^{m-2} + n_r^2 \cdot \aleph[N_\omega - n_r]^{m-3} + \text{etc.}\} = (n_q - n_p) \cdot \aleph[N_\omega]^{m-2}.$$

Il ne reste donc qu'à prouver que

$$\aleph[N_\omega - n_p - n_r]^\mu - \aleph[N_\omega - n_q - n_r]^\mu = (n_q - n_p) \cdot \aleph[N_\omega - n_r]^{\mu-1}.$$

Or, en procédant à cette preuve de la même manière, on se trouverait nécessité à supposer le principe

$$\aleph[N_\omega - n_p - n_r - n_s]^\mu - \aleph[N_\omega - n_q - n_r - n_s]^\mu = (n_q - n_p) \times$$
$$\times \aleph[N_\omega - n_r - n_s]^{\mu-1};$$

n_s étant un quelconque des nombres restans $N_\omega - n_p - n_q - n_r$; et remontant ainsi de principe en principe, on se verrait définitive-ment nécessité à supposer celui-ci

$$\aleph[N_\omega - (N_\omega - n_q)]^\mu - \aleph[N_\omega - (N_\omega - n_p)]^\mu = (n_q - n_p) \times$$
$$\times \aleph[N_\omega - (N_\omega - n_p - n_q)]^{\mu-1},$$

ou bien

$$\aleph[n_q]^\mu - \aleph[n_p]^\mu = (n_q - n_p) . \aleph[n_p + n_q]^{\mu-1},$$

c'est-à-dire

$$n_q^\mu - n_p^\mu = (n_q - n_p) . \{ n_p^{\mu-1} + n_p^{\mu-2} . n_q + n_p^{\mu-3} . n_q^2 \ldots + n_p^0 . n_q^{\mu-1} \};$$

principe qui est connu et évident. — En revenant donc à la pro-sition générale dont il est question, on conclura qu'il est vrai que, pour un nombre quelconque des quantités $n_r, n_2, n_3, \ldots n_\omega$, il existe toujours, entre ces quantités, la relation générale. . . (D)

$$\aleph[N_\omega - n_p]^m - \aleph[N_\omega - n_q]^m = (n_q - n_p) \times \aleph[N_\omega]^{m-1},$$

quel que soit le nombre entier m; et c'est là évidemment l'expres-sion de la relation qui existe entre la génération par sommation et celle par graduation, au moyen des quantités numériques quel-conques n_r, n_2, n_3, etc. — Telle est donc aussi, pour la première des deux expressions générales (C), la loi fondamentale de toute la théorie des nombres, déterminés ou indéterminés.

En prenant les nombres $n_r + n_2 + n_3 \ldots + n_\omega = N_\omega$, et en éta-blissant, entre deux quelconques n_p et n_q de ces nombres, la différence $(n_q - n_p)$ égale à 2, 3, 4, etc. on aura, suivant cette loi fondamentale, pour la forme primitive de la génération de tous les nombres composés respectivement des facteurs 2, 3, 4, etc., l'expression. . . . . (E)

$$\aleph[N_\omega - n_p]^m - \aleph[N_\omega - n_q]^m,$$

m étant un nombre entier quelconque. — Voilà l'origine absolue de l'existence des FACTEURS dans les nombres entiers.

Ceux des nombres entiers qui ne sont pas compris sous la forme (E), si ce n'est dans le cas où la différence $(n_q - n_p)$ est égale à l'unité, et qui cependant se trouvent, comme les autres, dans la suite naturelle des nombres, c'est-à-dire, dans la suite produite par la génération consécutive par sommation, et nommément par l'addition consécutive de l'unité, sont ceux qu'on appelle NOMBRES PREMIERS. — On voit maintenant quelle est la nature de ces nombres, et quel en est le caractère distinctif ; on voit que ce caractère est purement *négatif*, et qu'il consiste dans l'exclusion de ces nombres hors des limites de la forme primitive (E) que nous venons de trouver pour la génération possible des nombres composés de facteurs, à l'exception du cas insignifiant où la différence $(n_q - n_p)$ est égale à l'unité. — C'est de ce caractère négatif ou d'exclusion, que vient l'impossibilité d'exprimer, d'une manière générale, les nombres qu'on appelle *premiers*, c'est-à-dire, l'impossibilité de soumettre ces nombres à une loi : ce sont leurs opposés, les nombres composés de facteurs, dont le caractère distinctif est *positif*, qui peuvent être soumis à des lois, et par conséquent recevoir une expression générale ; et c'est cette expression que nous venons de déduire de la loi fondamentale de la théorie des nombres.

Mais ce n'est point ici le lieu de nous occuper des différentes propositions qui dérivent de cette loi fondamentale : cette tâche appartient déjà à l'Algorithmie elle-même. Contentons-nous d'en tirer un principe subordonné qui, de nos jours, a été introduit dans la théorie des nombres avec un succès brillant.

En examinant la loi fondamentale (D)

$$\aleph [N_\omega - n_p]^m - \aleph [N_\omega - n_q]^m = (n_q - n_p) \times \aleph [N_\omega]^{m-1},$$

où $N_\omega = n_1 + n_2 + n_3 \ldots + n_\omega$, et où $\aleph$ dénote le développement d'une puissance, dans lequel on remplace les coefficiens par l'unité, on remarquera facilement l'*identité de la formation* des deux quantités $\aleph [N_\omega - n_p]^m$ et $\aleph [N_\omega - n_q]^m$ qui concourent à la génération des nombres composés du facteur $(n_q - n_p)$: on verra qu'il n'existe, entre ces deux quantités, aucune différence de formation ou de génération , et qu'il n'en existe que dans la détermination particulière des nombres n_p et n_q qui y entrent d'une manière spéciale, et dont la différence $(n_q - n_p)$ forme précisément le facteur produit par le concours des deux quantités $\aleph[N_a - n_p]^m$ et $\aleph[N_a - n_q]^m$. Cette identité de formation est d'autant plus remarquable, que c'est là le principe premier de la génération des nombres composés de facteurs, et par conséquent le principe de toutes les propositions de la théorie des nombres, qui se rapportent à la première des deux expressions générales (C) de cette théorie. — Distinguons donc cette identité de la formation des deux quantités numériques $\aleph[N_a - n_p]^m$ et $\aleph[N_a - n_q]^m$, par le nom particulier de *congruence*, et dénotons-la par le signe $\equiv$; nous aurons ainsi la congruence générale... (F)

$$\aleph[N_a - n_p]^m \equiv \aleph[N_a - n_q]^m,$$

qui sera le principe théorique de tous les nombres composés du facteur général $(n_q - n_p)$, et par conséquent le principe de toutes les propositions qui s'y rapportent. Quant aux deux nombres n_p et n_q qui entrent respectivement dans les deux membres de la congruence, nous observerons que c'est de leur différence $(n_q - n_p)$ que dépend celle de la valeur numérique de ces deux membres, et que c'est dans cette différence que consiste le caractère spécifique d'une congruence particulière : nous la nommerons *module de la congruence*, et nous remarquerons, de plus, que c'est précisément cette différence qui forme le facteur dont est composé le nombre auquel se rapporte la congruence.

Voilà la déduction philosophique du principe que Gauss a introduit dans la théorie des nombres, et avec lequel il a opéré, dans cette théorie, une révolution aussi inattendue. On peut dire, et on en comprendra actuellement la raison, que les recherches qui, dans cette partie de l'Algorithmie, ont été faites avant ce profond géomètre, n'étaient que *rapsodiques* (*), quelque ingénieuses qu'elles pussent être ; et que c'est Gauss qui le premier a donné une forme *systématique* à cette espèce de recherches algorithmiques. — On peut dire, de plus, que l'établissement du principe de la congruence et son application, forment la plus belle découverte faite depuis

---

(*) On prend ici l'épithète *rapsodique* dans son acception primitive et didactique, comme opposée à l'épithète *systématique*.

cinquante ans dans les Mathématiques pures : c'est, dans l'histoire de ces sciences, une époque hors de comparaison avec tout ce qui a été fait dans l'intervalle que nous venons de marquer.

Jusqu'ici, en parlant des lois fondamentales de la théorie des nombres, nous n'avons encore donné que la loi qui répond à la première des deux expressions générales (C) de l'objet de cette théorie. Il nous reste à donner celle qui répond à la seconde de ces expressions. — Mais comme cette dernière des deux expressions générales (C), savoir, $M \times N = R^S$, ne diffère point de l'identité, parce qu'il ne s'agit proprement que de facteurs dans l'un et dans l'autre des deux membres de cette expression, on conçoit qu'elle ne saurait devenir l'objet d'une question théorique, et par conséquent, qu'elle n'a nulle importance dans la théorie des nombres. Voici néanmoins la loi fondamentale sur laquelle elle repose ; mais nous n'entrerons dans aucun détail, vu d'ailleurs l'analogie qui se trouve entre cette loi et celle dont nous venons de nous occuper.

Soient n_1, n_2, n_3, etc., des nombres quelconques, positifs ou négatifs, entiers, fractionnaires ou irrationnels ; faisons

$$n_1 . n_2 . n_3 \ldots . . n_\omega = N_\omega.$$

Soit de plus n_p et n_q deux quelconques parmi les nombres n_1, n_2, n_3, etc. ; et faisons

$$\left(\frac{N_\omega}{n_p}\right)^m : \left(\frac{N_\omega}{n_q}\right)^m,$$

m étant un nombre arbitraire. Nous aurons. . . , (G)

$$\left(\frac{N_\omega}{n_p}\right)^m : \left(\frac{N_\omega}{n_q}\right)^m = \left(\frac{n_q}{n_p}\right)^m ;$$

et telle est la loi fondamentale sur laquelle repose la seconde des deux expressions générales (C). — On pourrait ici remarquer l'identité de la formation des quantités $\left(\frac{N}{n_p}\right)^m$ et $\left(\frac{N_\omega}{n_q}\right)^m$, et considérer cette identité comme une autre espèce de congruence ; de manière que si l'on voulait dénoter cette espèce de congruence par le signe $\|\|$, on aurait. . . . (H)

$$\left(\frac{N_\omega}{n_p}\right)^m \; \|\| \; \left(\frac{N_\omega}{n_q}\right)^m$$

pour

pour le principe correspondant à la seconde de ces expressions gé‑
nérales (C) ; le module de la congruence étant ici évidemment le
rapport $\left(\dfrac{n_q}{n_p}\right)$. — Mais, ce ne sont que des expressions identiques,
ainsi que nous l'avons déjà remarqué pour l'égalité $M \times N = R^S$ à
laquelle elles se rapportent : ces expressions ne sauraient devenir
d'aucune importance dans la théorie des nombres, et nous ne
les avons exposées que pour compléter les différens points de
vue possibles en spéculation.

Ici finit ce que nous avions à dire concernant la *diversité systéma‑
tique* qui, dans la nature des quantités algorithmiques, résulte de
la réunion des deux algorithmes primitifs et opposés, de la somma‑
tion et de la graduation, et qui forme les trois branches de l'Al‑
gorithmie, la théorie des différences, la théorie des grades, la
théorie des nombres, que nous venons d'examiner. — Pro‑
cédons à la seconde partie de ce que nous avons nommé THÉORIE
DE LA CONSTITUTION ALGORITHMIQUE, à celle dont l'objet général,
suivant ce que nous avons dit plus haut, est l'*identité systématique*
qui, dans la nature des quantités algorithmiques, résulte de la
réunion des deux algorithmes primitifs et opposés, de la somma‑
tion et de la graduation.

Nous avons reconnu que les deux algorithmes dérivés immé‑
diats, la numération et les facultés, doivent présenter, à cause de
leur liaison par l'algorithme de la reproduction, une véritable iden‑
tité systématique. Or., vu les schémas philosophiques que nous
avons donnés pour ces deux algorithmes dérivés immédiats, la
numération et les facultés, il est évident que l'expression générale
de l'identité systématique dont il s'agit, sera...., (aa)

$$f(a_1 + x).f(a_2 + x).f(a_3 + x)\ldots\ldots =$$
$$A_0.F_0 x + A_1.F_1 x + A_2.F_2 x \ldots ,$$

en désignant par x une quantité variable quelconque, par a_1,
a_2, a_3, etc., des accroissemens constans, par $f(a_1 + x)$, $f(a_2 + x)$, etc.,
la suite des fonctions qui forment l'algorithme des facultés, et par
$F_0 x$, $F_1 x$, $F_2 x$, etc., la suite des fonctions qui, avec les quantités
constantes A_0, A_1, A_2, etc., forment l'algorithme de la numération.

Mais, pour remonter jusqu'au principe de cette identité, il est clair qu'il faut prendre, dans leur plus grande simplicité, les fonctions désignées par f, qui forment l'algorithme des facultés, c'est-à-dire, qu'il faut les prendre dans l'état des quantités simples

$$(a_1 + x), \quad (a_2 + x), \quad (a_3 + x), \quad \text{etc.}\,;$$

car toute fonction composée f présente elle-même un objet de l'identité systématique dont il est question. Nous aurons donc, pour cette identité considérée dans son principe, l'expression générale.... (bb)

$$(a_1 + x)\,(a_2 + x)\,(a_3 + x)\ldots\ldots =$$
$$A_0.F_0 x + A_1.F_1 x + A_2.F_2 x \ldots\ldots$$

Or, pour peu qu'on examine cette expression, on verra que l'identité qui en est l'objet, est réellement possible, et l'on aura, pour la déduction philosophique que nous en avons donnée plus haut, la confirmation algorithmique de la possibilité de cette identité. — Il est donc vrai qu'il existe, entre les deux algorithmes dérivés immédiats, la numération et les facultés, une identité systématique; et il est vrai, par conséquent, que les lois de cette identité, comme indépendantes des autres relations algorithmiques, forment une partie distincte et essentielle de l'Algorithmie en général : nous la nommerons THÉORIE DES ÉQUIVALENCES.

Voici quelques considérations philosophiques sur cette théorie. — D'abord, pour avoir l'expression algorithmique définitive de l'objet même de la théorie des équivalences, il suffit évidemment de déterminer, dans l'expression (bb), les fonctions $F_0 x, F_1 x, F_2 x$, etc. Or, on trouvera

$$F_0 x = x^0, \quad F_1 x = x, \quad F_2 x = x^2, \ldots \text{etc.}\,;$$

et l'on aura, pour l'objet en question, l'expression générale...(cc)

$$(a_1 + x)\,(a_2 + x)\,(a_3 + x)\ldots\ldots,(a_m + x) =$$
$$A_0.x^0 + A_1.x + A_2.x^2 \ldots\ldots\ldots\ldots + A_m.x^0.$$

En effet, si l'on multiplie, par $(a + x)$, le polynome

$$x^m + Ax^{m-1} + Bx^{m-2}\ldots\ldots + Mx + Nx^0,$$

on obtient le polynome

$$x^{m+1} + Px^m + Qx^{m-1} + Rx^{m-2} \ldots \ldots + Zx^0,$$

en faisant

$$P = A + a, \qquad Q = B + aA, \qquad R = C + aB, \text{ etc};$$

et il suffit que le premier polynome se vérifie dans un seul cas, comme cela arrive effectivement dans le cas de $m = 1$. — De plus, non seulement le développement par sommation

$$A_0 + A_1 x + A_2 x^2 \ldots \ldots + A_m x^m,$$

qui forme le second membre de l'équivalence générale (cc), a lieu pour toutes les quantités $a_1, a_2, a_3,$ etc., qui entrent dans le développement par graduation

$$(a_1 + x)(a_2 + x)(a_3 + x) \ldots \ldots (a_m + x),$$

formant le premier membre de cette équivalence ; mais réciproquement, ce développement par graduation a lieu pour toutes les quantités $A_0, A_1, A_2,$ etc. du développement par sommation. En effet, si l'on divise, par $(a + x)$, le polynome

$$x^m + Ax^{m-1} + Bx^{m-2} \ldots \ldots + Mx + Nx^0,$$

on a, pour quotient, le polynome

$$x^{m-1} + Px^{m-2} + Qx^{m-3} + Rx^{m-4} \ldots \ldots + Zx^0,$$

en faisant

$$P = A - a, \qquad Q = B - aP, \qquad R = C - aQ, \text{ etc.};$$

et pour reste, l'expression

$$(-1)^m . (a^m - Aa^{m-1} + Ba^{m-2} - Ca^{m-3} \ldots \ldots (-1)^m Na^0).$$

Or, il est facile de prouver qu'il existe toujours, pour a, une valeur telle que

$$a^m - Aa^{m-1} + Ba^{m-2} \ldots \ldots (-1)^m Na^0 = 0 ;$$

il suffit donc de décomposer, de la même manière, le quotient obtenu par cette première division, et ensuite ceux obtenus par les divisions subséquentes, pour s'assurer qu'il existe toujours un développement par graduation équivalent au développement par sommation, quel que soit ce dernier.

Nous aurons donc effectivement, pour l'objet de la théorie des équivalences, l'expression générale (cc)

$$(a_1 + x)(a_2 + x)(a_3 + x)\dots\dots(a_m + x) =$$
$$A_0 + A_1 x + A_2 x^2 \dots\dots\dots + A_m x^m,$$

qui aura lieu, d'une part, pour toutes les quantités a_1, a_2, a_3, etc. du développement par graduation, et réciproquement, de l'autre part, pour toutes les quantités A_0, A_1, A_2, etc. du développement par sommation.

Avant de procéder à la détermination des lois fondamentales de cette théorie, voyons les cas particuliers de l'équivalence dans la génération des fonctions algorithmiques élémentaires : ces cas particuliers forment nécessairement les principes métaphysiques de l'équivalence qui a lieu dans la génération de toutes les autres fonctions algorithmiques.

D'abord, pour ce qui concerne les fonctions élémentaires immanentes, et nommément les fonctions primitives, la sommation, la reproduction et la graduation, en ne les considérant que dans leurs branches progressives, l'addition, la multiplication et les puissances, il est évident que l'expression générale (cc) est immédiatement l'expression de l'équivalence qui peut avoir lieu dans la génération de ces fonctions.

En second lieu, pour ce qui concerne les fonctions élémentaires transcendantes, les logarithmes et les sinus, il est évident aussi que, pour ces fonctions, il ne saurait y avoir d'équivalence entre leur génération par sommation et celle par graduation, qu'autant qu'elles admettent des développemens par sommation ou par graduation, soumis respectivement à la forme des deux membres de l'expression (cc). Or, en désignant par L le logarithme, par S le sinus, et par S' le cosinus, nous avons vu plus haut que

$$Lx = (x - 1) - \tfrac{1}{2}(x - 1)^2 + \tfrac{1}{3}(x - 1)^3 - \text{etc.};$$

$$Sx = x - \frac{x^3}{2.3} + \frac{x^5}{2.3.4.5} - \text{etc.},$$

$$S'x = 1 - \frac{x^2}{2} + \frac{x^4}{2.3.4} - \text{etc.};$$

en ne prenant ces fonctions que dans le système où la base est le nombre philosophique $\left(1 + \tfrac{1}{\infty}\right)^{\infty}$. Ainsi, en comparant cette génération par sommation, au second membre de l'expression (cc), on verra que les fonctions élémentaires transcendantes, Lx, Sx et $S'x$, admettent également ou ont nécessairement aussi une génération par graduation, correspondante au premier membre de l'expression (cc). Mais, le nombre des termes de leur développement par sommation étant infini, celui des facteurs du développement par graduation sera également infini; et c'est là la propriété caractéristique des fonctions élémentaires transcendantes.

En troisième lieu, pour ce qui concerne les fonctions exponentielles, qui forment une espèce de transition des fonctions élémentaires immanentes aux fonctions élémentaires transcendantes, nous avons vu que

$$a^x = 1 + La.x + \tfrac{1}{2}.(La)^2.x^2 + \frac{1}{2.3}.(La)^3.x^3 + \text{etc.}$$

Ainsi, comme les fonctions transcendantes, les fonctions exponentielles ont, en vertu de l'expression (cc), une génération par graduation d'une forme infinie, équivalente à leur génération par sommation, qui est de même d'une forme infinie. Toutefois, les facteurs qui forment cette génération par graduation, sont ici tous égaux entre eux, ou identiques. En effet, suivant ce qui a été dit plus haut, on a

$$a^x = \left(1 + xLa.\tfrac{1}{\infty}\right)^{\infty},$$

c'est-à-dire,

$$a^x = \left(1 + xLa.\tfrac{1}{\infty}\right).\left(1 + xLa.\tfrac{1}{\infty}\right).\left(1 + xLa.\tfrac{1}{\infty}\right)\ldots \text{etc.};$$

circonstance qui ramène ces fonctions à l'algorithme simple des puissances, tandis que, dans les fonctions transcendantes, les facteurs de la génération par graduation, forment réellement l'algorithme des facultés.

En quatrième et dernier lieu, pour ce qui concerne les fonctions élémentaires immanentes , considérées dans leurs branches régressives , la soustraction, la division et les racines, soit en général la fonction élémentaire $x^m + (-1)^n$, dans laquelle m et n sont des nombres rationnels quelconques , positifs ou négatifs , entiers ou fractionnaires ; on aura

$$x^m + (-1)^n = (a + (x - a))^m + (-1)^n =$$

$$a^m + (-1)^n + \frac{m}{1} . a^{m-1} . (x-a) + \frac{m}{1} . \frac{m-1}{2} . a^{m-2} . (x-a)^2 + \text{etc.},$$

qui peut se réduire à la forme

$$x^m + (-1)^n = A_0 + A_1 x + A_2 x^2 + \text{etc.} ;$$

et l'on verra , par la première de ces expressions, où a est une quantité arbitraire , que le développement par sommation........ $(A_0 + A_1 x + \text{etc.})$ est infini, lorsque l'exposant m est négatif ou fractionnaire. Ainsi ces fonctions, comme les fonctions transcendantes et exponentielles, ont également, en vertu de l'expression (cc), une génération par graduation d'une forme infinie , lorsque l'exposant m est négatif ou fractionnaire , c'est-à-dire , lorsqu'elles sont fonctions de division ou de racines. Mais, vu le développement purement contingent, sur lequel est fondée cette double génération infinie, on comprendra que ce n'est ici qu'une *forme* possible , une manière d'être de la génération de ces quantités , et nullement leur génération *essentielle* elle-même, comme dans les fonctions transcendantes , et, à certains égards , dans les fonctions exponentielles.

Or, toutes les fonctions algorithmiques étant nécessairement composées des fonctions élémentaires que nous venons d'examiner, il est clair que toutes ces fonctions, quelle qu'en soit la composition , ont nécessairement une génération par sommation et une génération par graduation, qui sont équivalentes entre elles et exprimées par la formule générale (cc). De plus, cette double génération sera sous une forme finie, pour les fonctions immanentes progressives ; et sous une forme infinie, pour les fonctions transcendantes, exponentielles, et immanentes régressives.

Pour compléter cette exposition philosophique de la théorie des équivalences des fonctions algorithmiques élémentaires, déterminons leur génération ou leur développement par graduation , pour avoir l'équivalence entre cette génération et celle par sommation, que nous avons vue plus haut. — Or, pour y parvenir , observons que lorsque la variable x reçoit les valeurs qui réduisent à zéro les différens facteurs (a_1+x), (a_2+x), (a_3+x), etc., du développement par graduation, les fonctions respectives développées se réduisent également à zéro ; ou réciproquement, lorsque les valeurs de la variable x rendent zéro ces fonctions, les différens facteurs (a_1+x), (a_2+x), etc. de leur développement par graduation , doivent également devenir zéro ; de manière que, pour déterminer les constantes a_1, a_2, a_3, etc. de ces facteurs , il suffit de déterminer les différentes valeurs de la variable x , qui réduisent à zéro les fonctions respectives développées.

Pour ce qui concerne, d'abord, les fonctions élémentaires immanentes , on a , en général, pour les branches progressives et pour les branches régressives, la fonction $(x^m + (-1)^n)$, dans laquelle m et n sont des nombres rationnels quelconques, entiers ou fractionnaires, positifs ou négatifs. — Faisons donc

$$x^m + (-1)^n = 0 ;$$

et alors , suivant ce qui a été dit plus haut, nous aurons

$$x^m = (-1)^{n+1} = \left(e^{\sqrt{-1}}\right)^{\frac{\pi}{2}.(n+1)},$$

e étant le nombre philosophique qui rend $\infty(\overset{\infty}{\sqrt{e}}-1)$ égal à l'unité, et π le nombre philosophique qui rend $\left(e^{\sqrt{-1}}\right)^{\pi}$ égal à l'unité. Donc ,

$$x = \left(e^{\sqrt{-1}}\right)^{\frac{n+1}{2m}.\pi} = S\frac{n+1}{2m}.\pi + \sqrt{-1}.S\frac{n+1}{2m}.\pi ;$$

et par conséquent, le facteur général du développement par graduation de la fonction $(x^m+(-1)^n)$, sera

$$x - S\frac{n+1}{2m}.\pi - \sqrt{-1}.S\frac{n+1}{2m}.\pi.$$

Ainsi, en développant, d'une part, la puissance $(a + (x - a))^m$, c'est-à-dire x^m, a étant une quantité arbitraire, et en formant, de l'autre part, au moyen du nombre entier arbitraire n, les facteurs successifs du développement par graduation, on obtiendra les expressions de l'équivalence entre la génération par sommation et la génération par graduation des fonctions élémentaires immanentes $(x^m + (-1)^n)$. — Par exemple, dans les cas où n est un nombre entier, positif ou négatif, on aura..... (dd)

$$x^m + 1 = a^m + 1 + \frac{m}{1} . a^{m-1} . (x - a) + \frac{m}{1} . \frac{m-1}{2} . a^{m-2} . (x - a)^2 - \text{etc.} =$$

$$= \left(x - S' \frac{\pi}{2m} + \sqrt{-1} . S \frac{\pi}{2m} \right) . \left(x - S' \frac{\pi}{2m} - \sqrt{-1} . S \frac{\pi}{2m} \right) \times$$

$$\times \left(x - S' \frac{3\pi}{2m} + \sqrt{-1} . S \frac{3\pi}{2m} \right) . \left(x - S' \frac{3\pi}{2m} - \sqrt{-1} . S \frac{3\pi}{2m} \right) \times$$

$$\times \left(x - S' \frac{5\pi}{2m} + \sqrt{-1} . S \frac{5\pi}{2m} \right) . \left(x - S' \frac{5\pi}{2m} - \sqrt{-1} . S \frac{5\pi}{2m} \right) \times$$

$$\times \text{etc.}$$

lorsque n est un nombre pair; et on aura... (ee)

$$x^m - 1 = a^m - 1 + \frac{m}{1} . a^{m-1} . (x - a) + \frac{m}{1} . \frac{m-1}{2} . a^{m-2} . (x - a)^2 + \text{etc.} =$$

$$= \left(x - S' \frac{0.\pi}{m} + \sqrt{-1} . S \frac{0.\pi}{m} \right) . \left(x - S' \frac{0.\pi}{m} - \sqrt{-1} . S \frac{0.\pi}{m} \right) \times$$

$$\times \left(x - S' \frac{1.\pi}{m} + \sqrt{-1} . S \frac{1.\pi}{m} \right) . \left(x - S' \frac{1.\pi}{m} - \sqrt{-1} . S \frac{1.\pi}{m} \right) \times$$

$$\times \left(x - S' \frac{2.\pi}{m} + \sqrt{-1} . S \frac{2.\pi}{m} \right) . \left(x - S' \frac{2.\pi}{m} - \sqrt{-1} . S \frac{2.\pi}{m} \right) \times$$

$$\times \text{etc.}$$

lorsque n est un nombre impair.

Or, à cause du retour périodique des valeurs des fonctions S et S', une même période de facteurs revient indéfiniment dans ces développemens par graduation, à l'exception du cas étranger aux fonctions immanentes simples, de celui où l'exposant m est une quantité irrationnelle, parce qu'alors tous les facteurs de ces développemens sont différens. — Ainsi, lorsqu'il s'agit des branches progressives des fonctions élémentaires en question, c'est-à-dire, lorsque l'exposant m est un nombre positif et entier, et lorsque, par conséquent,

quent, les développemens par sommation se trouvent sous une forme finie, il ne faut prendre, dans les développemens par graduation, qu'une seule période de facteurs. Mais, lorsqu'il s'agit des branches régressives de ces fonctions, c'est-à-dire, lorsque l'exposant m est négatif ou fractionnaire, et lorsque, par conséquent, les développemens par sommation se trouvent sous une forme infinie, il faut prendre la totalité des facteurs des développemens par graduation, comme dans le cas où l'exposant m est une quantité irrationnelle. La raison en est dans la loi de continuité de cette génération par graduation. En effet, pour passer d'une quantité irrationnelle m à une autre, il faut passer par tous les nombres intermédiaires, fractionnaires et entiers ; et la forme de la génération doit rester la même : il est vrai que lorsque l'exposant m est un nombre entier positif, la génération par sommation de la fonction $x^m + (-1)^n$ ne saurait avoir une forme infinie ; mais le développement par graduation, qui y répond suivant la loi de continuité en question, se trouve alors être le développement de la fonction $(x^{-m} + (-1)^n)$, parce que les valeurs de x qui réduisent à zéro la fonction $(x^m + (-1)^n)$, sont les mêmes que celles qui réduisent à zéro la fonction $(x^{-m} + (-1)^n)$.

Pour ce qui concerne, en second lieu, les fonctions élémentaires logarithmiques, on a

$$Lx = \infty \left(x^{\frac{1}{\infty}} - 1 \right);$$

ainsi, en comparant l'expression transcendante $\left(x^{\frac{1}{\infty}} - 1 \right)$ avec les fonctions élémentaires immanentes $(x^m + (-1)^n)$ que nous venons de traiter, on trouvera, pour le facteur général du développement par graduation de la fonction Lx, l'expression

$$x - S' \frac{n+1}{2} . \infty \pi = \sqrt{-1} . S \frac{n+1}{2} . \infty \pi,$$

n étant un nombre quelconque, entier et impair. Donc, en observant que, dans ce cas, on a en général $S \frac{n+1}{2} . \infty \pi = 0$, on aura (ff)

$$Lx = (x-1) - \tfrac{1}{2}(x-1)^2 + \tfrac{1}{3}(x-1)^3 - \text{etc.} =$$
$$\infty (x - S' \infty \pi).(x - S' 2\infty \pi).(x - S' 3 \infty \pi)\dots\text{etc.}$$

Telle est l'expression de l'équivalence entre la génération par sommation et la génération par graduation de la fonction logarithmique élémentaire Lx.

Le second membre de cette équivalence, la génération par graduation, qui revient au développement de la fonction $\infty\,(x-1)^\infty$, est remarquable, et donne lieu à plusieurs observations philosophiques : nous nous contenterons ici de voir que le produit des facteurs de ce développement par graduation, équivaut réellement, du moins pour la génération, à la somme infinie...
$(x-1)-\frac{1}{2}\,(x-1)^2+\frac{1}{3}\,(x-1)^3-$ etc. En effet, cette somme étant ordonnée par rapport aux puissances progressives de x, donne

$$Lx - \infty = -\,x^0 . A \frac{1^\mu\,|\,1}{2^\mu\,|\,1} + x . A \frac{2^\mu\,|\,1}{2^\mu\,|\,1} - x^2 . A \frac{3^\mu\,|\,1}{2^\mu\,|\,1} + x^3 . A \frac{4^\mu\,|\,1}{2^\mu\,|\,1}$$
$$- \text{ etc.}$$

en désignant par A l'agrégat des termes correspondans à toutes les valeurs entières de μ, depuis $\mu = -1$ jusqu'à $\mu = +\infty$, y compris zéro, savoir, en général,

$$A \frac{m^\mu\,|\,1}{2^\mu\,|\,1} = \frac{1}{m-1} + 1 + \frac{m}{2} + \frac{m\,(m+1)}{2.3} + \frac{m\,(m+1)\,(m+2)}{2.3.4} \dots$$
$$+ \text{ etc. à l'infini.}$$

Or, la simple inspection de la formation de ces coefficiens, suffit pour reconnaître que ce sont des nombres infinis, d'un ordre de plus en plus élevé ; et tels sont aussi les coefficiens du développement de $\infty\,(x-1)^\infty$, savoir, de

$$\infty\,(x-1)^\infty = \infty\,(-1)^\infty . \left(1 - \frac{\infty}{1} . x + \frac{\infty^2}{1.2} . x^2 - \frac{\infty^3}{1.2.3} . x^3 + \text{etc.}\right).$$

Enfin, pour ce qui concerne les fonctions élémentaires de sinus et cosinus, Sx et $S'x$, nous aurons, suivant ce qui a été dit plus haut, pour la détermination des valeurs de x qui les réduisent à zéro, les égalités

$$Sx = \frac{1}{2\sqrt{-1}} . \left(e^{(x+m\pi)\sqrt{-1}} - e^{-(x+m\pi)\sqrt{-1}}\right) = 0,$$
$$S'x = \frac{1}{2} . \left(e^{(x+m\pi)\sqrt{-1}} + e^{-(x+m\pi)\sqrt{-1}}\right) = 0,$$

e étant toujours le nombre philosophique $(1 + \frac{1}{\infty})^{\infty}$, et m un nombre entier quelconque, positif, négatif ou zéro. Or, on a

$$\left(e^{\sqrt{-1}}\right)^{\pi} = 1, \quad \left(e^{\sqrt{-1}}\right)^{\frac{\pi}{2}} = -1, \quad \left(e^{\sqrt{-1}}\right)^{\frac{\pi}{4}} = \sqrt{-1}, \quad \left(e^{\sqrt{-1}}\right)^{0} = 1,$$

π étant le nombre philosophique de la théorie des sinus. Donc,

$$S\,0 = 0, \quad S\,\tfrac{1}{4}.\pi = 1, \quad S\,\tfrac{1}{2}.\pi = 0, \quad S\pi = 0;$$
$$S'0 = 1, \quad S'\tfrac{1}{4}.\pi = 0, \quad S'\tfrac{1}{2}.\pi = -1, \quad S'\pi = 1;$$

et ayant égard au retour périodique des valeurs des fonctions Sx et $S'x$, provenant du nombre arbitraire m qui entre dans leurs expressions, on aura en général

$$S\,\frac{m}{2}.\pi = 0, \qquad S'\,\frac{1+2m}{4}.\pi = 0;$$

c'est-à-dire que les valeurs de x qui réduisent à zéro les fonctions Sx et $S'x$, sont respectivement $x = \frac{m}{2}.\pi$ et $x = \frac{1+2m}{4}.\pi$, m étant un nombre entier quelconque, positif, négatif ou zéro. Ainsi, faisant attention à la nature des fonctions Sx et $S'x$, on verra que les facteurs généraux respectifs de leurs développemens par graduation, sont

$$\left(1 - \frac{2x}{m\pi}\right) \text{ et } \left(1 - \frac{4x}{(1+2m)\pi}\right);$$

donc . . . . . . (gg)

$$Sx = x - \frac{x^3}{2.3} + \frac{x^5}{2.3.4.5} - \text{etc.} =$$

$$x.\left(1 - \frac{2x}{\pi}\right).\left(1 + \frac{2x}{\pi}\right).\left(1 - \frac{2x}{2\pi}\right).\left(1 + \frac{2x}{2\pi}\right).\left(1 - \frac{2x}{3\pi}\right).\left(1 + \frac{2x}{3\pi}\right)\ldots$$

etc. ;

$$S'x = 1 - \frac{x^2}{2} + \frac{x^4}{2.3.4} - \frac{x^6}{2.3.4.5.6} + \text{etc.} =$$

$$\left(1 - \frac{4x}{\pi}\right).\left(1 + \frac{4x}{\pi}\right).\left(1 - \frac{4x}{3\pi}\right).\left(1 + \frac{4x}{3\pi}\right).\left(1 - \frac{4x}{5\pi}\right).\left(1 + \frac{4x}{5\pi}\right)\ldots \text{etc.}$$

Telles sont les expressions de l'équivalence entre la génération par sommation et la génération par graduation des fonctions élémentaires de sinus et cosinus.

Jean Bernoulli, qui a donné ces développemens par graduation

des sinus, n'était pas certain si les développemens par sommation
de ces fonctions ne pouvaient être réduits à zéro, encore par d'autres valeurs de x que celles qui résultent des facteurs de leurs
développemens par graduation. — Cette incertitude disparaît entièrement, lorsqu'on observe que les développemens par sommation
ne sont proprement possibles que par les facteurs mêmes qui forment
les développemens par graduation. A la vérité, nous avons déduit
ces derniers des premiers, en formant les facteurs avec les valeurs
de la variable x, qui doivent réduire à zéro les développemens par
sommation; mais cette prééminence logique de servir de principe,
nous ne l'avons donnée aux développemens par sommation, que
parce que l'algorithme de la sommation, comme appartenant au
domaine de l'entendement, occupe le premier rang parmi les deux
algorithmes primitifs, la sommation et la graduation; ce dernier
n'étant que le résultat d'une influence régulative de la raison, et
ayant lui-même, pour élément, l'algorithme de la sommation. Mais,
en observant que ces deux algorithmes primitifs sont entièrement
indépendans, on comprendra facilement que le développement par
sommation et celui par graduation des fonctions algorithmiques,
subsistent, chacun par lui-même, en vertu des algorithmes primitifs dont ils dépendent respectivement; et l'on pourra, en quelque
sorte, envisager aussi les développemens par sommation, comme
recevant leur possibilité des développemens par graduation;
par exemple, le développement par sommation de la fonction
$(x^m + (-1))^n$, lorsque l'exposant m est une quantité irrationnelle,
fractionnaire ou même négative. Dans le fait, cet accord des deux
algorithmes primitifs, qui sont entièrement indépendans, est un
véritable phénomène téléologique, une finalité dans les différentes
fonctions du savoir de l'homme.

Venons maintenant aux lois fondamentales de la théorie des équivalences. — Ces lois consistent évidemment dans les relations réciproques des quantités constantes a_1, a_2, a_3, etc. et A_0, A_1, A_2, etc.
qui entrent dans l'expression générale (cc)

$$(a_1 + x)(a_2 + x)(a_3 + x)\ldots\ldots(a_\omega + x) =$$

$$A_0 + A_1 x + A_2 x^2 \ldots\ldots + A_\omega x^\omega,$$

formant l'expression de l'objet même de cette théorie. Or, pour peu qu'on réfléchisse sur la nature des fonctions qui composent les deux membres de cette équivalence générale, on s'apercevra que le calcul des différentielles doit conduire à la détermination des quantités A_0, A_1, A_2, etc., au moyen des quantités a_1, a_2, a_3, etc., et réciproquement, que le calcul des gradules doit conduire à la détermination des quantités a_1, a_2, a_3, etc., au moyen des quantités A_0, A_1, A_2, etc. : en effet, le produit $(a_1+x)(a_2+x)\ldots$ ne saurait être décomposé en parties de sommation, que par le calcul différentiel, et la somme $A_0 + A_1 x +$ etc., ne peut être composée en facteurs, que par le calcul des gradules ; et c'est là le moyen de parvenir à la détermination réciproque des quantités a_1, a_2, a_3, etc., et A_0, A_1, A_2, etc. — Voyons ce qu'il en est.

Pour simplifier les expressions, désignons par Σ la somme des termes correspondans à toutes les valeurs entières de μ, depuis $\mu = 0$ jusqu'à $\mu = \omega$, en supposant que ω est le nombre des facteurs (a_1+x), (a_2+x), (a_3+x), etc. ; c'est-à-dire, faisons

$$\Sigma A_\mu x^\mu = A_0 + A_1 x + A_2 x^2 \ldots\ldots + A_\omega x^\omega :$$

nous aurons ainsi

$$(a_1 + x)(a_2 + x)(a_3 + x)\ldots(a_\omega + x) = \Sigma A_\mu x^\mu.$$

Or, en prenant la différentielle de l'ordre m des deux membres de cette égalité, on obtiendra

$$\Theta \frac{(a_1 + x)(a_2 + x)(a_3 + x)\ldots(a_\omega + x)}{(b_1 + x)(b_2 + x)(b_3 + x)\ldots(b_m + x)} = \Sigma \mu^{m|-1} . A_\mu x^{\mu - m},$$

en désignant par b_1, b_2, b_3, $\ldots b_m$, m quantités quelconques parmi les quantités a_1, a_2, a_3, $\ldots a_\omega$, et par Θ l'agrégat des termes correspondans à toutes les valeurs possibles des quantités b_1, b_2, b_3, etc. De plus, en donnant à m les valeurs successives $m = 0$, $m = 1$, $m = 2$, $m = 3$, etc., et supposant $x = 0$, on aura

$$\Theta\, a_1 . a_2 . a_3 \ldots a_\omega = \Sigma \mu^0\big|^{-1} . A_\mu x^{\mu - 0} = A_0;$$

$$\Theta\, \frac{a_1 . a_2 . a_3 \ldots a_\omega}{b_1} = \Sigma \mu^1\big|^{-1} . A_\mu x^{\mu - 1} = 1 . A_1,$$

$$\Theta\, \frac{a_1 . a_2 . a_3 \ldots a_\omega}{b_1 . b_2} = \Sigma \mu^2\big|^{-1} . A_\mu x^{\mu - 2} = 1 . 2 . A_2,$$

$$\Theta\, \frac{a_1 . a_2 . a_3 \ldots a_\omega}{b_1 . b_2 . b_3} = \Sigma \mu^3\big|^{-1} . A_\mu x^{\mu - 3} = 1 . 2 . 3 . A_3;$$

etc. ;

et l'on verra facilement que le premier membre de ces expressions forme successivement : 1°, le produit de toutes les quantités $a_1, a_2, a_3, \ldots a_\omega$; 2°. la somme de leurs combinaisons, en les prenant de $(\omega - 1)$ à $(\omega - 1)$, avec permutations ; 3° la somme de leurs combinaisons, en les prenant de $(\omega - 2)$ à $(\omega - 2)$, avec permutations ; et ainsi de suite. Si l'on désigne donc en général par $(a_1 \ldots a_\omega)_m$ la somme des combinaisons des quantités $a_1, a_2, a_3, \ldots a_\omega$, prises de m à m, sans permutations, on aura évidemment.... (hh)

$$A_\omega = (a_1 \ldots a_\omega)_0 = 1, \quad A_{\omega - 1} = (a_1 \ldots a_\omega)_1, \quad A_{\omega - 2} = (a_1 \ldots a_\omega)_2,$$
$$A_{\omega - 3} = (a_1 \ldots a_\omega)_3 \ldots \ldots ;$$

et en général

$$A_{\omega - m} = (a_1 \ldots a_\omega)_m.$$

Telle est l'une des deux lois fondamentales de la théorie des équivalences ; elle donne, pour une fonction algorithmique, la détermination des quantités A_0, A_1, A_2, etc., qui entrent dans la génération par sommation de cette fonction, au moyen des quantités a_1, a_2, a_3, etc. qui entrent dans sa génération par graduation. — Il résulte immédiatement de cette loi, un principe subordonné d'une importance majeure, celui de la formation, au moyen des quantités A_0, A_1, A_2, etc., des *fonctions symétriques* composées des quantités a_1, a_2, a_3, etc. ; mais ce principe n'appartient plus à la Philosophie des Mathématiques : sa déduction, ainsi que son application, appartient déjà à l'Algorithmie elle-même.

Venons à la seconde loi fondamentale de la théorie des équivalences. — Pour simplifier davantage les expressions, faisons

$$\Xi = A_0 + A_1 x + A_2 x^2 \ldots \ldots + A_\omega x^\omega ;$$

et désignons par $\Pi_\omega (a_\mu + x)$ le produit des facteurs de la forme $(a_\mu + x)$, correspondans à toutes les valeurs entières de μ, depuis $\mu = 1$ jusqu'à $\mu = \omega$ inclusivement ; c'est-à-dire, faisons

$$\Pi_\omega (a_\mu + x) = (a_1 + x)(a_2 + x)(a_3 + x)\ldots(a_\omega + x).$$

Nous aurons ainsi, à la place de l'expression générale (aa) de l'objet de la théorie des équivalences, l'expression simplifiée.... (ii)

$$\Pi_\omega (a_\mu + x) = \Xi.$$

Désignons, de plus, par $g\mu$ le gradule du facteur général $(a_\mu + x)$, c'est-à-dire, faisons

$$g(a_1 + x) = g1, \quad g(a_2 + x) = g2, \quad g(a_3 + x) = g3, \ldots$$
$$\ldots g(a_\mu + x) = g\mu.$$

Enfin, désignons les accroissemens successifs par gradules de la fonction Ξ de la manière suivante :

$$\Xi^{g\Xi} = \Xi_1, \qquad \Xi_1^{g\Xi_1} = \Xi_2, \qquad \Xi_2^{g\Xi_2} = \Xi_3, \quad \text{etc.}$$

Or, d'après cette notation, l'accroissement par gradules des deux membres de l'expression (ii), sera

$$\Pi_\omega (a_\mu + x)^{g\mu} = \Xi^{g\Xi} = \Xi_1 ;$$

et divisant cet accroissement par la puissance $g1$ de la même expression (ii), on obtiendra.... (jj)

$$\Pi_\omega (a_\mu + x)^{g\mu - g1} = \Xi_1 . \Xi^{-g1}.$$

De plus, l'accroissement par gradules des deux membres de cette dernière expression (jj), sera

$$\Pi_\omega (a_\mu + x)^{g\mu(g\mu - g1)} = \Xi_1^{g\Xi_1} . (\Xi^{g\Xi})^{-g1} = \Xi_2 . \Xi_1^{-g1} ;$$

et divisant cet accroissement par la puissance g_2 de la même expression (jj), on obtiendra.... (ll)

$$\Pi_\omega(a_\mu+x)^{(g\mu-g_1)(g\mu-g_2)} = \Xi_3 . \Xi_2^{-(g_1+g_2)} . \Xi_1^{+g_1 . g_2}.$$

De plus encore, l'accroissement par gradules des deux membres de cette dernière expression (ll), sera

$$\Pi_\omega(a_\mu+x)^{g\mu(g\mu-g_1)(g\mu-g_2)} = \Xi_3^{g\Xi_3} . (\Xi_2^{g\Xi_2})^{-(g_1+g_2)} \times$$
$$\times (\Xi^{g\Xi})^{+g_1 . g_2} = \Xi_3 . \Xi_2^{-(g_1+g_2)} . \Xi_1^{+g_1 . g_2};$$

et divisant cet accroissement par la puissance g_3 de la même expression (ll), on obtiendra .... (mm)

$$\Pi_\omega(a_\mu+x)^{(g\mu-g_1)(g\mu-g_2)(g\mu-g_3)} =$$
$$\Xi_3 . \Xi_2^{-(g_1+g_2+g_3)} . \Xi_1^{+(g_1 . g_2+g_1 . g_3+g_2 . g_3)} . \Xi^{-g_1 . g_2 . g_3}.$$

Procédant de la même manière, on obtiendra en général...(nn)

$$\Pi_\omega(a_\mu+x)^{(g\mu-g_1)(g\mu-g_2)(g\mu-g_3)(g\mu-g_4)\ldots\ldots(g\mu-g_\nu)} =$$
$$\Xi_\nu \times \Xi_{\nu-1}^{-(g_1\ldots g)_1} \times \Xi_{\nu-2}^{+(g_1\ldots g_\nu)_2} \times \Xi_{\nu-3}^{-(g_1\ldots g)_3}\ldots\ldots$$
$$\ldots\ldots \times \Xi^{(-1)^\nu . (g_1\ldots g)_\nu},$$

en dénotant, comme plus haut, par $(g_1\ldots g_\nu)_m$ la somme des combinaisons des quantités g_1, g_2, g_3, $\ldots g_\nu$, prises de m à m, sans permutations. En effet, l'accroissement par gradules des deux membres de cette expression générale (nn), sera

$$\Pi_\omega(a_\mu+x)^{g\mu(g\mu-g_1)(g\mu-g_2)(g\mu-g_3)\ldots(g\mu-g)} =$$
$$\Xi_\nu^{g\Xi_\nu} . (\Xi_{\nu-1}^{g\Xi_{\nu-1}})^{-(g_1\ldots g)_1} . (\Xi_{\nu-2}^{g\Xi_{\nu-2}})^{+(g_1\ldots g_\nu)_2}\ldots =$$
$$\Xi_{\nu+1} \times \Xi_\nu^{-(g_1\ldots g_\nu)_1} \times \Xi_{\nu-1}^{+(g_1\ldots g_\nu)_2}\ldots \times \Xi_1^{(-1)^\nu . (g_1\ldots g)_\nu};$$

et

et divisant cet accroissement par la puissance $g(\nu+1)$ de la même expression générale (nn), on obtiendra.... (oo)

$$\Pi_{\omega}(a_{\mu}+x)^{(g\mu-g1)(g\mu-g2)(g\mu-g3)\ldots(g\mu-g\nu)(g\mu-g(\nu+1))} =$$

$$\Xi_{\nu+1} \times \Xi_{\nu}^{-(g1\ldots g\nu)_1 - g(\nu+1)} \times \Xi_{\nu-1}^{+(g1\ldots g\nu)_2 + (g1\ldots g\nu)_1 \cdot g(\nu+1)} \times$$

$$\times \Xi_{\nu-2}^{-(g1\ldots g\nu)_3 - (g1\ldots g\nu)_2 \cdot g(\nu+1)} \ldots \times \Xi^{(-1)^{\tau+1} \cdot (g1\ldots g\nu)_\tau \cdot g(\nu+1)} =$$

$$= \Xi_{\nu+1} \times \Xi_{\nu}^{-(g1\ldots g(\nu+1))_1} \times \Xi_{\nu-1}^{+(g1\ldots g(\nu+1))_2} \ldots$$

$$\ldots \times \Xi^{(-1)^{\tau+1} \cdot (g1\ldots g(\nu+1))_{\tau+1}} ;$$

et c'est aussi ce que donne immédiatement l'expression générale (nn) en question.

Maintenant, si pour faciliter l'impression des formules, nous faisons

$$(gm-g1)(gm-g2)(gm-g3)\ldots(gm-gn) = [gm-gn],$$

$$\frac{(g1\ldots g\nu)_\rho}{[g(\nu+1)-g\nu]} = (\nu, \rho), \qquad \frac{[g\mu-g\nu]}{[g(\nu+1)-g\nu]} = [\mu, \nu] ;$$

la racine $[g(\nu+1)-g\nu]$ des deux membres de l'expression générale (nn), sera.... (pp)

$$\Pi_{\omega}(a_{\mu}+x)^{[\mu, \nu]} = \Xi_{\nu}^{+(\nu, 0)} \cdot \Xi_{\nu-1}^{-(\nu, 1)} \cdot \Xi_{\nu-2}^{+(\nu, 2)} \cdot \Xi_{\nu-3}^{-(\nu, 3)} \ldots$$

$$\ldots \Xi^{(-1)^{\nu} \cdot (\nu, \nu)}.$$

C'est là la seconde loi de la théorie des équivalences ; elle donne, pour une fonction algorithmique, la détermination des quantités a_1, a_2, a_3, etc. qui entrent dans le développement par graduation de cette fonction, au moyen des quantités A_0, A_1, A_2, etc. qui entrent dans son développement par sommation ; ainsi que nous allons le voir.

Lorsque, d'abord, le nombre ω des facteurs désignés par Π_{ω}, est *un*, on a $(a_1+x) = A_0 + A_1 x$, qui donne immédiatement $a_1 = A_0$, à cause de $A_1 = 1$; et il serait inutile de déduire, de la loi fondamentale (pp) en question, cette détermination, quoiqu'elle s'y trouve contenue.

Lorsque, en second lieu, le nombre ω des facteurs désignés par Π_ω, est *deux*, on fera $\nu = 1$, et l'on aura

$$\Pi_2(a_\mu + x)^{[\mu,\,1]} = \Xi_1^{+(1,\,0)} \cdot \Xi^{-(1,\,1)};$$

expression dans laquelle

$$[\mu,\,1] = \frac{(g\mu - g^1)}{(g^2 - g^1)}, \quad (1,\,0) = \frac{1}{(g^2 - g^1)}, \quad (1,\,1) = \frac{g^1}{(g^2 - g^1)},$$

et par conséquent, en faisant successivement $\mu = 1$ et $\mu = 2$,

$$\Pi_2(a_\mu + x)^{[\mu,\,1]} = (a_1 + x)^0 \cdot (a_2 + x)^1 = a_2 + x.$$

Donc,..... (qq)

$$a_2 = \Xi_1^{+\frac{1}{g^2 - g^1}} \cdot \Xi^{-\frac{g^1}{g^2 - g^1}} - x;$$

partant, en changeant $g2$ en $g1$, et réciproquement,

$$a_1 = \Xi_1^{+\frac{1}{g^1 - g^2}} \cdot \Xi^{-\frac{g^2}{g^1 - g^2}} - x;$$

x étant une quantité arbitraire.

Lorsque, en troisième lieu, le nombre ω des facteurs désignés par Π_ω, est *trois*, on fera $\nu = 2$, et l'on aura

$$\Pi_3(a_\mu + x)^{[\mu,\,2]} = \Xi_2^{+(2,\,0)} \cdot \Xi_1^{-(2,\,1)} \cdot \Xi^{+(2,\,1)};$$

expression dans laquelle

$$[\mu,\,2] = \frac{(g\mu - g^1)(g\mu - g^2)}{(g^3 - g^1)(g^3 - g^2)}, \quad (2,\,0) = \frac{1}{(g^3 - g^1)(g^3 - g^2)},$$

$$(2,\,1) = \frac{g^1 + g^2}{(g^3 - g^1)(g^3 - g^2)}, \quad (2,\,2) = \frac{g^1 \cdot g^2}{(g^3 - g^1)(g^3 - g^2)},$$

et par conséquent, en faisant successivement $\mu = 1$, $\mu = 2$ et $\mu = 3$,

$$\Pi_3(a_\mu + x)^{[\mu,\,2]} = (a_1 + x)^0 \cdot (a_2 + x)^0 \cdot (a_3 + x)^1 = a_3 + x.$$

Donc , ... (*rr*)

$$a_3 = \Xi_2^{+ \frac{1}{(g3-g1)(g3-g2)}} \times \Xi_1^{- \frac{g1+g2}{(g3-g1)(g3-g2)}} \times \Xi^{+ \frac{g1.g2}{(g3-g1)(g3-g2)}} - x;$$

partant , en changeant $g3$ en $g2$, $g2$ en $g1$, et $g1$ en $g3$,

$$a_2 = \Xi_2^{+ \frac{1}{(g2-g3)(g2-g1)}} \times \Xi_1^{- \frac{g3+g1}{(g2-g3)(g2-g1)}} \times \Xi^{+ \frac{g3.g1}{(g2-g3)(g2-g1)}} - x;$$

et en opérant les mêmes changemens entre les gradules $g1$, $g2$, $g3$,

$$a_1 = \Xi_2^{+ \frac{1}{(g1-g2)(g1-g3)}} \times \Xi_1^{- \frac{g2+g3}{(g1-g2).(g1-g3)}} \times \Xi^{+ \frac{g2.g3}{(g1-g2)(g1-g3)}} - x;$$

x étant une quantité arbitraire.

En procédant de la même manière , on obtiendra , pour un nombre quelconque ω des facteurs désignés par $\Pi_\omega(a_\mu + x)$, la détermination des quantités a_1, a_2, a_3, etc. , au moyen des quantités Ξ_0, Ξ_1, Ξ_2, etc. , c'est-à-dire, au moyen des quantités A_0, A_1, A_2, etc. L'expression générale de cette détermination sera.... (*ss*)

$$a_\omega = \Xi_{\omega-1}^{+(\omega-1,0)} \times \Xi_{\omega-2}^{-(\omega-1,1)} \times \Xi_{\omega-3}^{+(\omega-1,2)} \dots$$

$$\dots \dots \times \Xi_0^{(-1)^{\omega-1}.(\omega-1,\omega-1)} - x,$$

en ne considérant que la détermination de la dernière des quantités a_1, a_2, a_3, etc. , de laquelle dérivent les autres par la permutation des gradules, ainsi qu'on vient de le voir.

Il reste à savoir quelle est la signification de cette détermination. — Pour la découvrir , observons que

$$\Xi_1 = \Xi^{g\Xi} = 1 + L\Xi.g\Xi,$$

$$\Xi_2 = \Xi_1^{g\Xi_1} = (\Xi^{g\Xi})^{g\Xi_1} = \Xi^{g_2\Xi} = 1 + L\Xi.g_2\Xi,$$

$$\Xi_3 = \Xi_2^{\Xi g_2} = (\Xi^{g_2\Xi})^{g\Xi_2} = \Xi^{g3\Xi} = 1 + L\Xi.g_3\Xi,$$

etc., etc., et en général

$$\Xi_\lambda = 1 + L\Xi.g_\lambda\Xi,$$

en désignant toujours, ainsi que nous en sommes convenus plus haut, par $g\Xi$, $g_{\cdot}\Xi$, $g_{3}\Xi$, etc. les ordres consécutifs des gradules de la fonction Ξ. Nous aurons donc.... (tt)

$$a_{\omega} = \left(1 + L\Xi \cdot g_{\omega-1}\Xi\right)^{+(\omega-1,0)} \times \left(1 + L\Xi \cdot g_{\omega-2}\Xi\right)^{-(\omega-1,1)} \times$$
$$\times \left(1 + L\Xi \cdot g_{\omega-3}\Xi\right)^{+(\omega-1,2)} \times \left(1 + L\Xi \cdot g_{\omega-4}\Xi\right)^{-(\omega-1,3)} \times$$
$$\times \ldots\ldots \times \left(1 + L\Xi \cdot g_{0}\Xi + \text{etc.}\right)^{(-1)^{\omega-1} \cdot (\omega-1,\,\omega-1)} - x\,;$$

x étant une quantité arbitraire, qu'on peut supposer égale à zéro, pour plus de simplicité.

Or, en observant que les gradules g_1, g_2, g_3, etc. qui composent les exposans $(\omega-1,0)$, $(\omega-1,1)$, $(\omega-1,2)$, etc., sont des quantités infiniment petites, on verra facilement que ces exposans forment des nombres infinis de différens ordres ; et nommément, que l'exposant $(\omega-1,0)$ forme un nombre infini de l'ordre $\omega-1$, l'exposant $(\omega-1,1)$ un nombre infini de l'ordre $\omega-2$, l'exposant $(\omega-1,2)$ un nombre infini de l'ordre $\omega-3$, et en général l'exposant $(\omega-1,\zeta)$ un nombre infini de l'ordre $\omega-1-\zeta$. De plus, en observant que les gradules de différens ordres $g\Xi$, $g_{\cdot}\Xi$, $g_{3}\Xi$, etc., qui entrent dans l'expression générale (tt), forment des quantités infiniment petites des ordres successifs *un*, *deux*, *trois*, etc., on verra que la quantité a_{ω}, déterminée par cette expression, dépend essentiellement d'une quantité de la forme

$$\left(1 + N \cdot \frac{1}{\infty_1 \cdot \infty_2 \cdot \infty_3 \ldots \infty_{\omega-1}}\right)^{M \cdot \infty' \cdot \infty'' \cdot \infty''' \ldots \infty^{\omega-1}},$$

en désignant par ∞_1, ∞_2, ∞_3, etc. et ∞', ∞'', ∞''', etc. des nombres infinis différens. Ainsi, la quantité a_{ω} en question, est une quantité irrationnelle ou radicale de l'ordre $(\omega-1)$, comme nous allons le voir.

Nous avons déjà dit que l'expression algorithmique

$$\left(1 + Ln \cdot \frac{1}{\infty}\right)^{\infty} = n,$$

ou bien, en faisant $Ln \cdot \frac{1}{\infty} = N \cdot \frac{1}{\infty'}$, que l'expression

$$\left(1 + N \cdot \frac{1}{\infty'}\right)^{\infty} = n$$

forme le shéma philosophique de la génération par graduation d'un nombre n. — Cette considération de la génération algorithmique est *nécessaire* toutes les fois qu'il s'agit de la racine d'un nombre; et cela, pour pouvoir concevoir, d'une manière générale, la partie des facteurs qui composent ce nombre, correspondante à l'exposant fractionnaire de la racine. On a donc nécessairement, sous le point de vue métaphysique,

$$\overset{v}{\sqrt{n}} = n^{\frac{1}{v}} = \left(1 + N \cdot \frac{1}{\infty'}\right)^{\frac{\infty}{v}}.$$

De plus, lorsqu'on a la quantité $(\overset{v}{\sqrt{n}} + n_1)$, et qu'il s'agit d'en prendre une racine, il est évident que, pour soumettre cette nouvelle quantité radicale à la même génération algorithmique, il faut déterminer l'exposant de la puissance de $\left(1 + N \cdot \frac{1}{\infty'}\right)$, de manière à la rendre équivalente à cette quantité; c'est-à-dire qu'on a nécessairement

$$\overset{v_1}{\sqrt{}}(\overset{v}{\sqrt{}}n + n_1) = \left(1 + N \cdot \frac{1}{\infty'}\right)^{\frac{\infty \cdot m}{m_1}},$$

m étant la partie de l'exposant qu'il faut déterminer. Or, suivant cette expression, on a

$$\overset{v}{\sqrt{n}} + n_1 = \left(1 + N \cdot \frac{1}{\infty'}\right)^{\frac{\infty \cdot m}{v}} = (\overset{v}{\sqrt{n}})^m;$$

et par conséquent

$$m = v \cdot \frac{L(\overset{v}{\sqrt{n}} + n_1)}{Ln};$$

où l'on voit que lorsque n et n_1 sont considérées en général, l'exposant en question est une quantité transcendante. Ainsi, pour concevoir le nombre $(\overset{v}{\sqrt{n}} + n_1)$ sous le point de vue de sa génération complète par graduation, c'est-à-dire, pour concevoir, d'une manière générale, la partie des facteurs qui composent ce nombre, correspondante à l'exposant transcendant de la racine qu'on veut avoir, il faut prendre une infinité des facteurs $\left(1 + N \cdot \frac{1}{\infty'}\right)$ qui entrent dans la génération de n, et de plus, une partie transcendante de la totalité des facteurs du second ordre $\left(1+N.\frac{1}{\infty\infty}\right)$, qui composent les facteurs du premier ordre $\left(1+N.\frac{1}{\infty'}\right)$. En effet, on a

$$m = \nu . \frac{(\sqrt[\nu]{n}+n_\iota)^{\frac{1}{\infty}}-1}{n^{\frac{1}{\infty}}-1} = \nu . \frac{(n^{\frac{1}{\infty}}-1)^{-1}}{((\sqrt[\nu]{n}+n_\iota)^{\frac{1}{\infty}}-1)^{-1}} ;$$

et puisque

$$(n^{\frac{1}{\infty}}-1)^{-1} = \alpha' . \infty'' , \qquad ((\sqrt[\nu]{n}+n_\iota)^{\frac{1}{\infty}}-1)^{-1} = \beta' . \infty''',$$

∞'' et ∞''' étant deux nombres infinis différens, et α', β' étant les coefficiens complémentaires, réels ou imaginaires, on aura $m = \nu . \frac{\alpha'}{\beta'} . \frac{\infty''}{\infty'''}$, et par conséquent

$$\sqrt[\nu]{n}+n_\iota = \left(1+N.\frac{1}{\infty'}\right)^{\infty . \frac{\alpha'}{\beta'} . \frac{\infty''}{\infty'''}} = \left\{\left(1+N.\frac{1}{\infty'}\right)^{\frac{\infty''}{\infty'''}}\right\}^{\frac{\alpha'}{\beta'} . \infty}.$$

Il faut donc considérer la quantité $\left(1+N.\frac{1}{\infty'}\right)$ comme composée d'une infinité de facteurs, pour pouvoir concevoir la partie transcendante $\frac{\infty''}{\infty'''}$ de ces facteurs, correspondante à la puissance....

$\left(1+N.\frac{1}{\infty'}\right)^{\frac{\infty''}{\infty'''}}$; et nommément il faut la considérer comme composée du nombre infini ∞''' de facteurs. Or on a, en vertu du schéma de la génération par graduation,

$$\left(1+N.\frac{1}{\infty'}\right) = \left\{1+L\left(1+N.\frac{1}{\infty'}\right).\frac{1}{\infty'''}\right\}^{\infty'''} = \left(1+N.\frac{1}{\infty'.\infty'''}\right)^{\infty'''} ;$$

et par conséquent

$$\left(1+N.\frac{1}{\infty'}\right)^{\frac{\infty''}{\infty'''}} = \left\{\left(1+N.\frac{1}{\infty'.\infty'''}\right)^{\infty'''}\right\}^{\frac{\infty''}{\infty'''}} = \left(1+N.\frac{1}{\infty'.\infty'''}\right)^{\infty''}.$$

Donc,

$$\sqrt[\nu]{(\sqrt[\nu]{n}+n_\iota)} = \left(1+N.\frac{1}{\infty'.\infty'''}\right)^{\frac{1}{\nu}.\frac{\alpha'}{\beta'}.\infty.\infty''}.$$

On trouverait de la même manière que

$$\overset{v_2}{\sqrt{}}\left(\overset{v_1}{\sqrt{}}\left(\overset{v}{\sqrt{}}n + n_1\right) + n_2\right) = \left(1 + N.\frac{1}{\infty'.\infty''.\infty^v}\right)^{\frac{1}{v_2}.\frac{\alpha'''}{\beta''}.\infty.\infty''.\infty^{iv}} ;$$

et en général.... (uu)

$$\left(\ldots\left(\left(\left(n\right)^{\frac{1}{v}} + n_1\right)^{\frac{1}{v_1}} + n_2\right)^{\frac{1}{v_2}}\ldots + n_{\omega-1}\right)^{\frac{1}{v_\omega - 1}} =$$
$$\left(1 + N.\frac{1}{\infty'.\infty''.\infty^v\ldots.\infty^{2\omega-1}}\right)^{M.\infty.\infty''.\infty^{iv}\ldots\infty^{2\omega-2}},$$

M dénotant le rapport des coefficiens complémentaires que nous avons désignés par α et β, et la quantité $\frac{1}{v_\omega - 1}$.

Or, pour peu qu'on réfléchisse sur cette génération consécutive par graduation, on comprendra facilement que la génération de la quantité $\overset{v}{\sqrt{}}n$ est d'un ordre inférieur à celle de la quantité $\overset{v_1}{\sqrt{}}\left(\overset{v}{\sqrt{}}n + n_1\right)$, par la raison qu'il faut, dans cette dernière, considérer chaque facteur de la première génération, comme composé lui-même d'une infinité d'autres facteurs; de manière que, par rapport à l'ordre de la génération algorithmique, la première de ces quantités est à la seconde, comme les nombres produits immédiatement par la génération de sommation, sont aux nombres produits par la génération de graduation, c'est-à-dire, comme n est à $n^{\frac{1}{v}}$. On comprendra de même, et par la même raison, que la génération de la quantité $\overset{v_1}{\sqrt{}}\left(\overset{v}{\sqrt{}}n + n_1\right)$ est d'un ordre inférieur à celle de la quantité $\overset{v_2}{\sqrt{}}\left(\overset{v_1}{\sqrt{}}\left(\overset{v}{\sqrt{}}n + n_1\right) + n_2\right)$; et nommément que, par rapport à l'ordre de cette génération, la première de ces quantités est à la seconde, comme $\overset{v}{\sqrt{}}n$ est à $\overset{v_1}{\sqrt{}}\left(\overset{v}{\sqrt{}}n + n_1\right)$. Poursuivant ces considérations, on comprendra, en général, que les quantités irrationnelles ou radicales admettent une infinité d'*ordres différens* qui distinguent essentiellement ces quantités, et qui forment, suivant la loi de continuité, la transition des quantités immanentes aux quantités transcendantes; on comprendra nommément que

$$(n)^{\frac{1}{\gamma}} \text{ est du premier ordre,}$$

$$\left((n)^{\frac{1}{\gamma}} + n_1\right)^{\frac{1}{\gamma_1}}, \text{ du second ordre,}$$

$$\left(\left((n)^{\frac{1}{\gamma}} + n_1\right)^{\frac{1}{\gamma_1}} + n_2\right)^{\frac{1}{\gamma_2}}, \text{ du troisième ordre;}$$

etc., et en général

$$\left(\dots\left(\left((n)^{\frac{1}{\gamma}} + n_1\right)^{\frac{1}{\gamma_1}} + n_2\right)^{\frac{1}{\gamma_2}}\dots + n_{\omega-1}\right)^{\frac{1}{\gamma_{\omega-1}}}, \text{ de l'ordre } \omega.$$

Il est donc vrai, ainsi que nous l'avons avancé plus haut, que dans l'équivalence générale

$$(a_1 + x)(a_2 + x)(a_3 + x)\dots(a_\omega + x) =$$

$$A_0 + A_1 x + A_2 x^2 \dots + A_\omega x^\omega,$$

les quantités a_1, a_2, a_3, ... a_ω, considérées comme fonctions algorithmiques de A_0, A_1, A_2, ... A_ω, forment des QUANTITÉS IRRATIONNELLES OU RADICALES DE L'ORDRE $(\omega-1)$; de manière que si l'on désigne, par $\Psi\xi$, la fonction composée de différentes formes ou valeurs que peut avoir la quantité ξ, et par A, B, C, etc., des fonctions de A_0, A_1, A_2, etc., on aura, pour la détermination des quantités a_1, a_2, a_3, etc., que nous désignerons en général par a, les formes suivantes.... $(\omega\omega)$

1°. Dans le cas de $\omega = 2$,

$$a = \Psi\{\overset{a}{\sqrt{A}} + B\};$$

2°. Dans le cas de $\omega = 3$,

$$a = \Psi\{\sqrt{(\sqrt[\beta]{A} + B)} + C\};$$

3°. Dans le cas de $\omega = 4$,

$$a = \Psi\{ \overset{\gamma}{\sqrt{}}(\overset{\beta}{\sqrt{}}(\overset{\alpha}{\sqrt{}}\overline{A}+B)+C)+D\};$$

etc., etc.

Telle est la signification de la détermination que donne, pour les quantités a_1, a_2, a_3, etc., la seconde loi fondamentlae (pp) de la théorie des équivalences. — Ces quantités peuvent donc, dans tous les cas, être exprimées au moyen des quantités A_0, A_1, A_2, etc.; mais la détermination effective de cette expression n'appartient plus à la Philosophie des Mathématiques : il ne lui appartenait que de découvrir la *possibilité* et la *nature* (les principes métaphysiques) des quantités a_1, a_2, a_3, etc. en question.

Nous devons ici faire remarquer, de crainte qu'on ne l'ait pas aperçu, que l'expression (pp) de la seconde loi fondamentale de la théorie des équivalences, n'est point exacte pour la valeur des quantités; elle n'est exacte que pour la forme de leur génération, qui fait précisément l'objet de cette loi. En effet, en prenant les accroissemens par gradules des expressions particulières (jj), (ll), (mm), et de l'expression générale (nn), nous avons considéré comme constans les gradules qui entrent dans les exposans de ces expressions; ce qui n'est exact que pour la forme des résultats, et non pour leurs valeurs. — En tenant compte de la variation de ces gradules, on aurait d'abord, à la place de (ll), l'expression rigoureuse $(ll)'$

$$\Pi_\omega(a_\mu + x)^{(g\mu - g_1)(g\mu - g_2) + f(g\mu, g_1)} = \Xi_1 . F(\Xi),$$

$F(\Xi)$ étant une fonction de Ξ, et $f(g\mu, g_1)$ une fonction des seconds gradules des facteurs $(a_\mu + x)$ et $(a_1 + x)$, savoir,

$$f(g\mu, g_1) = g\mu . g(g\mu) . L(g\mu) - g_1 . g(g_1) . L(g_1).$$

Or, en observant que, suivant les formules générales (δ), il entre, dans cette dernière fonction, les différentielles dx et ddx des deux premiers ordres, et en déterminant la relation de ces différentielles de manière à ce que $f(g\mu, g_1) = 0$, dans le cas de $\mu = 2$, on comprendra que l'expression rigoureuse $(ll)'$ se trouvera, en tout, ramened née à la forme de l'expression représentative (ll). On aurait, en second lieu, à la place de (mm), l'expression rigoureuse.... $(mm)'$

$$\Pi_\omega (a_\mu + x)^{(g\mu - g1)(g\mu - g2)(g\mu - g3)} + f'(g\mu, g1) = \Xi_3 \,.\, F'(\Xi),$$

$F'(\Xi)$ étant une fonction de Ξ, et $f'(g\mu, g1)$ une fonction des troisièmes gradules des facteurs $(a_\mu + x)$ et $(a_1 + x)$, savoir,

$$f'(g\mu, g1) = (2 . g\mu - g2 - g3)(G\mu - G1) + (g\mu - g1)(G\mu - G2)$$
$$+ G\mu . g(G\mu) . L(G\mu) - G1 . g(G1) . L(G1),$$

en faisant

$$G\mu = g\mu . g(g\mu) . L(g\mu), \qquad G1 = g1 . g(g1) . L(g1).$$

Or, en observant encore que, suivant les formules générales (δ), il entre, dans la fonction $f'(g\mu, g1)$, les différentielles dx, d^2x et d^3x des trois premiers ordres, et en déterminant la relation de ces différentielles de manière à ce que $f'(g\mu, g1) = 0$, dans les deux cas de $\mu = 2$ et $\mu = 3$, on comprendra que l'expression rigoureuse $(mm)'$ se trouvera, en tout, ramenée à la forme de l'expression représentative (mm). Poursuivant ces considérations, on comprendra, en général, qu'en établissant des relations convenables entre les différentielles dx, d^2x, d^3x, etc. des différens ordres, les expressions rigoureuses dont il est question, peuvent être ramenées, en tout, à la forme, en quelque sorte fondamentale, des expressions représentatives que nous avons employées.

Voilà les différentes branches qui forment la Théorie de la constitution algorithmique, et qui, suivant la déduction que nous en avons donnée, ont pour objet, dans la réunion systématique des algorithmes élémentaires, l'unité *transcendantale* entre les deux algorithmes primitifs, la sommation et la graduation. — Venons à la Théorie de la comparaison algorithmique qui, suivant la même déduction, a pour objet, dans la réunion systématique que nous venons de nommer, l'unité *logique* entre les deux algorithmes primitifs, la sommation et la graduation.

Nous avons vu, en général, que la réunion systématique des deux fonctions intellectuelles qui ont pour objet les deux algorithmes primitifs et opposés, introduit, dans les quantités algorithmiques, de nouvelles déterminations de leur nature, de nouvelles lois théoriques ; et en particulier que, sous le point de vue transcendantal, celui de la théorie de la constitution algorithmique, cette réunion exerce son influence sur la *génération même* des quantités, et que, sous le point de vue logique, celui de la théorie de la comparaison algorithmique, elle l'exerce sur leur *relation réciproque*. Or, cette relation réciproque, considérée en elle-même, consiste évidemment dans l'*égalité* ou l'*inégalité* des quantités algorithmiques, et ne saurait, dans cette simplicité, avoir des lois différentes des axiomes mêmes de l'Algorithmie. Mais en y joignant, comme c'est ici le cas, la circonstance de la réunion systématique des deux algorithmes primitifs et opposés, l'unité logique de cette relation se trouve soumise à des lois particulières, dépendantes de ces algorithmes. — Ce sont donc ces lois qui font l'objet de la THÉORIE DE LA COMPARAISON ALGORITHMIQUE ; et par la même raison, cette théorie forme une partie distincte et essentielle de l'Algorithmie.

Suivant cette déduction, l'égalité et l'inégalité entre les quantités algorithmiques, reçoivent, de la réunion systématique dont il s'agit, un caractère particulier. Or, c'est ce caractère qui les rend respectivement *équation* et *inéquation* (*). Ce sont donc proprement les lois auxquelles sont soumises les équations et les inéquations,

---

(*) En faisant attention à cette différence essentielle de l'égalité et de l'inégalité, avec l'équation et l'inéquation, on comprendra, si d'ailleurs on pouvait avoir quelque difficulté, que l'enseignement de l'Algorithmie doit rigoureusement suivre la marche de la déduction philosophique, celle que nous suivons dans cette Introduction à la Philosophie des Mathématiques. — On peut, par exemple, dans les branches que nous avons examinées jusqu'ici, se servir de l'égalité et de l'inégalité, lorsqu'il en est besoin, parce que ces relations générales et simples ne sont soumises qu'aux axiomes de l'Algorithmie, ou tout au plus, à des lois faciles à déduire, ainsi que nous le verrons ci-après ; mais, en procédant méthodiquement, on ne pourrait y employer les équations et les inéquations proprement dites, parce que ces relations composées sont soumises à des lois particulières qui, dans leur ensemble, ne peuvent être déterminées qu'au moyen des branches que nous venons de nommer. — D'ailleurs, c'est toujours sur la déduction rationnelle que doit être fondée la méthode organique de l'enseignement, c'est-à-dire, la méthode de l'enseignement considéré en lui-même, ou avec abstraction des motifs particuliers de la Pédagogique.

en considérant ces relations de la manière que nous venons de les
déterminer, qui forment l'objet de la théorie de la comparaison
algorithmique. — De plus, cette théorie, considérée en général,
embrasse deux branches : la THÉORIE DES ÉQUATIONS, et la THÉORIE
DES INÉQUATIONS. Mais en observant, en particulier, que les inéquations ne sont possibles que par les équations, ou plutôt qu'elles
n'ont une signification déterminée qu'au moyen des relations d'équation, on comprendra que toute la théorie de la comparaison algorithmique se réduit à la THÉORIE DES ÉQUATIONS.

Il faut encore observer que les lois qui constituent la théorie de
la comparaison algorithmique, ne sont que des lois *dérivées*, et non
des lois *primitives*, parce qu'elles n'appartiennent qu'au point de vue
logique, et non au point de vue transcendantal de la réunion systématique des algorithmes élémentaires, qui en est le caractère particulier. — Cette réunion systématique, envisagée sous le point de vue
transcendantal, introduit, dans les quantités algorithmiques, de
nouvelles *déterminations* de leur nature ; mais, considérée sous le
point de vue logique, elle ne peut établir qu'une *relation* entre ces
déterminations de la nature des quantités algorithmiques. Or, les
lois de cette relation sont nécessairement dérivées des lois que suivent
les déterminations entre lesquelles s'établit la relation. Ainsi, les lois
qui font l'objet de la théorie de la comparaison algorithmique, ne
sont que des lois dérivées ; et nommément, elles sont dérivées des
lois qui font l'objet de la théorie de la constitution algorithmique,
que nous venons d'examiner.

Il en résulte immédiatement, que les différentes branches de la
théorie de la comparaison algorithmique, ou de la théorie générale
des équations, sont les mêmes que celles de la théorie de la constitution algorithmique. Cette assertion est d'ailleurs claire par elle-
même ; en effet, la réunion des algorithmes élémentaires, considérée sous un point de vue quelconque, ne peut porter que sur
l'identité systématique ou sur la diversité systématique de ces algorithmes, et ne peut, par conséquent, donner lieu qu'à des branches
correspondantes à cette identité ou à cette diversité systématiques.
— Ainsi, les branches particulières de la théorie générale des
équations, sont : 1°. la THÉORIE DES ÉQUATIONS D'ÉQUIVALENCE,
qui répond à l'identité systématique entre les deux algorithmes déri-

vés immédiats, la numération et les facultés ; 2°. la THÉORIE DES
ÉQUATIONS DE DIFFÉRENCES, qui répond au premier cas de la
diversité systématique entre les deux algorithmes primitifs opposés,
c'est-à-dire, à l'influence de la sommation dans la génération des
quantités où domine la graduation ; 3°. la THÉORIE DES ÉQUATIONS
DE GRADES, qui répond au second cas de la diversité systématique
entre les deux algorithmes primitifs opposés, c'est-à-dire, à l'influence de la graduation dans la génération des quantités où domine
la sommation ; 4°. enfin, la THÉORIE DES ÉQUATIONS DE CONGRUEN-
CE, qui répond au troisième et dernier cas de la diversité systématique entre les deux algorithmes primitifs opposés, c'est-à-
dire, à l'influence réciproque de la sommation et de la graduation dans la génération des quantités où dominent l'un et l'autre de
ces algorithmes.

Voilà la déduction architectonique de la théorie générale de la
comparaison algorithmique et de ses branches particulières. — Voici
quelques développemens philosophiques de cette théorie elle-même.

Avant tout, il faut fixer, avec précision, le caractère particulier
des lois dérivées que nous avons à examiner : ce caractère qui, suivant ce que nous venons de dire, est purement *logique*, diffère nécessairement du caractère *transcendantal* des lois primitives qui nous
ont occupés jusqu'ici ; d'ailleurs, cette détermination métaphysique
servira à jeter plus de clarté sur le degré de la certitude avec laquelle
nous posons ces lois respectives. — Il est d'abord certain que les
caractères, transcendantal et logique, des quantités algorithmiques, sont fondés sur la nature même du savoir ; et spécialement,
le caractère transcendantal, sur le *contenu* (la matière), et le caractère logique, sur la *forme* du savoir. Il faut donc, pour déterminer ces
caractères des quantités algorithmiques, appliquer, à ces quantités, la
diversité caractéristique qui se trouve dans la nature de notre savoir, en
le considérant respectivement par rapport à son contenu, et par rapport à sa forme. Or, cette diversité intellectuelle consiste notoirement
dans la diversité des facultés du savoir, fondée sur la *trichotomie générale de l'absolu*, c'est-à-dire, sur l'opposition du *conditionnel* et de
la *condition*, et sur leur neutralisation réciproque dans le *relatif* ; c'est,
en effet, sur l'opposition du conditionnel et de la condition, que sont
fondées les deux facultés opposées de l'entendement et de la raison,

et sur leur neutralisation dans le relatif, la faculté intermédiaire du jugement ; et c'est dans la diversité des lois de ces facultés intellectuelles primordiales, que consiste la diversité caractéristique qui a lieu dans la nature du savoir. Ainsi, pour déterminer les caractères respectifs, transcendantal et logique, des quantités algorithmiques, il suffit d'appliquer, à ces quantités, la diversité des lois des facultés intellectuelles que nous venons de nommer, en les considérant séparément par rapport au contenu, et par rapport à la forme de notre savoir. Sans entrer dans de plus grands développemens, nous remarquerons que les caractères distinctifs des lois de l'entendement, du jugement et de la raison, sont respectivement la *signification*, la *détermination* et la *fondation*, en les considérant par rapport au contenu du savoir ; et la *spécification*, la *corrélation* et la *subordination* (*), en les considérant par rapport à la forme du savoir. Donc, le caractère *transcendantal* des quantités algorithmiques porte sur la signification de ces quantités, sur leur détermination et sur leur fondation ; et c'est effectivement suivant ce caractère, que nous avons traité les différentes branches de l'Algorithmie, appartenantes au point de vue transcendantal, que nous avons examinées jusqu'ici : nous avons donné, pour chacune de ces branches, 1°, la CONCEPTION DE LEUR OBJET (signification) ; 2°, leur LOI FONDAMENTALE (fondation), et 3°, du moins pour quelques-unes, les CIRCONSTANCES IMMÉDIATES (détermination). De plus, le caractère *logique* des quantités algorithmiques porte sur la spécification de ces quantités, sur leur corrélation et sur leur subordination ; et c'est suivant ce caractère, que nous devons traiter les branches de l'Algorithmie, appartenant au point de vue logique et formant la théorie de la comparaison algorithmique, qui nous occupe actuellement. — Nous examinerons donc, dans chacune des différentes théories des équations, 1°, la CLASSIFICATION de ces équations (spécification) ; 2°, leur COMPARAISON (corrélation) ; et 3°, leur RÉSOLUTION (subordination).

Commençons par la THÉORIE DES ÉQUATIONS D'ÉQUIVALENCE.

___

(*) Les mots *signification*, *détermination*, *fondation*, répondent ici aux mots allemands *bedeutung*, *bestimmung*, *begruendung* ; et le mot *subordination* est pris dans son acception didactique.

—Une fonction F de différentes quantités A, B, C, etc.; égale à zéro, suivant le schéma indéterminé que voici.... (*ab*)

$$o = F(A, B, C, \text{etc.}),$$

forme d'abord l'*égalité algorithmique* qui est la relation logique générale de ces quantités. Mais, en y joignant la considération de l'équivalence entre la génération par sommation et celle par graduation, d'une fonction de x, cette égalité devient *équation*, et prend nécessairement la forme.... (*ac*)

$$o = A_0 + A_1 x + A_2 x^2 + \text{etc.}$$

En effet, la fonction $(A_0 + A_1 x + \text{etc.})$ qui se trouve égale à zéro, est, d'une part, la forme générale du développement par sommation de toute fonction de x, suivant ce que nous avons dit plus haut; et elle est, d'une autre part, l'un des deux membres de l'équivalence primitive ou simple, suivant l'expression générale (*cc*). Or, d'après la nature des équivalences, il existe toujours un développement par graduation équivalent à un développement par sommation; et d'après la nature de la graduation, la relation avec zéro, d'une fonction composée de facteurs, dépend, en principe, de la même relation de ces facteurs considérés séparément. Ainsi, le développement par sommation en question $(A_0 + A_1 x + \text{etc.})$, est, en quelque sorte, l'expression commune de la fonction dont il est le développement, et du principe de sa relation avec zéro; et par conséquent, la forme générale de toutes les équations d'équivalence, proprement dites, est (*ac*)

$$o = A_0 + A_1 x + A_2 x^2 \ldots + A_\omega x^\omega.$$

On voit clairement, par la nature des équivalences, que dans cette relation avec zéro, la variable x de la fonction $(A_0 + A_1 x + \text{etc.})$, reçoit des valeurs déterminées, au nombre de ω, qui réduisent à zéro cette fonction : ce sont là les valeurs de l'*inconnue* x, qu'on appelle *racines* de l'équation.—Nous conserverons ici cette dénomination; et de plus, pour simplifier nos expressions, nous distinguerons la fonction qui est égale à zéro, par le nom de *fonction d'équation*.

Or, pour ce qui concerne, en premier lieu, la CLASSIFICATION des équations d'équivalence, il est évident, d'après leur forme générale, que le principe premier de leur spécification, est celui du nombre des termes de la fonction d'équation, ou plutôt du degré de la plus haute puissance de l'inconnue x; et cela, par la raison que le nombre qui marque ce degré, est, en même tems, le nombre des facteurs du développement par graduation, équivalent à la fonction d'équation. Ainsi, la classification des équations en question, est

$$o = A_0 + A_1 x, \text{ équation du premier degré,}$$

$$o = A_0 + A_1 x + A_2 x^2, \text{ du second degré,}$$

$$o = A_0 + A_1 x + A_2 x^2 + A_3 x^3, \text{ du troisième degré,}$$

etc., et en général,

$$o = A_0 + A_1 x + A_2 x^2 \ldots + A_\omega x^\omega, \text{ du degré } \omega.$$

Lorsque le degré ω de ces équations est *fini*, ces équations sont évidemment IMMANENTES; et lorsque leur degré est *infini*, ces équations sont TRANSCENDANTES, suivant ce que nous avons dit plus haut. — Il faut remarquer ici que toutes les fonctions égales à zéro, qui contiennent des fonctions exponentielles, logarithmiques, ou circulaires, ne reçoivent le caractère d'équation proprement dite, que lorsqu'elles sont développées suivant l'algorithme de sommation, qui est la forme générale (ac) des équations dont il s'agit. Avant ce développement, leur relation avec zéro n'est encore qu'une simple égalité algorithmique, qui n'est soumise qu'aux axiomes de l'Algorithmie, et non à des lois distinctes et particulières. Toutefois, ayant égard à leur développement possible, on peut, en les particularisant en idée, considérer ces inégalités comme équations transcendantes.

Outre cette classification principale des équations d'équivalence, il existe une classification accessoire qui porte sur l'indétermination, plus ou moins grande, des quantités variables ou des inconnues qui entrent dans ces équations. — Soient x_1, x_2, x_3, etc., plusieurs variables ou plusieurs inconnues, et soit l'équation.... (ad)

$$0 = (0,0,0,\ldots) + (1,0,0,\ldots).x_1 + (0,1,0,\ldots).x_2 + (0,0,1,\ldots).x_3 + \text{etc.}$$
$$+ (1,1,0,\ldots).x_1 x_2 + (1,0,1,\ldots).x_1 x_3 + (0,1,1,\ldots).x_2 x_3 + \text{etc.}$$
$$+ (2,0,0,\ldots).x_1^2 + (0,2,0,\ldots).x_2^2 + (0,0,2,\ldots).x_3^2 + \text{etc.}$$
$$+ \text{etc., etc.,}$$

en désignant par $(0,0,0,\ldots)$, $(1,0,0,\ldots)$, etc., les différens coefficiens de la fonction d'équation. Il est évident que les facteurs simples qui forment la génération par graduation de cette fonction, et qui contiennent les principes de sa relation avec zéro, ont la forme générale... (*ae*)

$$(A x_1 + B x_2 + C x_3 \ldots + \Omega).$$

Or, la relation avec zéro de ce facteur général de la fonction d'équation en question, est évidemment *indéterminée*; en effet, les quantités x_1, x_2, x_3, etc. restent variables dans la relation

$$0 = A x_1 + B x_2 + C x_3 \ldots + \Omega.$$

Pour que ces quantités reçoivent une détermination, il faut qu'on ait séparément

$$A x_1 + a = 0, \quad B x_2 + b = 0, \quad C x_3 + c = 0, \text{ etc.};$$

et il est clair que la quantité Ω qui entre dans le facteur général (*ae*), peut être décomposée d'une infinité de manières différentes, pour former les quantités a, b, c, etc., qui entrent dans ces relations séparées. De plus, si l'on multiplie respectivement ces dernières relations, par les quantités générales α, β, γ, etc., on pourra former les relations composées suivantes :

$$\alpha_1 A x_1 + \beta_1 B x_2 + \gamma_1 C x_3 \ldots + \alpha_1 a + \beta_1 b + \gamma_1 c \ldots = 0,$$
$$\alpha_2 A x_1 + \beta_2 B x_2 + \gamma_2 C x_3 \ldots + \alpha_2 a + \beta_2 b + \gamma_2 c \ldots = 0,$$
$$\alpha_3 A x_1 + \beta_3 B x_2 + \gamma_3 C x_3 \ldots + \alpha_3 a + \beta_3 b + \gamma_3 c \ldots = 0,$$
$$\text{etc., etc.;}$$

et l'on verra facilement que, pour revenir de ces relations composées aux relations simples dont elles sont formées, il faut que le nombre de ces relations composées soit le même que celui des relations simples. — Il s'ensuit que la détermination des quantités variables ou inconnues x_1, x_2, x_3, etc. dans l'équation (ad) dont il est question, dépend d'autant de facteurs généraux (ae) différens, qu'il y a de ces quantités ; et par conséquent, qu'elle dépend d'autant d'équations (ad) différentes, qu'il y a de ces quantités variables ou inconnues. Il s'ensuit réciproquement, que si l'on considère des systèmes particuliers de valeurs de ces variables, le moindre nombre de ces systèmes de valeurs, nécessaire pour construire ou pour déterminer une équation contenant ces variables, est évidemment le produit du nombre de ces quantités par l'exposant du degré de l'équation ; et cela, par la raison que chaque facteur simple du développement par graduation de la fonction d'équation, dépend, pour être déterminé, d'autant de systèmes de valeurs des quantités variables x_1, x_2, x_3, etc. en question, qu'il y a de ces quantités, et de plus, que le degré de l'équation dépend du nombre de ces facteurs.

Après ces considérations logiques sur l'indétermination des équations dont il s'agit, on comprendra que ces équations admettent *différens ordres d'indétermination*, et nommément, que les équations qui contiennent *deux* variables ou inconnues, sont des équations indéterminées du *premier ordre*, que celles qui en contiennent *trois*, sont des équations indéterminées du *second ordre*, et ainsi de suite.

Venons, en second lieu, à la COMPARAISON des équations d'équivalence. — Or, le principe de leur corrélation est évidemment la relation de leurs racines ; et spécialement la relation d'égalité de ces racines, c'est-à-dire, la circonstance de deux ou plusieurs équations, d'avoir une ou plusieurs racines communes : en effet, c'est là la seule unité possible de la corrélation de ces équations. — Soient, par exemple, deux équations

$$o = A_0 + A_1 x + A_2 x^2 \ldots + A_\alpha x^\alpha,$$

$$o = B_0 + B_1 x + B_2 x^2 \ldots + B_\beta x^\beta ;$$

et soient a_1, a_2, a_3, $\ldots$ a_k, les racines de la première de ces équations. Si, parmi les racines de la seconde de ces équations, il s'en trouve une ou plusieurs qui soient identiques avec les quantités a_1, a_2, a_3, etc., ces deux équations auront des racines communes ;

et il existera, entre ces équations, une corrélation dont la loi sera
évidemment exprimée au moyen des relations de condition , auxquelles devront satisfaire les coefficiens respectifs A_0, A_1, A_2, etc.,
et B_0, B_1, B_2, etc.

Pour déterminer, d'une manière générale, ces relations de condition , soit l'équation. . . . (af)

$$o = M_0 + M_1 x + M_2 x^2 \ldots\ldots + M_\omega x^\omega \; ;$$

et désignons , comme plus haut , par $\Sigma M_\mu x^\mu$ la fonction d'équation $(M_0 + M_1 x + $ etc.$)$, Σ dénotant la somme des termes correspondans à toutes les valeurs entières et positives de μ, depuis
$\mu = o$ jusqu'à $\mu = \omega$ inclusivement : nous aurons ainsi

$$o = \Sigma M_\mu x^\mu.$$

Or, pour que cette équation ait , parmi ses racines , les quantités
m_1, m_2, m_3, etc. , il faut que les coefficiens M_0, M_1, M_2, etc. , satisfassent aux conditions générales que voici. . . . . (ag)

$$o = \Sigma M_\mu . \aleph [m_1 + m_2 + m_3 \ldots + m_\nu \quad]^{\mu - \nu + 1} \ldots\ldots (1),$$

$$o = \Sigma M_\mu . \aleph [m_2 + m_3 + m_4 \ldots + m_{\nu+1}]^{\mu - \nu + 1} \ldots\ldots (2),$$

$$o = \Sigma M_\mu . \aleph [m_3 + m_4 + m_5 \ldots + m_{\nu+2}]^{\mu - \nu + 1} \ldots\ldots (3),$$

etc., etc.

En effet, retranchant successivement ces conditions l'une de l'autre,
on obtiendra

$$(1) - (2) = o = (m_1 - m_{\nu+1}) . \Sigma M_\mu . \aleph [m_1 + m_2 \ldots + m_\nu \quad + m_{\nu+1}]^{\mu - \nu} ,$$

$$(2) - (3) = o = (m_2 - m_{\nu+2}) . \Sigma M_\mu . \aleph [m_2 + m_3 \ldots + m_{\nu+1} + m_{\nu+2}]^{\mu - \nu} ,$$

$$(3) - (4) = o = (m_3 - m_{\nu+3}) . \Sigma M_\mu . \aleph [m_3 + m_4 \ldots + m_{\nu+2} + m_{\nu+3}]^{\mu - \nu} ,$$

etc. , etc. ,

suivant la loi fondamentale (D) de la théorie des nombres ; et divisant ces relations , la première par $(m_1 - m_{\nu+1})$, la seconde par

$(m_2 - m_{\nu+2})$, la troisième par $(m_3 - m_{\nu+3})$, etc., on aura

$$o = \Sigma M_\mu . \aleph [m_1 + m_2 \ldots + m_\nu \qquad + m_{\nu+1}]^{\mu - \nu},$$

$$o = \Sigma M_\mu . \aleph [m_2 + m_3 \ldots + m_{\nu+1} + m_{\nu+2}]^{\mu - \nu},$$

$$o = \Sigma M_\mu . \aleph [m_3 + m_4 \ldots + m_{\nu+2} + m_{\nu+3}]^{\mu - \nu},$$

etc., etc. ;

et c'est aussi ce que donnent immédiatement les expressions (ag), en y substituant $\nu + 1$ à la place de ν. Ainsi, les expressions générales (ag) seraient vraies pour toutes les valeurs de ν, entières et positives, si elles l'étaient pour une seule de ces valeurs ; et elles le sont effectivement pour la valeur de $\nu = 1$, qui forme le cas des conditions primitives et singulières, auxquelles doivent satisfaire les coefficiens M_0, M_1, M_2, etc. de l'équation (af), pour que cette équation ait, parmi ses racines, les quantités m_1, m_2, m_3, etc. — Donc, les expressions (ag) en question sont réellement les conditions générales, auxquelles doivent satisfaire les coefficiens nommés M_0, M_1, M_2, etc., pour que les quantités m_1, m_2, m_3, etc. soient des racines de l'équation (af).

Si l'on a donc plusieurs équations.... (ah)

$$o = A_0 + A_1 x + A_2 x^2 \ldots\ldots + A_\alpha x^\alpha,$$

$$o = B_0 + B_1 x + B_2 x^2 \ldots\ldots + B_\beta x^\beta,$$

$$o = C_0 + C_1 x + C_2 x^2 \ldots\ldots + C_\gamma x^\gamma,$$

etc., etc.,

qui ont les racines communes m_1, m_2, m_3, etc., leurs coefficiens A, B, C, etc., désignés en général par M, doivent satisfaire respectivement à la condition générale.... (ai)

$$o = \Sigma M_\mu . \aleph [m_\rho + m_{\rho+1} + m_{\rho+2} \ldots\ldots + m_{\rho+\nu}]^{\mu - \nu};$$

c'est-à-dire, ces coefficiens doivent satisfaire respectivement aux conditions particulières.... (aj)

$$0 = M_0 + M_1 . \aleph[m_\varrho] + M_2 . \aleph[m_\varrho]^2 + M_3 . \aleph[m_\varrho]^3 + \text{etc.} ,$$

$$0 = M_1 + M_2 . \aleph[m_\varrho + m_{\varrho+1}] + M_3 . \aleph[m_\varrho + m_{\varrho+1}]^2$$
$$+ M_4 . \aleph[m_\varrho + m_{\varrho+1}]^3 + \text{etc.} ,$$

$$0 = M_2 + M_3 . \aleph[m_\varrho + m_{\varrho+1} + m_{\varrho+2}] + M_4 . \aleph[m_\varrho + m_{\varrho+1} + m_{\varrho+2}]^2 +$$
$$+ M_5 . \aleph[m_\varrho + m_{\varrho+1} + m_{\varrho+2}]^3 + \text{etc.} ,$$

etc., etc.;

le nombre de ces conditions étant évidemment, pour chacune des équations (*ah*), égal au nombre des racines respectives qu'elles ont en commun avec les autres de ces équations.

Telle est la loi générale de la corrélation des équations d'équivalence, dans le cas simple où elles ne contiennent qu'une seule inconnue ou une seule variable déterminée (*).

Procédons à la comparaison des équations en question, dans le cas composé où elles contiennent plusieurs variables déterminées ou plusieurs inconnues. Mais, pour ne point passer les limites de cette Introduction, contentons-nous d'examiner les équations à deux inconnues et du second degré; d'ailleurs, on pourra facilement étendre à des équations d'un nombre quelconque d'inconnues et d'un degré quelconque, ce que nous dirons sur le cas particulier auquel nous nous arrêtons ici.

Soit donc l'équation générale à deux inconnues et du second degré.....(*ak*)

$$0 = A + Bx + Cy + Dxy + Ex^2 + Fy^2.$$

Suivant ce que nous avons dit de la nature de ces équations indéterminées, à l'article de la classification des équations d'équivalence, le produit général qui entre dans leur composition par graduation, est

$$(mx + ny + p) . (rx + sy + q) ;$$

(*) C'est peut-être cette loi que demande M. Budan, dans la note (*X*) de son opuscule intitulé : *Nouvelle Méthode pour la résolution des équations numériques*, etc. — On ne voit guères quelle autre relation pourrait exister entre des équations.

et il est évident que les coefficiens m, n, r, s sont déterminés par la double circonstance : 1°. de réduire à zéro les facteurs respectifs de ce produit, par un système de valeurs de x et y ; 2°. de détruire un produit, semblable par le même système de valeurs de x et y. Or, puisqu'il faut deux tels systèmes de valeurs pour déterminer chacun des facteurs de ce produit général, ainsi que nous l'avons reconnu à l'endroit cité, et par conséquent, quatre tels systèmes de valeurs pour déterminer le produit entier, on verra facilement que la construction ou la composition de l'équation générale (ak), doit avoir la forme.... (al)

$$0 = A + Bx + Cy + Dxy + Ex^2 + Fy^2 =$$
$$= \varphi_1(x,y)\cdot\psi_1(x,y) + \varphi_2(x,y)\cdot\psi_2(x,y) + \varphi_3(x,y)\cdot\psi_3(x,y)$$
$$+ \varphi_4(x,y)\cdot\psi_4(x,y) + \varphi_5(x,y)\cdot\psi_5(x,y),$$

en faisant, en général,

$$\varphi_\mu(x,y) = (m_\mu x + n_\mu y + p_\mu),$$
$$\psi_\mu(x,y) = (r_\mu x + s_\mu y + q_\mu),$$

m_μ, n_μ, p_μ, r_μ, s_μ, q_μ étant des quantités différentes pour les indices différens μ. En effet, soient

$$\alpha', \beta' ; \quad \alpha'', \beta'' ; \quad \alpha''', \beta''' ; \quad \alpha^{\text{iv}}, \beta^{\text{iv}} ;$$

les quatre systèmes de valeurs de x et y, qui déterminent l'équation en question. Les six facteurs $\varphi_1(x,y)$, $\psi_1(x,y)$, $\varphi_2(x,y)$, $\psi_2(x,y)$, $\varphi_3(x,y)$, $\psi_3(x,y)$, pourront être déterminés par les combinaisons suivantes des quatre systèmes de valeurs de x et y :

$$\varphi_1(x,y) = 0, \quad \text{pour} \quad x = \alpha', y = \beta', \text{ et } x = \alpha'', y = \beta'',$$
$$\psi_1(x,y) = 0, \quad \ldots\quad x = \alpha'', y = \beta'', \text{ et } x = \alpha^{\text{iv}}, y = \beta^{\text{iv}} ;$$
$$\varphi_2(x,y) = 0, \quad \ldots\quad x = \alpha', y = \beta', \text{ et } x = \alpha''', y = \beta''' ,$$
$$\psi_2(x,y) = 0, \quad \ldots\quad x = \alpha'', y = \beta'', \text{ et } x = \alpha^{\text{iv}}, y = \beta^{\text{iv}} ;$$
$$\varphi_3(x,y) = 0, \quad \ldots\quad x = \alpha', y = \beta', \text{ et } x = \alpha^{\text{iv}}, y = \beta^{\text{iv}} ,$$
$$\psi_3(x,y) = 0, \quad \ldots\quad x = \alpha', y = \beta', \text{ et } x = \alpha'', y = \beta'' ;$$

et l'on aura.... (am)

$$\varphi_1(x,y) = \{(\beta'-\beta'')x + (\alpha''-\alpha')y + (\alpha'\beta''-\alpha''\beta')\}\,P_1,$$
$$\psi_1(x,y) = \{(\beta'''-\beta^{IV})x + (\alpha^{IV}-\alpha''')y + (\alpha'''\beta^{IV}-\alpha^{IV}\beta''')\}\,Q_1;$$
$$\varphi_2(x,y) = \{(\beta'-\beta''')x + (\alpha'''-\alpha')y + (\alpha'\beta'''-\alpha'''\beta')\}\,P_2,$$
$$\psi_2(x,y) = \{(\beta''-\beta^{IV})x + (\alpha^{IV}-\alpha'')y + (\alpha''\beta^{IV}-\alpha^{IV}\beta'')\}\,Q_2;$$
$$\varphi_3(x,y) = \{(\beta'-\beta^{IV})x + (\alpha^{IV}-\alpha')y + (\alpha'\beta^{IV}-\alpha^{IV}\beta')\}\,P_3,$$
$$\psi_3(x,y) = \{(\beta''-\beta''')x + (\alpha'''-\alpha'')y + (\alpha''\beta'''-\alpha'''\beta'')\}\,Q_3;$$

P_1, Q_1, P_2, Q_2, P_3, Q_3, étant des quantités indéterminées. De plus, les quatre facteurs restans $\varphi_4(x,y)$, $\psi_4(x,y)$, $\varphi_5(x,y)$, $\psi_5(x,y)$, pourront être déterminés par la circonstance de

$$\varphi_4(x,y)\cdot\psi_4(x,y) + \varphi_5(x,y)\cdot\psi_5(x,y) = 0,$$

pour tous les systèmes de valeurs de x et y ; circonstance qui donne les quatre équations.... (an)

$$\varphi_4(\alpha',\beta')\cdot\psi_4(\alpha',\beta') + \varphi_5(\alpha',\beta')\cdot\psi_5(\alpha',\beta') = 0,$$
$$\varphi_4(\alpha'',\beta'')\cdot\psi_4(\alpha'',\beta'') + \varphi_5(\alpha'',\beta'')\cdot\psi_5(\alpha'',\beta'') = 0,$$
$$\varphi_4(\alpha''',\beta''')\cdot\psi_4(\alpha''',\beta''') + \varphi_5(\alpha''',\beta''')\cdot\psi_5(\alpha''',\beta''') = 0,$$
$$\varphi_4(\alpha^{IV},\beta^{IV})\cdot\psi_4(\alpha^{IV},\beta^{IV}) + \varphi_5(\alpha^{IV},\beta^{IV})\cdot\psi_5(\alpha^{IV},\beta^{IV}) = 0,$$

qui serviront à déterminer quatre quantités parmi les douze qui entrent dans ces facteurs.

Ainsi, en effectuant les produits de tous les dix facteurs $\varphi(x,y)$ et $\psi(x,y)$, qui composent l'équation générale (ak) ou (al) dont il est question, on obtiendra, pour les coefficiens de cette équation, les expressions suivantes :

1°. Par le développement des six premiers facteurs,

$$(A) = R(\alpha'\beta''-\alpha''\beta')(\alpha'''\beta^{IV}-\alpha^{IV}\beta''') + S(\alpha'\beta'''-\alpha'''\beta')(\alpha''\beta^{IV}-\alpha^{IV}\beta'')$$
$$+\,T(\alpha'\beta^{IV}-\alpha^{IV}\beta')(\alpha''\beta'''-\alpha'''\beta''),$$
$$(B) = R\{(\beta'-\beta'')(\alpha''\beta^{IV}-\alpha^{IV}\beta'') + (\beta''-\beta''')(\alpha'\beta''-\alpha''\beta')\}$$
$$+\,S\{(\beta'-\beta''')(\alpha''\beta^{IV}-\alpha^{IV}\beta'') + (\beta''-\beta^{IV})(\alpha'\beta''-\alpha''\beta')\}$$
$$+\,T\{(\beta'-\beta^{IV})(\alpha''\beta'''-\alpha'''\beta'') + (\beta''-\beta''')(\alpha'\beta^{IV}-\alpha^{IV}\beta')\},$$
$$(C) = R\{(\alpha''-\alpha')(\alpha''\beta^{IV}-\alpha^{IV}\beta'') + (\alpha^{IV}-\alpha''')(\alpha'\beta''-\alpha''\beta')\}$$
$$+\,S\{(\alpha'''-\alpha')(\alpha''\beta^{IV}-\alpha^{IV}\beta'') + (\alpha^{IV}-\alpha'')(\alpha'\beta'''-\alpha'''\beta')\}$$
$$+\,T\{(\alpha^{IV}-\alpha')(\alpha''\beta'''-\alpha'''\beta'') + (\alpha'''-\alpha'')(\alpha'\beta^{IV}-\alpha^{IV}\beta')\},$$

$$(D) = R\{(\alpha'' - \alpha')(\beta'' - \beta^{\text{iv}}) + (\beta' - \beta'')(\alpha^{\text{iv}} - \alpha''')\}$$
$$+ S\{(\alpha''' - \alpha')(\beta'' - \beta^{\text{iv}}) + (\beta' - \beta''')(\alpha^{\text{iv}} - \alpha'')\}$$
$$+ T\{(\alpha^{\text{iv}} - \alpha')(\beta'' - \beta''') + (\beta' - \beta^{\text{iv}})(\alpha''' - \alpha'')\},$$
$$(E) = R(\beta' - \beta'')(\beta'' - \beta^{\text{iv}}) + S(\beta' - \beta''')(\beta'' - \beta^{\text{iv}}) + T(\beta' - \beta^{\text{iv}})(\beta'' - \beta'''),$$
$$(F) = R(\alpha' - \alpha'')(\alpha''' - \alpha^{\text{iv}}) + S(\alpha' - \alpha''')(\alpha'' - \alpha^{\text{iv}}) + T(\alpha' - \alpha^{\text{iv}})(\alpha'' - \alpha'''),$$

R, S, T étant des quantités indéterminées ;

2°. Par le développement des quatre derniers facteurs ,

$$[A] = p_4 \cdot q_4 + p_5 \cdot q_5, \qquad [D] = m_4 \cdot s_4 + n_4 \cdot r_4,$$
$$[B] = r_4 \cdot p_4 + m_4 \cdot q_4 + r_5 \cdot p_5 + m_5 \cdot q_5,$$
$$[C] = s_4 \cdot p_4 + n_4 \cdot q_4 + s_5 \cdot p_5 + n_5 \cdot q_5,$$
$$[E] = m_4 \cdot r_4 + m_5 \cdot r_5, \qquad [F] = n_4 \cdot s_4 + n_5 \cdot s_5,$$

en nous rappelant que quatre quantités parmi les douze qui entrent dans ces dernières expressions, sont fonctions des valeurs $\alpha', \beta', \alpha'',$ $\beta'', \alpha''', \beta''', \alpha^{\text{iv}}, \beta^{\text{iv}},$ au moyen des quatre équations (an);

3°. En réunissant ces valeurs,

$$A = (A) + [A], \quad B = (B) + [B], \quad C = (C) + [C],$$
$$D = (D) + [D], \quad E = (E) + [E], \quad F = (F) + [F].$$

Telle est donc la construction ou la composition des coefficiens $A, B, C,$ etc. de l'équation générale (ak)

$$o = A + Bx + Cy + Dxy + Ex^2 + Fy^2,$$

déterminée par quatre systèmes de valeurs des inconnues x et y ; et telle est, par conséquent, la loi de la corrélation des équations à deux inconnues et du second degré, qui contiennent les mêmes quatre systèmes de valeurs de ces inconnues. — On voit, par cette loi, que ces équations diffèrent, et de quelle manière elles diffèrent, par les quantités indéterminées qui entrent dans la construction de leurs coefficiens.

Venons, en troisième et dernier lieu, à la RÉSOLUTION des équations d'équivalence. — Nous avons vu que la résolution des équations en général, répond à la fonction logique de la raison nommée *subordination* : il s'agit en effet de subordonner les équations ou les valeurs
de

de leurs inconnues , aux lois fondamentales qui régissent la réunion systématique des algorithmes élémentaires, formant le caractère distinctif des équations ; c'est - à - dire , de les subordonner respectivement aux lois que nous avons données plus haut pour chacune des branches algorithmiques de cette réunion systématique, considérée sous le point de vue transcendantal. —La classification et la comparaison des équations , qui ne portent que sur la relation des équations entre elles , ne sont fondées que sur des considérations logiques, ou du moins ne reposent que légérement sur les lois algorithmiques transcendantales des branches auxquelles elles se rapportent. Mais la résolution des équations , qui subordonne les valeurs de leurs inconnues aux lois de la génération des fonctions d'équation , est nécessairement fondée, toute entière, sur les lois algorithmiques transcendantales des différentes branches auxquelles se rapportent ces fonctions d'équation ; aussi , par cette raison , la résolution des équations forme-t-elle la partie principale de leur théorie.

Il s'ensuit, de ces considérations générales , que la résolution des équations d'équivalence, est soumise aux lois fondamentales (hh) et (pp) de la théorie générale des équivalences , ou dérive de ces lois. D'ailleurs, cette assertion est ici claire par elle - même. On voit, en effet, que la seconde (pp) de ces lois , qui donne la détermination des quantités constantes contenues dans les facteurs simples du développement par graduation, équivalent à la fonction d'équation , donne immédiatement les valeurs des inconnues de l'équation.

Or, ces résultats immédiats de l'application de la loi fondamentale (pp) de la théorie générale des équivalences, à la résolution des équations d'équivalence, consistent dans ce qui suit :

1°. Les deux racines de l'équation du second degré, considérées en général , sont des quantités irrationnelles du premier ordre , et ont , pour leur expression, la forme

$$x = \Psi\{\sqrt[\alpha]{A} + B\};$$

2°. Les trois racines de l'équation du troisième degré, considérées en général , sont des quantités irrationnelles du second ordre, et ont, pour leur expression, la forme

$$x = \Psi\{\sqrt[\beta]{(\sqrt[\alpha]{A} + B)} + C\};$$

3°. Les quatre racines de l'équation du quatrième degré, considérées en général, sont des quantités irrationnelles du troisième ordre, et ont, pour leur expression, la forme

$$x = \Psi\{\sqrt[\gamma]{(\sqrt[\beta]{(\sqrt[\alpha]{A} + B)} + C)} + D\};$$

4°. Les cinq racines de l'équation du cinquième degré, considérées en général, sont des quantités irrationnelles du quatrième ordre, et ont, pour leur expression, la forme

$$x = \Psi\{\sqrt[\delta]{(\sqrt[\gamma]{(\sqrt[\beta]{(\sqrt[\alpha]{A} + B)} + C)} + D)} + E\};$$

et ainsi de suite, en désignant, comme plus haut, par $\Psi\xi$ la fonction de ξ composée de différentes formes ou valeurs que peut avoir la quantité ξ, et par A, B, C, D, E, etc. des fonctions des coefficiens A_0, A_1, A_2, A_3, etc. des équations.

Il est donc avéré que les équations de tous les degrés peuvent être résolues théoriquement. — Nous connaissons actuellement la nature de leurs racines, et même la forme générale de l'expression de ces dernières. Il ne reste qu'à déterminer leur expression particulière ; mais cette tâche, qui n'est motivée que par un intérêt algorithmique, n'appartient plus à la Philosophie des Mathématiques, ainsi que nous l'avons déjà dit plus haut : il n'appartenait à cette Philosophie, que de déterminer la *nature générale* des racines en question.

Quant aux équations contenant plusieurs inconnues, nous avons vu que ces inconnues ne sont déterminées que lorsque le nombre des équations données, est au moins égal à celui des inconnues qu'elles contiennent. Or, lorsque cette détermination a lieu, on peut, au moyen de l'élimination des inconnues, transformer les équations données en autant d'autres dont chacune ne contiendra qu'une seule inconnue ; et alors, ces équations pourront être résolues séparément. — Les limites que nous devons fixer à cet article concernant la théorie des équations d'équivalence, ne nous per-

mettent plus d'indiquer ici les principes métaphysiques de l'ÉLIMI-
NATION : nous pouvons nous en dispenser d'autant plus facilement,
que plusieurs des méthodes connues ne s'écartent que peu de leur
véritable métaphysique.

Procédons à la seconde branche de la théorie de la comparaison
algorithmique, à la THÉORIE DES ÉQUATIONS DE DIFFÉRENCES ET DE
DIFFÉRENTIELLES. — Nous avons dit que les lois de cette branche
dérivent de celles de la théorie générale des différences, que nous
avons donnée plus haut. Il est vrai que nous ne nous sommes arrêtés,
dans l'examen philosophique de cette théorie générale, qu'aux différences et différentielles, directes et inverses, des fonctions d'une
seule variable ; mais c'est là réellement le principe de toutes les
différences et différentielles directes et inverses, des fonctions d'un
nombre quelconque de variables, ainsi que nous le verrons dans
cet article.

Soient x_1, x_2, x_3, x_4, etc., des quantités variables liées par les
relations *primitives*.... (ba)

$$f_1(x_1, x_2, x_3, x_4, \text{etc.}) = 0, \quad f_2(x_1, x_2, x_3, x_4, \text{etc.}) = 0,$$
$$f_3(x_1, x_2, x_3, x_4, \text{etc.}) = 0, \quad \text{etc., etc.;}$$

f_1, f_2, f_3, etc. dénotant des fonctions quelconques de ces quantités.
Soient, de plus, $x'_1 = \Delta x_1$, $x'_2 = \Delta x_2$, $x'_3 = \Delta x_3$, etc., des accroissemens des variables x_1, x_2, x_3, etc., déterminés par les relations
primitives (ba), on aura nécessairement et évidemment

$$f_1((x_1 - x'_1), (x_2 - x'_2), (x_3 - x'_3), \text{etc.}) = 0,$$
$$f_2((x_1 - x'_1), (x_2 - x'_2), (x_3 - x'_3), \text{etc.}) = 0,$$
$$f_3((x_1 - x'_1), (x_2 - x'_2), (x_3 - x'_3), \text{etc.}) = 0, \text{ etc., etc.;}$$

et par conséquent

$$f_1(x_1, x_2, x_3, \text{etc.}) - f_1((x_1 - x'_1), (x_2 - x'_2), (x_3 - x'_3), \text{etc.}) = 0,$$
$$f_2(x_1, x_2, x_3, \text{etc.}) - f_2((x_1 - x'_1), (x_2 - x'_2), (x_3 - x'_3), \text{etc.}) = 0,$$
$$f_3(x_1, x_2, x_3, \text{etc.}) - f_3((x_1 - x'_1), (x_2 - x'_2), (x_3 - x'_3), \text{etc.}) = 0,$$
etc., etc. ; c'est-à-dire......... (bc)

$$\Delta f_1(x_1, x_2, x_3, \text{etc.}) = 0, \quad \Delta f_2(x_1, x_2, x_3, \text{etc.}) = 0,$$
$$\Delta f_3(x_1, x_2, x_3, \text{etc.}) = 0, \quad \text{etc., etc.}$$

Ces dernières relations, considérées en elles-mêmes ou dans leur combinaison avec les relations primitives (*ba*), contiendront visiblement les différences Δx_1, Δx_2, Δx_3, etc. du premier ordre des quantités variables x_1, x_2, x_3, etc.; et donneront ainsi des relations *dérivées premières*, de la forme.... (*bd*)

$$f'_1(x_1, x_2, x_3, \text{etc.}, \Delta x_1, \Delta x_2, \Delta x_3, \text{etc.}) = 0,$$
$$f'_2(x_1, x_2, x_3, \text{etc.}, \Delta x_1, \Delta x_2, \Delta x_3, \text{etc.}) = 0,$$
$$f'_3(x_1, x_2, x_3, \text{etc.}, \Delta x_1, \Delta x_2, \Delta x_3, \text{etc.}) = 0,$$
$$\text{etc., etc.};$$

f'_1, f'_2, f'_3, etc., dénotant autant de fonctions différentes.

En considérant, en second lieu, les accroissemens $x''_1 = \Delta^2 x_1$, $x''_2 = \Delta^2 x_2$, $x''_3 = \Delta^2 x_3$, etc. des quantités variables Δx_1, Δx_2, Δx_3, etc., comme étant déterminés par les relations dérivées premières (*bd*), et en traitant ces relations dérivées comme nous avons traité les relations primitives (*ba*), on parviendra à des relations nouvelles qui, considérées en elles-mêmes ou dans leur combinaison avec les relations précédentes (*bd*) et (*ba*), contiendront les différences Δx_1, Δx_2, Δx_3, etc. et $\Delta^2 x_1$, $\Delta^2 x_2$, $\Delta^2 x_3$, etc. des deux premiers ordres des quantités variables x_1, x_2, x_3, etc.; et donneront ainsi des relations *dérivées secondes*, de la forme.... (*be*)

$$f''_1(x_1, x_2, \text{etc.}, \Delta x_1, \Delta x_2, \text{etc.}, \Delta^2 x_1, \Delta^2 x_2, \text{etc.}) = 0,$$
$$f''_2(x_1, x_2, \text{etc.}, \Delta x_1, \Delta x_2, \text{etc.}, \Delta^2 x_1, \Delta^2 x_2, \text{etc.}) = 0,$$
$$f''_3(x_1, x_2, \text{etc.}, \Delta x_1, \Delta x_2, \text{etc.}, \Delta^2 x_1, \Delta^2 x_2, \text{etc.}) = 0,$$
$$\text{etc., etc.};$$

f''_1, f''_2, f''_3, etc. dénotant autant de fonctions différentes.

Procédant de cette manière, on obtiendra, en général, des relations *dérivées* m^{mes}, de la forme.... (*bf*)

$$f^m_1(x_1, x_2, \text{etc.}, \Delta x_1, \Delta x_2, \text{etc.}, \Delta^2 x_1, \Delta^2 x_2, \text{etc.} \ldots \Delta^m x_1, \Delta^m x_2, \text{etc.}) = 0,$$
$$f^m_2(x_1, x_2, \text{etc.}, \Delta x_1, \Delta x_2, \text{etc.}, \Delta^2 x_1, \Delta^2 x_2, \text{etc.} \ldots \Delta^m x_1, \Delta^m x_2, \text{etc.}) = 0,$$
$$f^m_3(x_1, x_2, \text{etc.}, \Delta x_1, \Delta x_2, \text{etc.}, \Delta^2 x_1, \Delta^2 x_2, \text{etc.} \ldots \Delta^m x_1, \Delta^m x_2, \text{etc.}) = 0,$$
$$\text{etc., etc.};$$

f^m_1, f^m_2, f^m_3, etc. dénotant autant de fonctions différentes.

Or, ce sont ces relations dérivées successives, qui constituent les ÉQUATIONS DE DIFFÉRENCES. — Lorsque les accroissemens x'_1, x'_2, x'_3, etc., x''_1, x''_2, x''_3, etc., etc., dont il est question dans ces relations, seront infiniment petits, les relations dérivées successives contiendront les différentielles des variables x_1, x_2, x_3, etc., à la place des différences de ces variables; et elles formeront alors les ÉQUATIONS DE DIFFÉRENTIELLES.

Il faut observer que, puisque les accroissemens x'_1, x'_2, x'_3, etc., x''_1, x''_2, x''_3, etc., etc., qui forment les différences ou différentielles des quantités variables x_1, x_2, x_3, etc., sont, en principe, déterminés par les équations primitives (ba), les équations dérivées successives (bd), (be), et en général (bf), expriment nécessairement les mêmes relations entre ces variables, que celles déterminées par les équations primitives (ba). De là vient que les équations dérivées successives, en différences ou en différentielles, directes ou inverses, sont, par rapport à la relation des variables, identiques avec les équations primitives; et par conséquent, qu'elles servent théoriquement, comme les équations primitives, à exprimer cette relation. — C'est aussi là le véritable objet de la théorie des équations de différences et de différentielles.

Avant de procéder à l'examen de cette théorie, voyons quelle est la forme des différences et des différentielles des fonctions de plusieurs variables. —Soit, pour cela, la fonction $F(x_1, x_2, x_3, \text{etc.})$ de plusieurs quantités x_1, x_2, x_3, etc. Supposons que, parmi ces quantités, la quantité générale x_μ soit variable; et nous aurons...(bg)

$$\left(\frac{\Delta F}{\Delta x_\mu}\right).\Delta x_\mu \quad\quad \text{et} \quad\quad \left(\frac{dF}{dx_\mu}\right).dx_\mu,$$

pour la différence et pour la différentielle de cette fonction, prises par rapport à la variable générale x_μ, en désignant, suivant l'usage, par $\left(\frac{\Delta F}{\Delta x_\mu}\right)$ et par $\left(\frac{dF}{dx_\mu}\right)$, les coefficiens de la différence Δx_μ et de la différentielle dx_μ, dans les expressions de la différence et de la différentielle de la fonction $F(x_1, x_2, x_3, \text{etc.})$ dont il s'agit. Or, quelle que soit la quantité générale x_μ, considérée comme variable, parmi les quantités x_1, x_2, x_3, etc., les expressions précédentes (bg) de la différence et de la différentielle de la fonction $F(x_1, x_2, x_3,$ etc.) de ces quantités, subsistent de la même manière, et nommément d'une manière indépendante de celles des quantités $x_1, x_2, x_3,$ etc. qui sont différentes de x_μ. Ainsi, en considérant toutes ces quantités comme variables, la fonction $F(x_1, x_2,$ etc.) recevra, par l'accroissement simultané de ces variables, des accroissemens distincts et correspondans respectivement aux accroissemens de chacune de ces variables; c'est-à-dire qu'on aura.... (bh)

$$\Delta F(x_1, x_2, x_3, \text{etc.}) = \left(\frac{\Delta F}{\Delta x_1}\right).\Delta x_1 + \left(\frac{\Delta F}{\Delta x_2}\right).\Delta x_2 + \left(\frac{\Delta F}{\Delta x_3}\right).\Delta x_3 + \text{etc.},$$

$$dF(x_1, x_2, x_3, \text{etc.}) = \left(\frac{dF}{dx_1}\right).dx_1 + \left(\frac{dF}{dx_2}\right).dx_2 + \left(\frac{dF}{dx_3}\right).dx_3 + \text{etc.}$$

Cette forme des différences et des différentielles des fonctions de plusieurs variables, est donc évidente par elle-même, et est fondée immédiatement sur la nature de la formation des différences : elle n'a donc besoin d'aucun artifice pour être déduite ou démontrée. Il en est de même de l'expression marquée plus haut par (bc).—Nous faisons cette observation, parce que les géomètres de nos jours, ceux du moins qui ont méconnu et rejeté les véritables principes du calcul différentiel, se sont donné la peine de chercher des artifices pour déduire ces propositions, et nommément pour les déduire du prétendu théorème de Taylor, qu'ils considèrent comme le principe du calcul différentiel.

Soit encore la même fonction $F(x_1, x_2, x_3,$ etc.) de plusieurs variables $x_1, x_2, x_3,$ etc., et désignons par

$$\left(\frac{\Delta^\mu F(x_1, x_2, x_3, \text{etc.})}{\Delta x_1^{\nu_1}.\Delta x_2^{\nu_2}.\Delta x_3^{\nu_3}\ldots}\right).\Delta x_1^{\nu_1}.\Delta x_2^{\nu_2}.\Delta x_3^{\nu_3}\ldots\ldots\ldots,$$

et

$$\left(\frac{d^\mu F(x_1, x_2, x_3, \text{etc.})}{dx_1^{\nu_1}.dx_2^{\nu_2}.dx_3^{\nu_3}\ldots}\right).dx_1^{\nu_1}.dx_2^{\nu_2}.dx_3^{\nu_3}\ldots\ldots\ldots,$$

la différence et la différentielle de cette fonction, prises successivement par rapport aux variables $x_1, x_2, x_3,$ etc., suivant l'ordre où se trouvent ces variables dans l'espèce de dénominateur de ces fonctions, en observant d'ailleurs que $\nu_1 + \nu_2 + \nu_3\ldots = \mu$. Or, si nous désignons, de plus, par Π les différentes permutations d'un assemblage de choses, et par $\Pi_1, \Pi_2, \Pi_3,$ etc. des ordres particuliers et déterminés de ces permutations, nous aurons, en général... (*bi*)

$$\left(\frac{\Delta^\mu F(x_1, x_2, \ldots)}{\Pi_\varpi \Delta x_1^{\prime_1}.\Delta x_2^{\prime_2}\ldots}\right).\Delta x_1^{\nu_1}.\Delta x_2^{\nu_2}\ldots = \left(\frac{\Delta^\mu F(x_1, x_2, \text{etc.})}{\Pi_\pi \Delta x_1^{\prime_1}.\Delta x_2^{\prime_2}\ldots}\right).\Delta x_1^{\nu_1}.\Delta x_2^{\nu_2}\ldots$$

$$\left(\frac{d^\mu F(x_1, x_2, \ldots)}{\Pi_\varpi dx_1^{\prime_1}.dx_2^{\prime_2}\ldots}\right).dx_1^{\nu_1}.dx_2^{\nu_2}\ldots = \left(\frac{d^\mu F(x_1, x_2, \text{etc.})}{\Pi_\pi dx_1^{\prime_1}.dx_2^{\prime_2}\ldots}\right).dx_1^{\nu_1}.dx_2^{\nu_2}\ldots,$$

en dénotant par Π_ϖ et Π_π des ordres quelconques, déterminés et différens, des permutations des assemblages $(\Delta x_1^{\nu_1}.\Delta x_2^{\nu_2}\ldots)$ et $(dx_1^{\nu_1}.dx_2^{\prime_2}\ldots)$. — Pour peu qu'on fasse attention à ces propositions générales, on voit qu'elles sont fondées sur la proposition particulière

$$\left(\frac{\Delta^{p+q} f(x,y)}{\Delta x^p.\Delta y^q}\right).\Delta x^p.\Delta y^q = \left(\frac{\Delta^{q+p} f(x,y)}{\Delta y^q.\Delta x^p}\right).\Delta x^p.\Delta y^q,$$

f désignant une fonction des deux variables x et y. Mais, suivant l'expression (a) de la formation des différences, on a

$$\left(\frac{\Delta^p f(x,y)}{\Delta x^p}\right).\Delta x^p = A_\varpi(-1)^\varpi.\frac{p^{\varpi|-1}}{1^{\varpi|1}} f((x - \varpi\xi), y),$$

$$\left(\frac{\Delta^q f(x,y)}{\Delta y^q}\right).\Delta x^q = A_\pi(-1)^\pi.\frac{q^{\pi|-1}}{1^{\pi|1}} f(x, (y - \pi\upsilon)),$$

en désignant par A_ϖ et A_π les agrégats des termes correspondans respectivement à toutes les valeurs entières de ϖ et π, et par ξ et υ les accroissemens des quantités x et y, desquels dépendent les différences. De plus, prenant, dans la première de ces expressions, la différence q par rapport à la variable y, et dans la seconde, la différence p par rapport à la variable x, on aura, suivant la même expression (a),

$$\left(\frac{\Delta^{p+q} f(x,y)}{\Delta x^p.\Delta y^q}\right).\Delta x^p.\Delta y^q = A_\varpi(-1)^\varpi.\frac{p^{\varpi|-1}}{1^{\varpi|1}} \times$$

$$\times A_\pi(-1)^\pi.\frac{q^{\pi|-1}}{1^{\pi|1}} f((x - \varpi\xi), (y - \pi\upsilon)),$$

$$\left(\frac{\Delta^{q+p} f(x,y)}{\Delta y^q.\Delta x^p}\right).\Delta y^q.\Delta x^p = A_\pi(-1)^\pi.\frac{q^{\pi|-1}}{1^{\pi|1}} \times$$

$$\times A_\varpi(-1)^\varpi.\frac{p^{\varpi|-1}}{1^{\varpi|1}} f((x - \varpi\xi), (y - \pi\upsilon));$$

et par conséquent

$$\left(\frac{\Delta^{p+q}f(x,y)}{\Delta x^p.\Delta y^q}\right).\Delta x^p.\Delta y^q = \left(\frac{\Delta^{q+p}f(x,y)}{\Delta y^q.\Delta x^p}\right).\Delta y^q.\Delta x^p.$$

Donc , etc.

Il faut remarquer que , dans les expressions (bh) et (bi), les quantités désignées par

$$\left(\frac{\Delta F}{\Delta x_\mu}\right), \quad \left(\frac{dF}{dx_\mu}\right), \quad \text{et} \quad \left(\frac{\Delta^\mu F(x_1,x_2,\text{etc.})}{\Delta x'^1_1.\Delta x'^2_2\ldots}\right), \quad \left(\frac{d^\mu F(x_1,x_2,\text{etc.})}{dx'^1_1.dx'^2_2\ldots}\right),$$

qui forment les coefficiens des différences et des différentielles , constituent des parties essentielles de ces expressions. Ces quantités sont sur-tout remarquables lorsqu'elles forment les coefficiens des différentielles , parce qu'alors elles ne contiennent plus ces différentielles , et par conséquent, parce qu'elles expriment alors le rapport des accroissemens infiniment petits dont elles forment les coefficiens. — Cette propriété des quantités en question , les a fait distinguer dans le calcul différentiel : on leur a donné les noms de *coefficiens différentiels, du premier ordre, du second ordre,* etc. ; de *fonctions dérivées, primes, secondes,* etc. D'après ce que nous venons de dire de la nature de ces quantités, leur distinction et leur dénomination particulière n'ont rien de surprenant ; mais la prétention qu'on a de les ériger en principes du calcul différentiel et de les déduire d'une manière indépendante de ce calcul, cause une surprise d'autant plus grande que cette prétention implique une contradiction manifeste : en effet , les coefficiens différentiels en question , CONSIDÉRÉS D'UNE MANIÈRE QUELCONQUE , doivent leur existence, explicitement ou implicitement , à la considération des accroissemens infiniment petits ; et cependant on veut les déduire en faisant abstraction de ces accroissemens.

Venons maintenant à la théorie même des équations de différences et de différentielles. Mais , pour abréger ou pour simplifier ces considérations philosophiques , ne nous attachons qu'aux équations différentielles : on pourra immédiatement, avec les modifications que nous indiquerons à la fin de cet article , étendre , par une simple induction , aux équations de différences, ce que nous dirons ici sur les équations différentielles. De plus , convenons d'avance

de

de désigner, par les lettres F, f, Φ, φ, Ψ, ψ, Θ, θ, et ϑ, des fonctions algorithmiques quelconques, et spécialement par F_1, F_2, etc., f_1, f_2, etc., Φ_1, Φ_2, etc., etc. des fonctions algorithmiques différentes.

Trois parties se présentent encore : la classification, la comparaison, et la résolution des équations de différences. — Or, pour ce qui concerne, en premier lieu, la CLASSIFICATION des équations différentielles auxquelles nous nous arrêtons ici, il est évident, d'après la formation de ces équations, que le principe premier de leur spécification consiste dans l'ordre, plus ou moins élevé, des différentielles qui entrent dans les équations ; et particulièrement dans la différence des ordres extrêmes de ces différentielles. Ainsi,

$$o = F_1(x_1,\ x_2,\ x_3,\ \text{etc.},\quad dx_1,\ dx_2,\ dx_3,\ \text{etc.})$$

est une équation différentielle du *premier ordre ;*

$$o = F_2(x_1,\ x_2,\ x_3,\ \text{etc.},\ dx_1,\ dx_2,\ dx_3,\ \text{etc.},\ d^2x_1,\ d^2x_2,\ d^2x_3,\ \text{etc.})$$

est une équation différentielle du *second ordre ;* et ainsi de suite.

Lorsque les équations différentielles contiennent des différentielles inverses ou des intégrales, on peut considérer ces dernières comme autant d'autres variables de l'ordre zéro de différentielles, et remplacer, en fonctions de ces nouvelles variables, les autres variables contenues dans les équations. Par exemple, si l'on avait l'équation

$$o = F\big(x,\ y,\ \textstyle\int dx.\varphi(x,y),\ dx,\ dy\big),$$

on pourrait faire $\int dx.\varphi(x,y) = z$; ce qui donnerait $\varphi(x,y) = \dfrac{dz}{dx}$; $y = \psi\big(x,\frac{dz}{dx}\big)$, en désignant par ψ la fonction réciproque ; et.... $dy = d\psi\big(x,\frac{dz}{dx}\big)$. On aurait donc

$$o = F\big(x,\ \psi\big(x,\tfrac{dz}{dx}\big),\ dx,\ d\psi\big(x,\tfrac{dz}{dx}\big)\big),$$

qui serait une équation différentielle du second ordre, entre les deux variables x et z.

Outre cette classification principale des équations différentielles, il en existe deux autres qui ne sont qu'accessoires, et qui portent sur les principes de spécification des équations d'équivalence, savoir, sur le *degré de puissance* auquel se trouvent les différentielles, et sur l'*ordre d'indétermination* dans lequel se trouvent les variables. — Ainsi, lorsque les différentielles contenues dans les équations, sont au premier degré de puissance, au second degré, etc., les équations différentielles, d'un ordre déterminé, sont, en outre, du *premier degré*, du *second degré*, etc. De plus, lorsqu'il existe m quantités variables, et $(m-1)$ équations primitives entre ces variables, $(m-2)$ équations primitives, $(m-3)$ équations primitives, etc., les équations sont du *premier ordre d'indétermination*, du *second ordre*, du *troisième ordre*, etc.; et les variables de ces équations sont respectivement fonctions d'une seule de ces variables, de deux de ces variables, de trois, etc., etc.

Venons, en second lieu, à la COMPARAISON des équations différentielles. — Ici, le principe de la corrélation de ces équations, consiste dans la possibilité de combiner les équations différentielles d'un ordre déterminé, avec les équations primitives et avec les équations différentielles des ordres inférieurs, c'est-à-dire, pour ce qui concerne les résultats algorithmiques, dans l'élimination de certaines quantités contenues dans ces équations, au moyen de la combinaison que nous venons d'indiquer. En effet, outre la relation directe des équations différentielles d'un ordre déterminé, avec leurs équations primitives et avec les équations différentielles des ordres inférieurs, il ne saurait évidemment y avoir, entre les équations différentielles d'un même ordre, contenant les mêmes variables, d'autre corrélation que celle qui résulte de la combinaison de ces équations entre elles, ou avec leurs équations primitives et avec les équations différentielles des ordres inférieurs. — Voyons quels sont les résultats possibles de ces combinaisons, et par conséquent l'état de la corrélation des équations différentielles.

Pour procéder avec méthode dans cette comparaison des équations différentielles, examinons-les dans l'ordre du tableau suivant :

I. Equations primitives du premier ordre d'indétermination;

A. Entre deux variables ,

   a. Equations du premier ordre de différentielles.... (1°)

   b. Equations du second ordre de différentielles....... (2°)

   etc., etc.

B. Entre trois variables ,

   a. Equations du premier ordre de différentielles..... (3°)

   b. Equations du second ordre de différentielles ...... (4°)

   etc. etc.

C. Entre quatre variables , etc.

II. Equations primitives du second ordre d'indétermination ;

   A. Entre trois variables ,

      a. Equations du premier ordre de différentielles..... (5°)

      b. Equations du second ordre de différentielles .... (6°)

      etc., etc.

   B. Entre quatre variables, etc. , etc.

III. Equations primitives du troisième ordre d'indétermination, etc.

Soit donc (1°), entre deux variables , l'équation primitive.... *(bj)*

$$ 0 = \Phi\big(x, y, \varphi(x,y)\big), $$

φ dénotant une fonction contenue dans la fonction Φ. — Ainsi ,
en vertu des expressions *(bc)* et *(bh)*, nous aurons........... *(bj)'*

$$ 0 = \left(\frac{d\Phi}{dx}\right).dx + \left(\frac{d\Phi}{dy}\right).dy + \left(\frac{d\Phi}{d\varphi}\right).d\varphi. $$

Or, si l'on a.... *(bj)''*

$$ \left(\frac{d\Phi}{d\varphi}\right).d\varphi = 0 , $$

on pourra éliminer, entre les équations *(bj)* et *(bj)'*, la fonction φ ;
et l'on aura une équation différentielle du premier ordre.... *(bj)'''*

$$ 0 = \Psi(x, y, dx, dy), $$

qui ne contiendra plus la fonction φ. — Mais, la quantité $\left(\frac{d\Phi}{d\varphi}\right).d\varphi$ peut
être égale à zéro dans deux cas : lorsque $d\varphi = 0$; et lorsque
$\left(\frac{d\Phi}{d\varphi}\right) = 0$. Dans le premier cas , φ est une fonction invariable de
x et y, c'est-à-dire, une quantité constante , lorsqu'il s'agit réelle-
ment de différentielles; dans le second cas, la nature de la fonction

φ est telle que $\left(\frac{d\varphi}{d\varphi}\right) = 0$. — Ainsi, l'équation différentielle du premier ordre $(bj)'''$, considérée par rapport à la relation des variables x et y, équivaut à deux équations primitives : l'une contenant une *constante arbitraire*; l'autre contenant une *fonction singulière* φ de ces variables, telle que $\left(\frac{d\varphi}{d\varphi}\right) = 0$.

Soit (2e), entre deux variables, l'équation primitive.... (bk)

$$0 = \Phi\left(x, y, \varphi(x, y), \psi(x, y)\right),$$

φ et ψ dénotant deux fonctions contenues dans la fonction Φ. — Ainsi, en vertu des expressions (bc), (bh), et (bi), nous aurons, d'abord... $(bk)'$

$$0 = \left(\frac{d\Phi}{dx}\right).dx + \left(\frac{d\Phi}{dy}\right).dy + P;$$

et ensuite.... $(bk)''$

$$0 = \left(\frac{d^2\Phi}{dx^2}\right).dx^2 + \left(\frac{d\Phi}{dx}\right).d^2x + 2\left(\frac{d^2\Phi}{dxdy}\right).dx.dy$$
$$+ \left(\frac{d^2\Phi}{dy^2}\right).dy^2 + \left(\frac{d\Phi}{dy}\right).d^2y + Q;$$

en désignant par P et Q les quantités multipliées par les différentielles de φ et de ψ. Or, si l'on a.... $(bk)'''$

$$P = 0, \quad \text{et} \quad Q = 0,$$

on pourra éliminer, entre les trois équations (bk), $(bk)'$ et $(bk)''$, les deux fonctions φ et ψ; et l'on aura une équation différentielle du second ordre.... $(bk)^{\text{iv}}$

$$0 = \Psi\left(x, y, dx, dy, d^2x, d^2y\right),$$

qui ne contiendra plus les fonctions φ et ψ. — Mais, les quantités P et Q peuvent être égalés à zéro dans deux cas : lorsque φ et ψ sont des fonctions invariables de x et y; et lorsque φ et ψ sont, l'une ou toutes les deux, des fonctions variables de x et y, telles que $P = 0$ et $Q = 0$. — Ainsi, l'équation différentielle du second ordre $(bk)^{\text{iv}}$, considérée par rapport à la relation des variables x et y, équivaut à deux équations primitives : l'une contenant deux constantes arbitraires; l'autre contenant une ou deux fonctions singulières φ et ψ de ces variables, telles que $P = 0$ et $Q = 0$.

Poursuivant ces comparaisons, ou obtiendra des résultats pareils pour les équations différentielles des ordres plus élevés.

Soient (3°), entre trois variables, deux équations primitives (bl)

$$0 = \Phi_1\left(x, y, z,\ \varphi_1(x, y, z),\ \psi(x, y, z)\right),$$
$$0 = \Phi_2\left(x, y, z,\ \varphi_2(x, y, z),\ \psi(x, y, z)\right),$$

φ_1, φ_2 et ψ dénotant trois fonctions contenues dans les deux fonctions Φ_1 et Φ_2. — Ainsi, en vertu des expressions (bc) et (bh), nous aurons..... $(bl)'$

$$0 = \left(\frac{d\Phi_1}{dx}\right).dx + \left(\frac{d\Phi_1}{dy}\right).dy + \left(\frac{d\Phi_1}{dz}\right).dz + \left(\frac{d\Phi_1}{d\varphi_1}\right).d\varphi_1 + \left(\frac{d\Phi_1}{d\psi}\right).d\psi,$$
$$0 = \left(\frac{d\Phi_2}{dx}\right).dx + \left(\frac{d\Phi_2}{dy}\right).dy + \left(\frac{d\Phi_2}{dz}\right).dz + \left(\frac{d\Phi_2}{d\varphi_2}\right).d\varphi_2 + \left(\frac{d\Phi_2}{d\psi}\right).d\psi.$$

Or, si l'on a..... $(bl)''$

$$\left(\frac{d\Phi_1}{d\varphi_1}\right).d\varphi + \left(\frac{d\Phi_1}{d\psi}\right).d\psi = 0, \quad \text{et} \quad \left(\frac{d\Phi_2}{d\varphi_2}\right).d\varphi_2 + \left(\frac{d\Phi_2}{d\psi}\right).d\psi = 0,$$

on pourra éliminer, entre les quatre équations (bl) et $(bl)'$, d'abord, deux des trois fonctions φ_1, φ_2 et ψ, par exemple, φ_1 et φ_2; et en second lieu, toutes les trois fonctions φ_1, φ_2 et ψ. On aura, dans le premier cas, les deux équations différentielles du premier ordre..... $(bl)'''$

$$0 = \Psi_1\left(x, y, z, \psi(x, y, z), dx, dy, dz, d\psi(x, y, z)\right),$$
$$0 = \Psi_2\left(x, y, z, \psi(x, y, z), dx, dy, dz, d\psi(x, y, z)\right),$$

qui ne contiendront qu'une seule des trois fonctions φ_1, φ_2 et ψ; et l'on aura, dans le second cas, l'équation différentielle du premier ordre $(bl)^{iv}$

$$0 = \Theta(x, y, z, dx, dy, dz),$$

qui ne contiendra plus aucune des trois fonctions φ_1, φ_2 et ψ. — Mais, les relations différentielles $(bl)''$ peuvent avoir lieu dans deux cas: lorsque φ_1, φ_2 et ψ sont des fonctions invariables de x, y, z; et lorsque l'une de ces quantités, deux ou toutes les trois sont des fonctions variables de x, y, z, telles que ces relations différentielles aient lieu. De plus, puisque, dans ce dernier cas, il n'existe que les deux relations $(bl)''$ pour déterminer les trois fonctions variables φ_1, φ_2 et ψ, l'une de ces trois fonctions, par exemple ψ, sera une fonction arbitraire; et les deux autres, φ_1 et φ_2, seront déterminées, au moyen de ces relations différentielles, en fonctions de cette fonction arbitraire ψ, et de sa dérivée différentielle. — Ainsi, les deux équations différentielles du premier ordre $(bl)''''$, considérées par rapport à la relation des variables x, y et z; équivalent à deux systèmes de deux équations primitives entre ces variables : l'un où les deux équations primitives contiennent deux constantes arbitraires φ_1 et φ_2; l'autre où les deux équations primitives contiennent une ou deux fonctions singulières φ_1 et φ_2 des variables x, y et z, telles que les relations différentielles $(bl)''$ ont lieu. De plus, l'équation différentielle du premier ordre $(bl)''$, considérée par rapport à la relation des variables x, y et z, équivaut de même à deux systèmes de deux équations primitives entre ces variables : l'un où les deux équations primitives contiennent trois constantes arbitraires φ_1, φ_2 et ψ; l'autre où les deux équations primitives contiennent une, deux ou trois fonctions singulières φ_1, φ_2 et ψ des variables x, y et z, telles que les relations différentielles $(bl)''$ ont lieu, c'est-à-dire, ce qui revient au même, le système où les deux équations primitives contiennent une fonction arbitraire ψ et sa dérivée différentielle.

Si l'on prend $(4°)$ les équations différentielles du second ordre, en partant de deux équations primitives entre trois variables, et si l'on combine ces équations du second ordre, avec les équations primitives et avec les équations différentielles du premier ordre, suivant la manière précédente, on obtiendra des résultats analogues à ceux que nous venons d'obtenir. — On obtiendra de même des résultats pareils pour les équations différentielles d'un ordre quelconque, à trois variables; et en général, pour les équations d'un ordre quelconque de différentielles, appartenant au premier ordre d'indétermination. — Procédons à la comparaison des équations différentielles appartenant au second ordre d'indétermination.

Soit $(5°)$, entre trois variables, l'équation primitive... (bm)

$$ 0 = \Phi\left(x, y, z, \varphi(x, y, z)\right), $$

φ dénotant une fonction contenue dans la fonction Φ. Nous aurons.... $(bm)'$

$$\mathrm{o} = \left(\tfrac{d\Phi}{dx}\right).dx + \left(\tfrac{d\Phi}{dy}\right).dy + \left(\tfrac{d\Phi}{dz}\right).dz + \left(\tfrac{d\Phi}{d\varphi}\right).d\varphi.$$

Or, si l'on a.... $(bm)''$

$$\left(\tfrac{d\Phi}{d\varphi}\right).d\varphi = \mathrm{o},$$

on pourra éliminer, entre les équations (bm) et $(bm)'$, la fonction φ ; et l'on obtiendra une équation différentielle du premier ordre.... $(bm)'''$

$$\mathrm{o} = \Psi(x, y, z, dx, dy, dz),$$

qui ne contiendra plus la fonction φ. — En un mot, tout a lieu ici, en général, comme pour les équations $(bj),(bj)'$, etc.—Mais, une circonstance particulière se présente : elle distingue essentiellement l'équation $(bm)''$ dont il s'agit, de l'équation $(bl)''$ qui est également une équation différentielle du premier ordre et à trois variables. Cette circonstance consiste en ce que, les trois variables x, y et z n'étant ici liées que par une seule équation (bm), la relation entre deux de ces variables, et par conséquent la relation entre leurs différentielles, restent indéterminées; de manière qu'il faut que la fonction $\Psi(x, y, z, dx, dy, dz)$ soit elle-même une différentielle, ou du moins qu'il y ait un facteur qui la rende différentielle d'une fonction de deux variables indépendantes, et par conséquent qu'elle satisfasse aux conditions de cette dérivation différentielle : nous parlerons ci-après de ces conditions de la dérivation différentielle, qu'on nomme *conditions d'intégrabilité*.

Soit encore (5°.), entre trois variables, l'équation primitive... (bn)

$$\mathrm{o} = \Phi\big(x, y, z, \varphi(x, y, z), \psi(x, y, z)\big),$$

φ et ψ dénotant deux fonctions contenues dans la fonction Φ. — Nous aurons.... $(bn)'$

$$\mathrm{o} = \left(\tfrac{d\Phi}{dx}\right).dx + \left(\tfrac{d\Phi}{dy}\right).dy + \left(\tfrac{d\Phi}{dz}\right).dz + \left(\tfrac{d\Phi}{d\varphi}\right).d\varphi + \left(\tfrac{d\Phi}{d\psi}\right).d\psi.$$

Mais, puisque les trois variables x, y et z ne sont liées que par une seule équation (bn), l'une de ces quantités, par exemple z, est nécessairement fonction des deux autres x et y; et nous aurons

$$dz = \left(\frac{dz}{dx}\right).dx + \left(\frac{dz}{dy}\right).dy,$$

$$d\varphi = \left(\frac{d\varphi}{dx}\right).dx + \left(\frac{d\varphi}{dy}\right).dy,$$

$$d\psi = \left(\frac{d\psi}{dx}\right).dx + \left(\frac{d\psi}{dy}\right).dy;$$

en considérant les fonctions φ et ψ comme réduites à x et y. Ainsi, en substituant ces valeurs dans l'équation différentielle $(bn)'$, on aura.... $(bn)''$

$$0 = \left\{ \left(\frac{d\Phi}{dx}\right) + \left(\frac{d\Phi}{dz}\right).\left(\frac{dz}{dx}\right) + \left(\frac{d\Phi}{d\varphi}\right).\left(\frac{d\varphi}{dx}\right) + \left(\frac{d\Phi}{d\psi}\right).\left(\frac{d\psi}{dx}\right) \right\} dx$$

$$ + \left\{ \left(\frac{d\Phi}{dy}\right) + \left(\frac{d\Phi}{dz}\right).\left(\frac{dz}{dy}\right) + \left(\frac{d\Phi}{d\varphi}\right).\left(\frac{d\varphi}{dy}\right) + \left(\frac{d\Phi}{d\psi}\right).\left(\frac{d\psi}{dy}\right) \right\} dy.$$

De plus, puisque la relation des deux quantités x et y, et par conséquent la relation de leurs différentielles dx et dy, restent indéterminées, il faut, pour que l'équation précédente puisse avoir lieu, que les coefficiens des différentielles indéterminées dx et dy, soient chacun égaux à zéro; de manière qu'on aura les deux équations dérivées différentielles du premier ordre.... $(bn)'''$

$$0 = \left(\frac{d\Phi}{dx}\right) + \left(\frac{d\Phi}{dz}\right).\left(\frac{dz}{dx}\right) + \left(\frac{d\Phi}{d\varphi}\right).\left(\frac{d\varphi}{dx}\right) + \left(\frac{d\Phi}{d\psi}\right).\left(\frac{d\psi}{dx}\right),$$

$$0 = \left(\frac{d\Phi}{dy}\right) + \left(\frac{d\Phi}{dz}\right).\left(\frac{dz}{dy}\right) + \left(\frac{d\Phi}{d\varphi}\right).\left(\frac{d\varphi}{dy}\right) + \left(\frac{d\Phi}{d\psi}\right).\left(\frac{d\psi}{dy}\right).$$

Ce sont ces équations qu'on nomme équations *différentielles partielles*, pour les distinguer de l'équation $(bn)'$ qu'on nomme *différentielle totale*. — Or, si l'on a.... $(bn)^{\text{iv}}$

$$\left(\frac{d\Phi}{d\varphi}\right).\left(\frac{d\varphi}{dx}\right) + \left(\frac{d\Phi}{d\psi}\right).\left(\frac{d\psi}{dx}\right) = 0,$$

$$\left(\frac{d\Phi}{d\varphi}\right).\left(\frac{d\varphi}{dy}\right) + \left(\frac{d\Phi}{d\psi}\right).\left(\frac{d\psi}{dy}\right) = 0,$$

on pourra éliminer, entre l'équation primitive (bn) et les deux équations différentielles partielles $(bn)''$, les deux fonctions φ et ψ; et l'on l'on aura une équation dérivée aux différentielles partielles du premier ordre.... $(bn)^{\text{v}}$

$$0 = \Psi\left(x, y, z, \left(\tfrac{dz}{dx}\right), \left(\tfrac{dz}{dy}\right)\right),$$

qui ne contiendra plus les deux fonctions φ et ψ. — Mais, les deux équations de condition $(bn)^{\text{iv}}$, étant considérées en général, sont possibles dans deux cas : lorsque φ et ψ sont deux fonctions invariables de x, y et z; et lorsqu'elles sont des fonctions variables de ces quantités, mais telles que les équations de condition $(bn)^{\text{iv}}$ aient lieu. Il faut cependant remarquer que, quoiqu'on ait, dans le dernier cas, deux équations pour déterminer les fonctions φ et ψ, la nature de ces équations est telle qu'on ne peut en déterminer qu'une seule, et que l'autre reste une fonction arbitraire de la première. En effet, soit $\psi = \theta\varphi$, en désignant par θ une fonction arbitraire ; on aura

$$\left(\tfrac{d\psi}{dx}\right) = \left(\tfrac{d\theta\varphi}{d\varphi}\right) \cdot \left(\tfrac{d\varphi}{dx}\right), \qquad \left(\tfrac{d\psi}{dy}\right) = \left(\tfrac{d\theta\varphi}{d\varphi}\right) \cdot \left(\tfrac{d\varphi}{dy}\right);$$

et substituant ces valeurs dans les deux équations de condition $(bn)^{\text{iv}}$, ces équations se réduiront à une seule.....$(bn)^{\text{vi}}$

$$\left(\tfrac{d\Phi}{d\varphi}\right) + \left(\tfrac{d\Phi}{d\psi}\right) \cdot \left(\tfrac{d\theta\varphi}{d\varphi}\right) = 0.$$

Ainsi, l'équation dérivée $(bn)^{\text{v}}$ aux différentielles partielles du premier ordre, considérée par rapport à la relation des variables x, y et z, équivaut à deux équations primitives : l'une contenant deux constantes arbitraires φ et ψ; l'autre contenant une fonction arbitraire θ d'une fonction φ déterminée par l'équation de condition $(bn)^{\text{vi}}$.

Si l'on compare de même les équations différentielles du second ordre (6°.) à trois variables, et en général les équations d'un ordre quelconque de différentielles et d'un ordre quelconque d'indétermination, on obtiendra des résultats semblables, qui, pris dans leur ensemble, forment les LOIS DE LA CORRÉLATION des équations différentielles. — Nous présenterons ailleurs ces lois sous une forme générale.

Venons, en troisième et dernier lieu, à la RÉSOLUTION des équations différentielles. — Nous avons vu que cette partie de la théorie générale des équations, consiste à subordonner les équations ou les valeurs de leurs inconnues, aux lois fondamentales des branches respectives de la constitution algorithmique, auxquelles se rapportent les équations. Ainsi, la résolution des équations différentielles se réduit à subordonner la relation de leurs variables (*) à la loi fondamentale (c) de la théorie générale des différences, et spécialement à la loi fondamentale (l) de la théorie générale des différentielles, c'est-à-dire qu'elle se réduit à déterminer, au moyen de cette loi fondamentale, les équations primitives qui expriment la relation des variables, équivalente à la relation qu'expriment les équations différentielles proposées.

Mais cette subordination logique, cette détermination des équations primitives, n'est point ici aussi manifeste que dans la résolution des équations d'équivalence, où la loi fondamentale de la théorie générale des équivalences, donnait immédiatement la valeur des inconnues de ces équations.

Reprenons d'abord la loi fondamentale (l) de la théorie générale des différentielles, dans le cas de l'ordre inverse de dérivation, savoir,

$$dx^{\mu}\!\int^{\mu}(Fx.fx) = \left\{ Fx.\int^{\mu}fx - \frac{\mu}{1}.dFx.\int^{\mu+1}fx + \frac{\mu}{1}.\frac{\mu+1}{2} \times \right.$$
$$\left. \times d^2Fx.\int^{\mu+2}fx - \text{etc.} \right\} dx^{\mu} ;$$

et observons que, quoique cette loi ne contienne qu'une seule variable, elle n'en est pas moins le principe de l'intégration des fonctions d'un nombre quelconque de variables. En effet, les différentes variables qui entrent dans une fonction algorithmique, ou sont, par elles-mêmes, des fonctions *déterminées* d'une seule variable, ou du moins elles peuvent être considérées comme étant des fonctions *indéterminées* d'une seule variable ; et de cette manière, la loi fonda-

---

(*) Nous disons ici *subordonner la relation des variables*, et non *subordonner leurs valeurs*, parce que, ces variables étant nécessairement indéterminées, la détermination de leur valeur, qui est l'objet général de la résolution des équations, se réduit ici à la détermination de la relation de ces variables, de la relation qui forme les équations primitives ; et c'est pour cela qu'on dit communément *intégrer* les équations différentielles, et non les *résoudre* : cette dernière dénomination est cependant préférable, comme étant plus générale, et sur-tout comme ayant une signification plus adéquate.

mentale en question y trouve toujours son application. — On peut donc réellement subordonner, à cette loi, les fonctions formant les équations différentielles.

Or, pour peu qu'on examine la nature de la loi fondamentale dont il s'agit, on verra que le procédé de cette subordination logique, le théorème général et philosophique de la résolution ou de l'intégration des équations différentielles, consiste dans la décomposition des fonctions d'équation en deux facteurs, F et f, tels que, d'une part, l'intégration successive de la fonction f, jusqu'à un ordre déterminé $(\mu + \nu)$, soit possible, et que, de l'autre part, la différentielle de la fonction F, qui multiplie l'intégrale de l'ordre immédiatement supérieur $(\mu + \nu + 1)$ de la fonction f, soit réduite à zéro par des circonstances dépendantes des équations différentielles proposées.

Pour ce qui concerne, en premier lieu, la possibilité de l'intégration successive de la fonction f, il est visible que cette fonction, pour admettre l'intégration, doit être de la nature des fonctions différentielles de variables indépendantes, par la raison que les différentes variables qui peuvent y entrer, doivent toujours, pour le procédé théorique en question, être considérées comme indépendantes dans l'intégration de cette fonction. — Mais, le caractère distinctif des fonctions différentielles de plusieurs variables indépendantes, consiste notoirement et évidemment, par rapport au principe, dans l'*actualité* de la loi des coefficiens différentiels ou des fonctions dérivées différentielles, que nous avons examinée plus haut sous la marque (*bi*); et par rapport aux conséquences, dans l'*actualité* des résultats qui proviennent de la loi que nous venons de nommer. Ce sont ces résultats qu'on appelle *conditions d'intégrabilité*, dont nous avons déjà parlé plus haut ; et par conséquent, c'est à ces conditions que doit satisfaire la fonction f dont il est question. — Il faut cependant remarquer que la fonction f peut, dans certaines circonstances, être une fonction déterminée d'une seule variable ; et qu'alors elle n'a besoin de satisfaire à aucune condition d'intégrabilité.

La détermination des CONDITIONS D'INTÉGRABILITÉ appartient encore à la Philosophie des Mathématiques, et spécialement à la Métaphysique de la théorie générale des différences ; mais, ces condi-

tions étant connues généralement et se trouvant déduites avec
assez de métaphysique, nous nous sommes dispensés de nous en
occuper dans cette Introduction.

Il faut encore remarquer, dans l'examen de la fonction f, que
les intégrales successives de cette fonction, qui entrent dans l'expression de la loi fondamentale (l) de la théorie générale des différentielles, contiennent nécessairement autant de constantes arbitraires qu'elles impliquent d'intégrations successives, c'est-à-dire,
qu'on a...... (bo)

$$dx.\!\int\!\!\int fx \; = \int\!\!\int fx.dx + A,$$
$$dx^2.\!\int^2\!fx = \int(\int\!\!\int fx.dx + A)\,dx + B,$$
$$dx^3.\!\int^3\!fx = \int\!\Big(\int(\int\!\!\int fx.dx + A)\,dx + B\Big)\,dx + C,$$

etc., etc.,

A, B, C, etc. étant des constantes arbitraires, mais identiques
dans ces expressions de l'intégration successive de la fonction f.

Pour ce qui concerne, en second lieu, la fonction F, qui est
l'autre des deux facteurs F et f, dans lesquels les fonctions formant
l'équation différentielle se trouvent décomposées, et nommément
pour ce qui concerne les circonstances qui doivent réduire à zéro
la différentielle de cette fonction F, correspondante à l'intégrale de
l'ordre ($\mu + \nu + 1$) de la fonction f; c'est là proprement la
partie essentielle du théorème général et philosophique de la
résolution ou de l'intégration des équations différentielles. —
Nous allons en donner une exposition suffisante pour pouvoir nous
former une idée de la métaphysique de cette intégration ; mais,
pour simplifier cette exposition, nous nous contenterons, sans
nous arrêter à aucune considération ultérieure, d'examiner les équations suivant l'ordre où elles se trouvent présentées dans l'article
précédent, concernant leur corrélation, et de nous reporter aux
explications que nous y avons données.

Soit donc (1°.), entre deux variables x et y, l'équation différentielle du premier ordre (bj)*

$$o = \Psi(x, y, dx, dy).$$

La fonction d'équation Ψ, seule ou multipliée par une fonction Ξ des variables x, y, et de la dérivée différentielle $\frac{dy}{dx}$, peut être considérée comme composée de deux facteurs, F et f, formant deux fonctions de x, y, dx et dy, savoir,

$$F = F\left(x, y, \frac{dy}{dx}\right) \quad \text{et} \quad f = f(x, y, dx, dy).$$

Ainsi, en observant que la variable y est ici une fonction déterminée de x, nous aurons, en vertu de la loi fondamentale (l), en y supposant $\mu = 1$, l'égalité.... (bj),

$$0 = \int \left(\Xi \cdot \Psi (x, y, dx, dy)\right) = \int \left\{ F\left(x, y, \frac{dy}{dx}\right) f(x, y, dx, dy) \right\} =$$
$$= F\left(x, y, \frac{dy}{dx}\right) \cdot \int\!\!\int f(x, y, dx, dy) - dF\left(x, y, \frac{dy}{dx}\right) \cdot \int\!\!\int f(x, y, dx, dy)$$
$$+ d^2 F\left(x, y, \frac{dy}{dx}\right) \cdot \int\!\!\int f(x, y, dx, dy) - \text{etc.};$$

et nous pourrons éliminer, des fonctions F et dF, les dérivées différentielles $\frac{dy}{dx}$ et $\frac{d^2 y}{dx^2}$, au moyen de l'équation donnée $(bj)''$ et de sa différentielle. Or, si la fonction F est telle que, par l'élimination que nous venons d'indiquer, on ait identiquement.... $(bj)_{\prime\prime}$

$$dF\left(x, y, \frac{dy}{dx}\right) = 0,$$

on aura l'égalité.... $(bj)_{\bullet}$

$$0 = F\left(x, y, \frac{dy}{dx}\right) \cdot \int\!\!\int f(x, y, dx, dy) = \Phi(x, y, A),$$

qui contiendra une constante arbitraire A provenant, d'après (bo), de l'intégrale $\int\!\!f(x, y, dx, dy)$. — Donc cette égalité $(bj)_{\prime\prime}$ formera l'une des deux équations primitives, correspondantes respectivement à l'équation dérivée $(bj)''$ qui est proposée. Pour avoir l'autre de ces équations primitives, qui est l'équation primitive singulière, il suffira de considérer la quantité A comme une fonction des variables x et y, et de déterminer cette dernière, lorsque cela sera possible, par l'équation de condition $(bj)'$

$$\left(\frac{d\Phi(x, y, A)}{dA}\right) = 0.$$

Si la fonction f était une simple fonction de x, ou si l'on y introduisait, au moyen de la fonction complémentaire Ξ, des différentielles d'ordres plus élevés des variables x et y, on pourrait prendre plus de termes dans l'égalité fondamentale (bj) : les intégrales successives ff, f^2f, etc. contiendraient alors plusieurs constantes arbitraires ; mais, dans la réunion des termes de cette égalité, ces constantes se détruiraient réciproquement, et il n'en resterait qu'une seule. — En général, on peut modifier, de différentes manières, cette intégration des équations différentielles ; entre autres, on peut traiter séparément deux ou plusieurs termes des fonctions d'équation : nous ne nous attachons ici qu'au procédé le plus simple.

Soit $(2^\circ.)$, entre deux variables x et y, l'équation différentielle du second ordre $(bk)^{\mathrm{iv}}$

$$o = \Psi(x, y, dx, dy, d^2x, d^2y).$$

Faisons

$$\Xi \cdot \Psi(x,y,dx,dy,d^2x,d^2y) = F\left(x,y,\frac{dy}{dx},\frac{d^2y}{dx^2}\right) . f(x,y,dx,dy,d^2x,d^2y),$$

Ξ étant une fonction des variables x, y, et des dérivées différentielles $\frac{dy}{dx}$, $\frac{d^2y}{dx^2}$; et nous aurons, en vertu de la loi fondamentale (l), en y supposant $\mu = 2$, l'égalité.... (bk),

$$o = F\left(x,y,\frac{dy}{dx},\frac{d^2y}{dx^2}\right) . \int^2 f(x,y,dx,dy,d^2x,d^2y) -$$

$$- 2 . dF\left(x,y,\frac{dy}{dx},\frac{d^2y}{dx^2}\right) . \int^3 f(x,y,dx,dy,d^2x,d^2y) + .$$

$$+ 3 . d^2 F\left(x,y,\frac{dy}{dx},\frac{d^2y}{dx^2}\right) . \int^4 f(x,y,dx,dy,d^2x,d^2y) -$$

$$- \text{etc., etc.}$$

Or, si l'on avait l'équation..... $(bk)_{\prime\prime}$

$$o = F\left(x,y,\frac{dy}{dx},\frac{d^2y}{dx^2}\right) . \int^2 f(x,y,dx,dy,d^2x,d^2y),$$

et si l'on en prenait l'équation différentielle qui contiendrait les dérivées $\frac{dy}{dx}$, $\frac{d^2y}{dx^2}$ et $\frac{d^3y}{dx^3}$, on pourrait éliminer, des fonctions F et dF de l'égalité $(bk)_{\prime\prime}$, les dérivées différentielles que nous venons d'indiquer, au moyen de l'équation différentielle donnée $(bk)^{v}$, de sa différentielle, et de la différentielle de l'équation hypothétique $(bk)_{v}$. Mais, si la fonction F est telle que, par cette élimination, la différentielle dF devienne identiquement zéro, l'équation hypothétique $(bk)_{v}$ aura lieu réellement, et sera l'équation primitive générale sous la forme $(bk)_{v}$

$$0 = \Phi(x, y, A, B),$$

A et B étant deux constantes arbitraires provenant, d'après (bo), de l'intégrale $\smallint \! f$. — Pour avoir l'équation primitive singulière, il faut considérer A et B comme fonction des variables x et y, et les déterminer, lorsque cela est possible, au moyen des équations de condition $(bk)''$, savoir, $P = 0$ et $Q = 0$.

On parviendrait, de la même manière, aux équations primitives des équations différentielles d'un ordre quelconque, entre deux variables.

Soient (3°.), entre trois variables x, y et z, deux équations différentielles du premier ordre $(bl)'''$

$$0 = \Psi_{1}(x, y, z, dx, dy, dz), \qquad 0 = \Psi_{2}(x, y, z, dx, dy, dz).$$

Faisons

$$\Xi_{1} . \Psi_{1}(x, y, z, dx, dy, dz) = F_{1}\!\left(x, y, z, \frac{dy}{dx}, \frac{dz}{dx}\right) . f_{1}(x, y, z, dx, dy, dz),$$

$$\Xi_{2} . \Psi_{2}(x, y, z, dx, dy, dz) = F_{2}\!\left(x, y, z, \frac{dy}{dx}, \frac{dz}{dx}\right) . f_{2}(x, y, z, dx, dy, dz);$$

Ξ_{1} et Ξ_{2} étant deux fonctions des variables x, y, z et des rapports différentiels $\frac{dy}{dx}$, $\frac{dz}{dx}$. Ainsi, en observant que y et z sont ici des fonctions déterminées de x, nous aurons, en vertu de la loi fondamentale (l), en y supposant $\mu = 1$, les deux égalités.... $(bl)_{1}$

$$0 = F_{1}\!\left(x, y, z, \frac{dy}{dx}, \frac{dz}{dx}\right) . \smallint f_{1}(x, y, z, dx, dy, dz) -$$

$$- \; dF_{1}\!\left(x, y, z, \frac{dy}{dx}, \frac{dz}{dx}\right) . \smallint^{2} f_{1}(x, y, z, dx, dy, dz) + \text{etc.},$$

$$0 = F_{2}\!\left(x, y, z, \frac{dy}{dx}, \frac{dz}{dx}\right) . \smallint\!\smallint f_{2}(x, y, z, dx, dy, dz) -$$

$$- \; dF_{2}\!\left(x, y, z, \frac{dy}{dx}, \frac{dz}{dx}\right) . \smallint^{2} f_{2}(x, y, z, dx, dy, dz) + \text{etc.};$$

et nous pourrons éliminer, des fonctions F_1, F_2 et de leurs différentielles dF_1 et dF_2, les quantités $\frac{dy}{dx}$ et $\frac{dz}{dx}$, au moyen des deux équations différentielles proposées $(bl)'''$. Or, si les fonctions F_1 et F_2 sont telles que, par cette élimination, leurs différentielles dF_1 et dF_2 deviennent identiquement chacune égales à zéro, on aura immédiatement les deux équations.....$(bl)_{IV}$

$$0 = F_1\left(x, y, z, \frac{dy}{dx}, \frac{dz}{dx}\right) . ff_1(x, y, z, dx, dy, dz),$$

$$0 = F_2\left(x, y, z, \frac{dy}{dx}, \frac{dz}{dx}\right) . ff_2(x, y, z, dx, dy, dz);$$

c'est-à-dire,

$$0 = \Phi_1(x, y, z, A_1), \qquad 0 = \Phi_2(x, y, z, A_2);$$

A_1 et A_2 étant deux constantes arbitraires provenant, d'après (bo), des deux intégrales ff_1 et ff_2. — Ainsi, les deux équations $(bl)_{III}$ formeront le premier système de deux équations primitives, correspondant aux deux équations différentielles données $(bl)'$. Pour avoir le second système, il faut considérer les quantités A_1 et A_2 comme deux fonctions variables, et les déterminer, lorsque cela est possible, au moyen des deux équations de condition $(bl)''$

$$\left(\frac{d\Phi_1(x, y, z, A_1)}{dA_1}\right) = 0, \qquad \left(\frac{d\Phi_2(x, y, z, A_2)}{dA_2}\right) = 0.$$

Soit encore $(3^o.)$, entre trois variables x, y et z, l'équation différentielle du premier ordre $(bl)^{IV}$

$$0 = \Theta(x, y, z, dx, dy, dz),$$

dans laquelle la fonction d'équation Θ ne satisfait pas aux conditions d'intégrabilité. — Faisons

$$\Xi . \Theta(x, y, z, dx, dy, dz) = F\left(x, y, z, \frac{dy}{dx}, \frac{dz}{dx}\right) . f(x, y, z, dx, dy, dz),$$

Ξ étant toujours une fonction des variables x, y, z et des rapports différentiels $\frac{dy}{dx}$, $\frac{dz}{dx}$. Ainsi, en observant que les quantités y et z sont ici nécessairement des fonctions déterminées de x, on aura, en vertu

vertu de la loi fondamentale (l), en y faisant $\mu = 1$, l'égalité $(bl)_{\text{III}}$

$$0 = F\left(x, y, z, \frac{dy}{dx}, \frac{dz}{dx}\right).\iint(x, y, z, dx, dy, dz) -$$
$$- dF\left(x, y, z, \frac{dy}{dx}, \frac{dz}{dx}\right).\int\!\int f(x, y, z, dx, dy, dz) + \text{etc.};$$

et l'on pourra éliminer, des fonctions F et dF, le rapport différentiel $\frac{dz}{dx}$, au moyen de l'équation différentielle proposée $(bl)^{\text{IV}}$. Or,
si la fonction F est telle, que par cette élimination, la fonction
différentielle dF ne contienne plus la quantité z, on aura

$$dF\left(x, y, z, \frac{dy}{dx}, \frac{dz}{dx}\right) = \vartheta\left(x, y, \frac{dy}{dx}, \frac{d^2y}{dx^2}\right);$$

et faisant.... $(bl)_{\text{IV}}$

$$\vartheta\left(x, y, \frac{dy}{dx}, \frac{d^2y}{dx^2}\right) = 0,$$

l'égalité $(bl)_{\blacksquare}$ se réduira à celle-ci.... $(bl)_{\text{V}}$

$$0 = F\left(x, y, z, \frac{dy}{dx}, \frac{dz}{dx}\right).\iint(x, y, z, dx, dy, dz).$$

Mais en prenant, suivant les procédés précédens, l'équation primitive de l'équation différentielle $(bl)_{\text{IV}}$ du second ordre, entre deux
variables, on aura une équation de la forme ....$(bl)_{\text{VI}}$

$$0 = \Phi(x, y, A, B)$$

pour cette équation primitive, A et B étant deux constantes arbitraires; et l'on aura, de plus, une équation ....$(bl)_{\text{VII}}$

$$0 = \psi\left(x, y, \frac{dy}{dx}, A\right),$$

formant, par rapport à l'équation primitive $(bl)_{\text{VI}}$, l'équation dérivée
différentielle du premier ordre, A étant l'une des deux constantes
arbitraires de l'équation primitive $(bl)_{\text{VI}}$. — Ainsi, en éliminant en
outre, de la fonction F contenue dans l'égalité $(bl)_{\text{V}}$, le rapport
différentiel $\frac{dy}{dx}$, au moyen de l'équation $(bl)_{\text{VII}}$, l'égalité $(bl)_{\text{V}}$ don-

nera l'équation.... $(bl)_{\text{viii}}$

$$0 = F_3(x, y, z, A).f_3(x, y, z, C),$$

qui contiendra deux constantes arbitraires A et C provenant, la première de l'équation $(bl)_{\text{vii}}$, et la seconde, de l'intégrale ff. — Si l'on voulait que les deux constantes A et C fussent contenues, toutes les deux, dans la fonction f_3 de cette dernière équation, il faudrait, au moyen de la fonction auxiliaire Ξ, introduire, dans le facteur f de l'égalité $(bl)_{\text{iii}}$, les rapports différentiels $\frac{dy}{dx}$ et $\frac{dz}{dx}$; ce qu'on peut faire aussi dans les autres cas de ces intégrations. — Or, l'équation $(bl)_{\text{viii}}$, et l'équation $(bl)_{\text{vi}}$, donneront le système de deux équations.....$(bl)_{\text{ix}}$

$$0 = \Phi_1(x, y, z, A_1, B), \qquad 0 = \Phi_2(x, y, z, A_2, B),$$

contenant trois constantes arbitraires A_1, A_2 et B; et ce sera le premier-système de deux équations primitives, correspondant à l'équation différentielle proposée $(bl)^{\text{iv}}$. — Pour déterminer le second système, il faut considérer les quantités A_1, A_2 et B comme des fonctions variables, et les déterminer au moyen des équations de condition $(bl)''$

$$0 = \left(\frac{d\Phi_1(x, y, z, A_1, B)}{dA_1}\right).dA_1 + \left(\frac{d\Phi_1(x, y, z, A_1, B)}{dB}\right).dB,$$

$$0 = \left(\frac{d\Phi_2(x, y, z, A_2, B)}{dA_2}\right).dA_2 + \left(\frac{d\Phi_2(x, y, z, A_2, B)}{dB}\right).dB,$$

qui donnent A_1 et A_2 en fonctions de B et de sa dérivée différentielle, et laissent B une fonction arbitraire, ainsi que nous l'avons vu plus haut.

Soit (5°.), entre trois variables, l'équation différentielle du premier ordre $(bm)''$

$$0 = \Psi(x, y, z, dx, dy, dz),$$

qui satisfait aux conditions d'intégrabilité. Ainsi, la relation des variables x, y et z est ici du second ordre d'indétermination; et les quantités y et z ne sauraient être traitées comme fonctions de x, qu'autant que l'on considère y comme une fonction *indéterminée* de x. Faisons donc encore

$$\Xi \cdot \Psi(x, y, z, dx, dy, dz) = F\Big(x, y, z, \frac{dy}{dx}, \frac{dz}{dx}\Big) f(x, y, z, dx, dy, dz),$$

Ξ étant une fonction des variables x, y, z et des rapports différentiels indéterminés $\frac{dy}{dx}$, $\frac{dz}{dx}$; et observant que les quantités y et z sont, sinon des fonctions déterminées, au moins des fonctions indéterminées de x, nous aurons, en vertu de la loi fondamentale (l), en y faisant $\mu = 1$, l'égalité (bm),

$$o = F\Big(x, y, z, \frac{dy}{dx}, \frac{dz}{dx}\Big) \cdot \int\!\int f(x, y, z, dx, dy, dz) -$$

$$- dF\Big(x, y, z, \frac{dy}{dx}, \frac{dz}{dx}\Big) \cdot \int f(x, y, z, dx, dy, dz) + \text{etc.}$$

Or, puisque la relation entre les quantités variables x, y et z, est ici du second ordre d'indétermination, on peut, sans porter atteinte à la généralité de leur relation, établir, entre leurs accroissemens différentiels, une relation subsidiaire.... $(bm)_{,,}$

$$o = \Psi(x, y, z, dx, dy, dz),$$

pourvu que cette relation n'ait de signification que pour les accroissemens différentiels de ces variables. On pourra donc éliminer, des fonctions F et dF, les quantités $\frac{dy}{dx}$ et $\frac{dz}{dx}$, au moyen de l'équation différentielle proposée $(bm)''$ et de la relation subsidiaire $(bm)_{,}$. Ainsi, lorsque la fonction F est telle que, par l'élimination que nous venons d'indiquer, cette fonction devient identiquement zéro, on aura immédiatement l'équation primitive.... $(bm)_{,,,}$

$$o = F\Big(x, y, z, \frac{dy}{dx}, \frac{dz}{dx}\Big) \cdot \int\!\int f(x, y, z, dx, dy, dz) =$$

$$= \Phi(x, y, z, A),$$

qui contiendra une constante arbitraire A provenant de l'intégrale $\int\!\int$.

Soit encore $(5°.)$, entre trois variables x, y et z, l'équation aux différentielles partielles $(bn)'$

$$o = \Psi\Big(x, y, z, \Big(\frac{dz}{dx}\Big), \Big(\frac{dz}{dy}\Big)\Big).$$

Faisons

$$\Xi . \Psi\!\left(x, y, z, \left(\tfrac{dz}{dx}\right), \left(\tfrac{dz}{dy}\right)\right) = F\!\left(x, y, z, \left(\tfrac{dz}{dx}\right), \left(\tfrac{dz}{dy}\right)\right) \times$$
$$\times f\!\left(x, y, z, \left(\tfrac{dz}{dx}\right), \left(\tfrac{dz}{dy}\right), dx, dy, dz\right),$$

Ξ étant une fonction de x, y, z, $\left(\tfrac{dz}{dx}\right)$, $\left(\tfrac{dz}{dy}\right)$, dx, dy et dz. Ainsi, en observant que les quantités y et z peuvent encore être considérées comme des fonctions indéterminées de x, nous aurons, en vertu de la loi fondamentale (l), en y faisant $\mu = 1$, l'égalité (bn),

$$0 = F\!\left(x, y, z, \left(\tfrac{dz}{dx}\right), \left(\tfrac{dz}{dy}\right)\right) . \int\!\!\int f\!\left(x, y, z, \left(\tfrac{dz}{dx}\right), \left(\tfrac{dz}{dy}\right), dx, dy, dz\right) -$$
$$- dF\!\left(x, y, z, \left(\tfrac{dz}{dx}\right), \left(\tfrac{dz}{dy}\right)\right) . \int\!\!\int^{2} f\!\left(x, y, z, \left(\tfrac{dz}{dx}\right), \left(\tfrac{dz}{dy}\right), dx, dy, dz\right) + \text{etc.}$$

Or, puisque la relation entre les quantités variables x, y et z, est ici du second ordre d'indétermination, et puisque de plus, pour la possibilité de l'équation proposée aux différentielles partielles, la relation entre les accroissemens différentiels du premier ordre de ces variables est essentiellement indéterminée, on peut au moins, dans la dernière égalité (bn)$_{,}$, établir, entre les accroissemens différentiels du second ordre des variables x, y et z, une relation subsidiaire déterminée.... (bn)$_{,,}$

$$0 = \vartheta\, (x, y, z, dx, dy, dz, d^{2}x, d^{2}y, d^{2}z).$$

On pourra donc éliminer, des fonctions f, F et dF, les quantités

$$\left(\tfrac{dz}{dx}\right), \left(\tfrac{dz}{dy}\right), \left(\tfrac{d^{2}z}{dxdy}\right), \left(\tfrac{d^{2}z}{dx^{2}}\right), \text{ et } \left(\tfrac{d^{2}z}{dy^{2}}\right),$$

au moyen de l'équation proposée (bn)^{v}, et de ses deux différentielles partielles, et au moyen de l'équation subsidiaire (bn)$_{,,}$ et de son intégrale première qui contiendra une constante arbitraire. Or, si la fonction F est telle, que par cette élimination, la fonction différentielle dF devienne identiquement zéro, l'égalité (bn)$_{,}$ donnera l'équation.... (bn)$_{,,,}$

$$0 = F\!\left(x, y, z, \left(\tfrac{dz}{dx}\right), \left(\tfrac{dz}{dy}\right)\right) . \int\!\!\int\! f\!\left(x, y, z, \left(\tfrac{dz}{dx}\right), \left(\tfrac{dz}{dy}\right)\right) =$$
$$= \Phi\, (x, y, z, A, B),$$

qui contiendra deux constantes arbitraires, l'une A provenant de l'intégrale ff, l'autre B provenant de l'intégrale première de l'équation subsidiaire $(bn)_{,,}$; et ce sera l'une des deux équations primitives qui, considérées par rapport à la relation des variables x, y et z, équivalent à l'équation proposée aux différentielles partielles. — Pour avoir l'autre de ces équations primitives, qui doit contenir une constante arbitraire d'une fonction déterminée, il suffit de considérer la quantité A comme étant cette dernière fonction, et la quantité B comme une fonction arbitraire θ de A, et de déterminer la fonction A au moyen de l'équation de condition $(bn)''$

$$\left(\frac{d\Phi}{dA}\right) + \left(\frac{d\Phi}{dB}\right) \cdot \left(\frac{d(\theta A)}{dA}\right) = 0.$$

Procédant toujours de cette manière, dans l'application de la loi fondamentale (l) de la théorie générale des différentielles, on obtiendra, dans tous les cas, la résolution ou l'intégration des équations différentielles; et cette intégration se trouvera ainsi ramenée à un seul principe. — Nous croyons en avoir dit assez pour présenter une idée exacte de cette intégration générale des équations différentielles, ou de la subordination logique de ces équations à la loi unique et fondamentale de toute la théorie des différentielles.

C'est là le vrai principe de toutes les intégrations en question ; et l'on comprendra facilement que les différentes méthodes qui ont été trouvées pour l'intégration des équations différentielles, ne sont que des procédés indirects et artificiels, dont la possibilité repose nécessairement sur le principe d'intégration que nous venons d'exposer. — Il est sans doute superflu de faire remarquer qu'il appartient à l'Algorithmie elle-même de ramener, à ce principe, toutes les intégrations des équations différentielles, faites et à faire, c'est-à-dire, d'appliquer ce principe : il n'appartenait à la Philosophie des Mathématiques que de donner le principe.

Avant de quitter la théorie des équations de différences et de différentielles, nous devons répéter que tout ce que nous avons dit sur les équations différentielles, peut être étendu immédiatement, par une simple induction, aux équations de différences, sans autre considération que celle relative à la nature des constantes arbitraires. — Ces quantités arbitraires sont, dans le calcul des différences, des fonctions qui, quoique variables en général, restent constantes pour les différens accroissemens des variables indépendantes.

Pour ce qui concerne la troisième branche, la THÉORIE DES ÉQUATIONS DE GRADES, tout ce que nous avons dit concernant la théorie des équations de différences et de différentielles, peut être appliqué, à la lettre, à la théorie des équations de grades et de gradules. Ainsi, nous pouvons nous dispenser ici d'examiner cette théorie.

Procédons donc à la quatrième et dernière branche de la théorie de la comparaison algorithmique, à la THÉORIE DES ÉQUATIONS DE CONGRUENCE. — Or, en examinant les principes de la théorie des nombres, nous avons reconnu que si l'on a l'agrégat général

$$n_1 + n_2 + n_3 \ldots + n_\omega = N_\omega,$$

et si n_p et n_q sont deux quelconques parmi les quantités n_1, n_2, n_3, etc., les fonctions alephs d'un degré quelconque des agrégats respectifs $(N_\omega - n_p)$ et $(N_\omega - n_q)$, lesquelles forment les principes des *facteurs* des nombres, sont identiques dans leur génération et donnent, par là, la relation générale de congruence (F)

$$\aleph\,[N_\omega - n_p]^m \equiv \aleph\,[N_\omega - n_q]^m.$$

C'est cette relation qui forme le schéma des ÉQUATIONS DE CONGRUENCE ; la différence $(n_q - n_p)$ étant leur MODULE respectif. — Ainsi, la théorie de ces équations a évidemment pour objet général les *élémens de la congruence*, c'est-à-dire, les quantités n_1, n_2, n_3, etc., auxquelles nous donnerons cette dénomination. C'est du moins à quoi doit se réduire, en dernier principe, l'objet général de cette théorie.

Mais, il faut observer que, par la raison même que la théorie en question a lieu, les équations de congruence ne se présentent point sous la forme élémentaire et philosophique (F), sous laquelle nous avons reconnu la possibilité de ces équations : les deux membres de l'équation de congruence, ainsi que le module, peuvent être des quantités algorithmiques d'une forme quelconque, suivant le schéma indéterminé......(da)

$$F_1(A, B, C, \text{etc.}) \equiv F_2(A, B, C, \text{etc.}),\ (\text{mod.} = f(A, B, C, \text{etc.})),$$

F_1, F_2 et f étant trois fonctions quelconques des quantités A,

B, C, etc. — Or, c'est dans la relation des quantités F_1, F_2 et f, avec les élémens de cette congruence, que consiste proprement l'objet de la théorie des équations de congruence; ou du moins, c'est à cette relation que doit se réduire, en dernier principe, l'objet de la théorie dont il s'agit.

Pour ce qui concerne, en premier lieu, la CLASSIFICATION des équations de congruence, il est clair, suivant l'exposition précédente, que le principe de leur spécification est celui de la forme des fonctions F_1, F_2 et f. Ainsi, en observant que la forme comparable de ces fonctions consiste nécessairement dans le développement par sommation, pareil à celui qui constitue les fonctions des équations d'équivalence, et cela par la raison que le degré de ce développement indique, à-la-fois, le nombre des termes de sommation et le nombre des facteurs de graduation, on verra facilement, sans qu'il soit besoin d'explication ultérieure, que la classification des équations de congruence a lieu suivant le tableau que voici :

I. Équations de congruence du premier ordre d'indétermination ,
  ξ étant la quantité indéterminée;
   A. Premier degré ,
$$(0)_1 + (1)_1 . \xi \equiv (0)_2 + (1)_2 . \xi , \quad (\mathrm{mod.} = [0] + [1] . \xi);$$
   B. Second degré ,
$$(0)_1 + (1)_1 . \xi + (2)_1 . \xi^2 \equiv (0)_2 + (1)_2 . \xi + (2)_2 . \xi^2 ,$$
$$(\mathrm{mod.} = [0] + [1] . \xi + [2] . \xi^2);$$
   C. Troisième degré ,
$$(0)_1 + (1)_1 . \xi + (2)_1 . \xi^2 + (3)_1 . \xi^3 \equiv (0)_2 + (1)_2 . \xi + (2)_2 . \xi^2 + (3)_2 . \xi^3 ,$$
$$(\mathrm{mod.} = [0] + [1] . \xi + [2] . \xi^2 + [3] . \xi^3);$$
   D. Quatrième degré, etc., etc.;

II. Équations de congruence du second ordre d'indétermination ,
  ξ_1 et ξ_2 étant les quantités indéterminées;
   A. Premier degré ,
$$(0,0)_1 + (1,0)_1 . \xi_1 + (0,1)_1 . \xi_2 \equiv (0,0)_2 + (1,0)_2 . \xi_1 + (0,1)_2 . \xi_2 ,$$
$$(\mathrm{mod.} = [0,0] + [1,0] . \xi_1 + [0,1] . \xi_2);$$

B. Second degré,

$$(0,0)_1 + (1,0)_1 \cdot \xi_1 + (0,1)_1 \cdot \xi_2 + (2,0)_1 \cdot \xi_1^2 + (1,1)_1 \cdot \xi_1\xi_2 + (0,2)_1 \cdot \xi_2^2 \equiv$$
$$(0,0)_2 + (1,0)_2 \cdot \xi_1 + (0,1)_2 \cdot \xi_2 + (2,0)_2 \cdot \xi_1^2 + (1,1)_2 \cdot \xi_1\xi_2 + (0,2)_2 \cdot \xi_2^2 ,$$
$$(\mathrm{mod.} = [0,0] + [1,0] \cdot \xi_1 + [0,1] \cdot \xi_2 + [2,0] \cdot \xi_1^2 + [1,1] \cdot \xi_1\xi_2 + [0,2] \cdot \xi_2^2) ,$$

C. Troisième degré, etc. , etc.;

III. Équations de congruence du troisième ordre d'indétermination, etc., etc.;

en dénotant par la combinaison des chiffres contenus dans les parenthèses ( )., ( )., et [ ], les différens coefficiens de ces quantités. — Il nous reste seulement à observer que la fonction qui forme le module de ces équations, n'est point nécessairement une fonction du même degré que celui des membres de la congruence : elle peut être du degré zéro.

Pour ce qui concerne, en second lieu, la COMPARAISON des équations de congruence, il est également clair que le principe de leur corrélation ne peut être que dans l'identité de leurs modules. Ainsi, sans entrer dans des explications détaillées, dont nous pouvons nous dispenser ici, nous remarquerons que si l'on a l'équation de congruence

$$A \equiv B, \;(\mathrm{mod.} = M);$$

on aura, en général, pour toutes les équations identiques, le schéma... (db)

$$A + \alpha M \equiv B + \beta M, \;(\mathrm{mod.} = M),$$

α et β désignant deux nombres entiers ou rationnels quelconques, positifs, négatifs ou zéro. De plus, si l'on a, par rapport à un même module, différentes équations de congruence

$$A_1 \equiv B_1, \quad A_2 \equiv B_2, \quad A_3 \equiv B_3, \;\text{etc.};$$

on aura, pour l'équation générale de congruence dont elles ne sont que des cas particuliers, le schéma.... (dc)

$$\Omega_1 A_1^{\alpha_1} + \Omega_2 A_2^{\alpha_2} + \Omega_3 A_3^{\alpha_3} \cdots \equiv$$
$$\Omega_1 B_1^{\beta_1} + \Omega_2 B_2^{\beta_2} + \Omega_3 B_3^{\beta_3} \cdots ,$$

les

les exposans α_1, α_2, α_3,... et β_1, β_2, β_3,... étant des nombres entiers positifs, et les coefficiens Ω_1, Ω_2, Ω_3,... des nombres entiers ou rationnels quelconques, positifs, négatifs ou zéro.

Les deux expressions schématiques (db) et (dc), dont la première repose sur le principe logique de l'*analogie*, et la seconde sur le principe logique de l'*induction*, forment l'ensemble des lois de la corrélation des équations de congruence.

Venons donc, en troisième et dernier lieu, à la RÉSOLUTION de ces équations. — C'est encore ici la partie principale de la théorie des équations de congruence. Elle a pour objet la subordination logique de ces équations ou des valeurs de leurs indéterminées, à la loi fondamentale (D) de la théorie des nombres à laquelle se rapportent les équations de congruence.

Pour découvrir cette subordination, commençons par développer davantage la nature des fonctions alephs qui entrent, comme parties constituantes, dans la loi fondamentale que nous venons de nommer. — Or en désignant, comme plus haut, par $(n_1\ldots n_\omega)_m$ la somme des combinaisons des quantités n_1, n_2, n_3, $\ldots n_\omega$, prises de m à m, sans permutation, les expressions fondamentales de la génération consécutive des fonctions alephs, sont $\ldots(de)$

$$\aleph[N_\omega]^1 = (n_1\ldots n_\omega)_1 . \aleph[N_\omega]^0 ,$$

$$\aleph[N_\omega]^2 = (n_1\ldots n_\omega)_1 . \aleph[N_\omega]^1 - (n_1\ldots n_\omega)_2 . \aleph[N_\omega]^0 ,$$

$$\aleph[N_\omega]^3 = (n_1\ldots n_\omega)_1 . \aleph[N_\omega]^2 - (n_1\ldots n_\omega)_2 . \aleph[N_\omega]^1 + (n_1\ldots n_\omega)_3 . \aleph[N_\omega]^0 ,$$

etc., et en général, $\ldots (de)'$

$$\aleph[N_\omega]^\mu = (n_1\ldots n_\omega)_1 . \aleph[N_\omega]^{\mu-1} - (n_1\ldots n_\omega)_2 . \aleph[N_\omega]^{\mu-2}$$
$$+ (n_1\ldots n_\omega)_3 . \aleph[N_\omega]^{\mu-3} \ldots (-1)^{\mu+1} (n_1\ldots n_\omega)_\mu . \aleph[N_\omega]^0 ,$$

en formant toujours l'agrégat $n_1 + n_2 + n_3 \ldots + n_\omega = N_\omega$. Ces expressions, faciles à vérifier, sont assez évidentes pour n'avoir pas besoin ici de déduction algorithmique. Nous nous contenterons donc de les mettre sous une forme plus générale, et arbitraire à certains égards. — L'expression générale $(de)'$ donne la relation

$$0 = n_{\omega+1} . \aleph[N_\omega]^{\mu-1} - n_{\omega+1} . (n_1 \ldots n_\omega)_1 . \aleph[N_\omega]^{\mu-2}$$
$$+ n_{\omega+1} . (n_1 \ldots n_\omega)_2 . \aleph[N_\omega]^{\mu-3} \ldots (-1)^{\mu-1} . n_{\omega+1} . (n_1 \ldots n_\omega)_{\mu-1} . \aleph[N_\omega]^0 ,$$

$n_{\omega+1}$ étant une quantité arbitraire. Ainsi, en ajoutant cette relation d'égalité avec l'expression $(de)'$ dont elle provient, on aura

$$\aleph[N_\omega]^\mu = \big((n_1 \ldots n_\omega)_1 + n_{\omega+1}\big) . \aleph[N_\omega]^{\mu-1} -$$
$$- \big((n_1 \ldots n_\omega)_2 + n_{\omega+1} . (n_1 \ldots n_\omega)_1\big) . \aleph[N_\omega]^{\mu-2} +$$
$$+ \big((n_1 \ldots n_\omega)_3 + n_{\omega+1} . (n_1 \ldots n_\omega)_2\big) . \aleph[N_\omega]^{\mu-3} - \text{etc.} =$$
$$= (n_1 \ldots n_{\omega+1})_1 . \aleph[N_\omega]^{\mu-1} - (n_1 \ldots n_{\omega+1})_2 . \aleph[N_\omega]^{\mu-2} +$$
$$+ (n_1 \ldots n_{\omega+1})_3 . \aleph[N_\omega]^{\mu-3} \ldots (-1)^{\mu+1} . (n_1 \ldots n_{\omega+1})_\mu . \aleph[N_\omega]^0 .$$

Et procédant de la même manière, on obtiendra en général l'expression . . . . . $(de)''$

$$\aleph[N_\omega]^\mu = (n_1 \ldots n_{\omega+\mu-1})_1 . \aleph[N_\omega]^{\mu-1} - (n_1 \ldots n_{\omega+\mu-1})_2 . \aleph[N_\omega]^{\mu-2}$$
$$+ (n_1 \ldots n_{\omega+\mu-1})_3 . \aleph[N_\omega]^{\mu-3} \ldots (-1)^{\mu+1} . (n_1 \ldots n_{\omega+\mu-1})_\mu . \aleph[N_\omega]^0 ,$$

$n_{\omega+1}, n_{\omega+2}, n_{\omega+3}, \ldots n_{\omega+\mu-1}$ étant des quantités arbitraires. — Mais, revenons aux expressions primitives et simples (de). Si l'on a l'équation d'équivalence du degré ω . . . . (df)

$$0 = A_0 + A_1 x + A_2 x^2 \ldots + A_\omega x^\omega ,$$

dont les racines soient les quantités $(-n_1)$, $(-n_2)$, $(-n_3)$, . . . $(-n_\omega)$, on aura, suivant la première (hh) des deux lois fondamentales de la théorie générale des équivalences, les valeurs

$$A_0 = (n_1 \ldots n_\omega)_\omega, \quad A_1 = (n_1 \ldots n_\omega)_{\omega-1}, \quad A_2 = (n_1 \ldots n_\omega)_{\omega-2}, \ldots ;$$

et en général

$$(n_1 \ldots n_\omega)_\mu = A_{\omega-m} .$$

Ainsi, en substituant ces valeurs dans les expressions (de), on aura... (dg)

$$\aleph[N_\omega]^1 = A_{\omega-1},$$

$$\aleph[N_\omega]^2 = A_{\omega-1}.\aleph[N_\omega]^1 - A_{\omega-2},$$

$$\aleph[N_\omega]^3 = A_{\omega-1}.\aleph[N_\omega]^2 - A_{\omega-2}.\aleph[N_\omega]^1 + A_{\omega-3},$$

$$\aleph[N_\omega]^4 = A_{\omega-1}.\aleph[N_\omega]^3 - A_{\omega-2}.\aleph[N_\omega]^2 + A_{\omega-3}.\aleph[N_\omega]^1 - A_{\omega-4},$$

etc., etc.

Ce sont ces expressions qui contiennent le principe théorique de la détermination des élémens des fonctions alephs, savoir, de la détermination des quantités n_1, n_2, n_3, etc., lorsque les valeurs de ces fonctions sont connues; en effet, connaissant ces dernières valeurs, on pourra, par le moyen de ces expressions, déterminer les coefficiens A_0, A_1, A_2, etc. de l'équation d'équivalence (df), dont les racines, prises négativement, sont les élémens en question. — Ce sont aussi ces expressions qui donnent le principe et l'explication de la théorie des *séries récurrentes* : on voit actuellement que les différens termes de ces séries sont les fonctions alephs consécutives, ayant pour élémens les racines, prises négativement, d'une équation d'équivalence dont les coefficiens forment ce qu'on appelle l'*échelle de relation*.

Nous nous arrêterons ici seulement au cas particulier et remarquable de cette détermination des élémens des fonctions alephs, où les valeurs de tous les degrés de ces fonctions sont les mêmes. — Soit m cette valeur identique des degrés consécutifs des quantités alephs, les expressions (dg) donneront

$$m = A_{\omega-1},$$

$$m = A_{\omega-1}.m - A_{\omega-2},$$

$$m = A_{\omega-1}.m - A_{\omega-2}.m + A_{\omega-3},$$

etc., etc.;

d'où l'on tire facilement la valeur générale $A_{\omega-\mu} = m(m - 1)^{\mu-1}$. Ainsi l'équation

$$0 = x^\omega + m(m-1)^\circ . x^{\omega-1} + m(m-1) . x^{\omega-2} + m(m-1)^\circ . x^{\omega-3} \ldots$$
$$\ldots + m(m-1)^{\omega-1} . x^0 ,$$

aura les racines qui, prises négativement, formeront les élémens des fonctions alephs, dont les ω degrés consécutifs auront la même valeur m.

Lorsqu'il s'agit de déterminer, au moyen des expressions (dg), les élémens d'une fonction aleph d'un degré μ, dont la valeur est donnée, sans que les valeurs des degrés inférieurs de cette fonction soient données en même temps, on peut évidemment prendre, pour ces dernières valeurs, ou, ce qui revient au même, pour les coefficiens $A_{\omega-1}$, $A_{\omega-2}$, etc. qui en dépendent, telles valeurs qu'on veut. Il est évident, de plus, que, lorsque ces derniers coefficiens sont liés par quelques relations de condition, il faut que leurs valeurs soient prises de manière à satisfaire à ces conditions. — C'est là le procédé subsidiaire de la résolution des équations de congruence ; résolution que nous allons exposer.

Faisons en général

$$(\Xi)_1 = (0)_1 + (1)_1 . \xi + (2)_1 . \xi^2 \ldots + (\nu)_1 . \xi^\nu ,$$
$$(\Xi)_2 = (0)_2 + (1)_2 . \xi + (2)_2 . \xi^2 \ldots + (\nu)_2 . \xi^\nu ,$$
$$[\Xi] = [0] + [1] . \xi + [2] . \xi^2 \ldots + [\nu] . \xi^\nu ,$$

les chiffres enfermés dans les parenthèses $(\ )_1$, $(\ )_2$ et $[\ ]$, désignant les différens coefficiens, comme plus haut, à l'article de la classification des équations de congruence. Soit maintenant l'équation générale de congruence du degré $\nu \ldots (dh)$

$$(\Xi)_1 \equiv (\Xi)_2 , \quad (\mathrm{mod.} = [\Xi]).$$

Il s'agit de déterminer l'expression algorithmique générale de la quantité indéterminée ξ, de manière à la soumettre à des conditions données, et spécialement, pour la théorie des nombres, à la condition d'être un nombre entier ou au moins un nombre rationnel. C'est là l'objet strictement dit de la résolution des équations de congruence ; en effet, suivant ce qui précède, l'objet général de la théorie de ces équations, consiste dans la relation des membres de la congruence avec les élémens des fonctions alephs qui forment ces membres, et la valeur ou les parties composantes de la valeur de ces fonctions, sont liées immédiatement à la nature de leurs élémens, de manière que la détermination de ces parties de la valeur des quantités alephs en question, revient ici à la détermination de la relation des membres de la congruence avec leurs élémens. Aussi, est-ce sur cette liaison immédiate que se trouve fondée la résolution générale des équations de congruence, ainsi que nous allons le voir.

Suivant l'expression (db), l'équation de congruence proposée (dh) est identique avec toutes celles de la forme.... (di)

$$(\Xi)_1 + (\zeta)_1 \cdot [\Xi] \equiv (\Xi)_2 + (\zeta)_2 \cdot [\Xi], \;(\mathrm{mod.} = [\Xi]),$$

$(\zeta)_1$ et $(\zeta)_2$ étant deux quantités arbitraires que nous n'introduisons ici que pour généraliser la forme des expressions. Or soient... (dj)

$$(\Xi)_1 + (\zeta)_1 \cdot [\Xi] = \aleph [N_\omega - n_q]^m,$$

$$(\Xi)_2 + (\zeta)_2 \cdot [\Xi] = \aleph [N_\omega - n_p]^m,$$

les fonctions alephs contenant le principe de cette congruence ; et soient de plus... (dk)

$$0 = P_0 + P_1 x + P_2 x^2 + P_3 x^3 \ldots + P_{\omega - 1} \cdot x^{\omega - 1},$$

$$0 = Q_0 + Q_1 x + Q_2 x^2 + Q_3 x^3 \ldots + Q_{\omega - 1} \cdot x^{\omega - 1},$$

les deux équations d'équivalence ayant pour racines les élémens, pris négativement, des fonctions respectives $\aleph [N_\omega - n_q]^m$ et $\aleph [N_\omega - n_p]^m$. — Ce sont les racines de ces équations qu'il faut déterminer en premier lieu.

Pour y parvenir, observons d'abord que

$$\aleph [N_\omega - n_q]^m = \aleph [n_1 + n_2 + n_3 \ldots + n_{\omega - 2} + n_p]^m,$$

$$\aleph [N_\omega - n_p]^m = \aleph [n_1 + n_2 + n_3 \ldots + n_{\omega - 2} + n_q]^m,$$

n_p et n_q étant deux quantités différentes, et $n_1, n_2, n_3, \ldots n_{\omega - 2}$ des quantités identiques dans ces deux fonctions. Ainsi, les racines respectives des deux équations (dk) sont

$$(-n_1),\ (-n_2),\ (-n_3),\ \ldots\ (-n_{\omega-2}),\ (-n_p);$$
$$(-n_1),\ (-n_2),\ (-n_3),\ \ldots\ (-n_{\omega-2}),\ (-n_q);$$

et ce sont ces quantités qu'il s'agit de déterminer. — Or, suivant la première (hh) des deux lois de la théorie générale des équivalences, nous avons

$$n_1 + n_2 + n_3 \ldots + n_{\omega-2} + n_p = P_{\omega-2},$$
$$n_1 + n_2 + n_3 \ldots + n_{\omega-2} + n_q = Q_{\omega-2},$$

et par conséquent $(n_q - n_p) = Q_{\omega-2} - P_{\omega-2}$; et suivant la loi fondamentale (D) de la théorie des nombres, nous avons, pour l'équation de congruence en question (di), le principe

$$\aleph[N_\omega - n_p]^m - \aleph[N_\omega - n_q]^m = (n_q - n_p) \times \aleph[N_\omega]^{m-1},$$

et par conséquent $(n_q - n_p) = [\Xi]$. Donc, la relation d'égalité . . . (dl)

$$Q_{\omega-2} - P_{\omega-2} = [\Xi],$$

forme une des conditions qui lient les coefficiens P et Q des deux équations (dk). De plus, puisque ces deux équations ont, en commun, les $(\omega-2)$ racines $(-n_1), (-n_2), (-n_3), \ldots (-n_{\omega-2})$, il faut, suivant les lois générales (aj) de la corrélation des équations d'équivalence, que les coefficiens P et Q satisfassent aux conditions

$$o = P_0 - P_1 . n_p + P_2 . n_p^2 - P_3 . n_p^3 \ldots (-1)^{\omega-1} . P_{\omega-1} . n_p^{\omega-1},$$

$$o = Q_0 - Q_1 . n_p + Q_2 . n_p^2 - Q_3 . n_p^3 \ldots (-1)^{\omega-1} . Q_{\omega-1} . n_p^{\omega-1};$$

ou bien, en éliminant, entre ces deux égalités, la quantité indéterminée n_p, il faut que les coefficiens P et Q des équations (dk) satisfassent à la relation d'égalité qui résulte de cette élimination; relation qui donnera la condition . . . (dm)

$$o = f(P_0, P_1, P_2, \ldots P_{\omega-2};\ Q_0, Q_1, Q_2, \ldots Q_{\omega-2}),$$

f dénotant la fonction d'égalité correspondante. Enfin, en réunissant les expressions (dj) et (dg), on aura de plus, pour la détermination des coefficiens P et Q, les deux conditions

$$(\Xi)_1 + (\zeta)_1 \cdot [\Xi] = P_{\omega-2} \cdot \aleph[N_\omega - n_q]^{m-1} - P_{\omega-3} \cdot \aleph[N_\omega - n_q]^{m-2} +$$
$$+ P_{\omega-4} \cdot \aleph[N_\omega - n_q]^{m-3} - \text{etc.}, \dots\dots\dots\dots\dots (dn)$$

$$(\Xi)_2 + (\zeta)_2 \cdot [\Xi] = Q_{\omega-2} \cdot \aleph[N_\omega - n_p]^{m-1} - Q_{\omega-3} \cdot \aleph[N_\omega - n_p]^{m-2} +$$
$$+ Q_{\omega-4} \cdot \aleph[N_\omega - n_p]^{m-3} - \text{etc.}, \dots\dots\dots\dots (do)$$

dans lesquelles les quantités $\aleph[N_\omega - n_q]^{m-1}$, $\aleph[N_\omega - n_q]^{m-2}$, etc. et $\aleph[N_\omega - n_p]^{m-1}$, $\aleph[N_\omega - n_p]^{m-2}$, etc. seront exprimées, par les formules (dg), au moyen des coefficiens P et Q en question. — Il s'en suit que les $2(\omega-1)$ coefficiens indéterminés P et Q des équations (dk), devront satisfaire aux quatre conditions (dl), (dm), (dn) et (do); et c'est là la seule détermination que donne, pour ces coefficiens, la question théorique qui nous occupe. Il restera donc $2(\omega - 3)$ coefficiens indéterminés parmi les $2(\omega-1)$ coefficiens des équations d'équivalence (dk) dont il est question.

Ainsi, les racines de ces équations, qui, prises négativement, seront

$$n_1, \; n_2, \; n_3, \; \dots \; n_{\omega-2}, \; n_p,$$
$$n_1, \; n_2, \; n_3, \; \dots \; n_{\omega-2}, \; n_q,$$

se trouveront exprimées en fonctions des quantités $(\Xi)_1$, $(\Xi)_2$, $[\Xi]$ et des $2(\omega - 3)$ quantités indéterminées P et Q. — On aura donc, en fonctions de ces quantités, les élémens de l'équation de congruence (dh) ou (di) qui est proposée.

Or, en prenant, parmi ces élémens, les quantités n_1, n_2, n_3, ... $n_{\omega-2}$, n_p et n_q, qui forment l'agrégat que nous désignons par N_ω, nous pourrons avoir les fonctions alephs composées de cet agrégat, savoir, les fonctions $\aleph[N_\omega]$, $\aleph[N_\omega]^2$, $\aleph[N_\omega]^3$, etc. De plus, puisque, suivant la loi fondamentale (D) de la théorie des nombres, le principe de l'équation de congruence (dh), que nous avons déjà allégué ci-dessus, est

$$\aleph[N_\omega - n_p]^m - \aleph[N_\omega - n_q]^m = (n_q - n_p) \times \aleph[N_\omega]^{m-1},$$

où $(n_q - n_p) = [\Xi]$, nous aurons la relation d'égalité.....(dp)

$$[\Xi] \cdot \aleph[N_\omega]^{m-1} = (\Xi)_2 - (\Xi)_1 + ((\zeta)_2 - (\zeta)_1) \cdot [\Xi],$$

$(\zeta)_1$ et $(\zeta)_2$ étant les quantités arbitraires que nous avons introduites dans l'expression (di).

Mais, cette dernière égalité (dp) n'est encore qu'une relation d'identité, dans l'état où elle se trouve jusqu'ici: il reste à fixer, dans cette égalité, la valeur de ξ. — Pour cela, observons que, parmi les élémens de congruence n_1, n_2, n_3, etc., il doit s'en trouver au moins un qui soit un nombre entier ou un nombre rationnel, pour que les deux membres de la congruence $\aleph[N_\omega - n_p]^m$ et $\aleph[N_\omega - n_q]^m$, et le facteur complémentaire $\aleph[N_\omega]^{m-1}$, soient tous des nombres entiers ou des nombres rationnels. Soit donc j ce nombre entier ou du moins rationnel; et faisons.....(dq)

$$n_v = j,$$

n_v étant un des élémens de congruence n_1, n_2, n_3, etc. Ainsi puisque, par la détermination précédente de ces élémens, la quantité n est nécessairement une fonction de ξ et des $2(\omega - 3)$ quantités indéterminées P et Q, on pourra tirer, de l'équation (dq), une expression de ξ.....(dr)

$$\xi = \{ j, P, Q \},$$

dans laquelle $\{ j, P, Q \}$ sera une fonction du nombre j et des $2(\omega - 3)$ quantités indéterminées P et Q. De plus puisque, en substituant cette expression de ξ dans le facteur complémentaire $\aleph[N_\omega]^{m-1}$ qui entre dans l'égalité (dp), cette égalité cessera d'être une simple relation d'identité, sans que la valeur de ξ cesse d'être indéterminée, le nombre j que nous avons introduit dans l'expression précédente de ξ, pouvant être considéré, à cause des quantités indéterminées P et Q, comme ayant une forme quelconque de génération, sera évidemment un nombre arbitraire.

Il suffira donc de donner, aux quantités indéterminées P et Q, une détermination telle que l'expression (dr) de ξ, et le facteur complémentaire $\aleph[N_\omega]^{m-1}$, satisfassent à des conditions proposées,

et

et spécialement, pour la théorie des nombres, à la condition
d'être des nombres entiers ou du moins des nombres rationnels;
et l'on aura, pour la quantité ξ dont il est question, une expression en fonction du nombre arbitraire j, expression qui formera la
solution de l'équation. — Si l'on veut, on peut donner, aux quantités indéterminées P et Q, une détermination telle, que plusieurs
des élémens de congruence n_1, n_2, n_3, etc., ou même tous, soient
des nombres entiers ou des nombres rationnels; et dans le cas où
tous les élémens reçoivent cette détermination, il est inutile de faire
attention au facteur complémentaire $\aleph[N_\omega]^{m-1}$ qui deviendra évidemment, par lui-même, un nombre entier ou un nombre ration-
nel. — On pourrait aussi introduire plusieurs nombres arbitraires
j, j', j'', etc., en formant plusieurs équations analogues à l'équation
marquée (dq), et en établissant, entre les quantités indéterminées
P et Q, les relations de condition requises pour que les valeurs
de ξ, données par ces équations, soient identiques : nous n'avons
exposé que le procédé théorique fondamental et le plus simple,
qu'on peut modifier de différentes manières.

Pour ce qui concerne les équations de congruence des ordres
plus élevés d'indétermination, c'est-à-dire, les équations de congruence qui contiennent plusieurs indéterminées inconnues ξ_1, ξ_2,
ξ_3, etc., il faut évidemment, pour la possibilité de la détermination de ces inconnues, avoir autant d'équations de congruence
données, qu'il y a de ces inconnues. Alors, suivant le procédé
que nous venons d'exposer, on parviendra à autant de relations
d'égalité, semblables à celle marquée (dp), qu'il y a d'inconnues
ξ_1, ξ_2, ξ_3, etc. ; et on pourra, au moyen des élémens de ces relations, obtenir, pour ces inconnues, des expressions qui, éli-
minées entre elles et déterminées convenablement, donneront,
comme ci-dessus, la solution des équations de congruence proposées.

Telle est donc la résolution générale des équations de congruence,
subordonnée, comme cela doit être, à la loi fondamentale de la
théorie des nombres. Cette résolution, comme celles des équations
d'équivalence, de différences, et de grades, se trouve donc ramenée
à un seul principe. — On voit actuellement quelle est la nature
des nombres arbitraires qui entrent dans les expressions des in-

connues indéterminées des équations de congruence; on voit, de plus, que la résolution de ces équations se réduit à la détermination convenable des coefficiens P et Q des équations d'équivalence (dk), dont les racines, prises négativement, forment les élémens de la congruence. — C'est à l'Algorithmie qu'appartient cette détermination des coefficiens P et Q en question : il n'appartenait à la Philosophie des Mathématiques, que de donner le *principe* de la résolution dont il s'agit ; et cette tâche, nous venons de la remplir.

Nous terminerons cet article concernant la théorie des équations de congruence, en montrant la dépendance logique dans laquelle se trouve, par rapport à la loi fondamentale de la théorie des nombres, le procédé indirect qu'on a employé pour la résolution de ces équations, et qui, par sa liaison intime, quoique éloignée, avec le principe de cette résolution, pourrait être étendu à la résolution des équations de congruence de tous les degrés. — Cette déduction algorithmique nous laissera entrevoir, en même temps, la dépendance dans laquelle doivent se trouver, par rapport à la même loi fondamentale, tous les procédés indirects et tous les principes secondaires, qu'on a employés et qu'on pourra employer dans la théorie des nombres.

Soient A, B, C, etc. des quantités algorithmiques formées au moyen des quantités quelconques a_1, a_2, a_3, etc., b_1, b_2, b_3, etc.; c_1, c_2, c_3, etc., etc., de la manière suivante... (ds)

$$A = a_1 ,$$
$$B = a_2 A + b_1 ,$$
$$C = a_3 B + b_2 A + c_1 ,$$
$$D = a_4 C + b_3 B + c_2 A + d_1 ;$$

etc., etc.

Or, pour peu qu'on examine la formation de ces quantités, on voit l'analogie qu'elle a avec la formation des fonctions alephs, et on est porté à croire que ces quantités doivent dépendre, de quelque manière, des fonctions alephs composées des quantités a, b, c, d, etc. Il en est ainsi effectivement, comme nous le montrerons ici, au moins pour le cas le plus simple. Mais ce qu'il y a

de particulier dans ces quantités, c'est qu'étant prises avec l'échelle
de relation formée de deux systèmes a et b, elles fournissent un
moyen indirect, mais commode, pour la résolution des équations
de congruence du premier degré; et par conséquent, vu leur
liaison intime avec le principe de la résolution générale, que ces
quantités, en les prenant avec des échelles de relation formées
de plusieurs systèmes a, b, c, d, etc., fourniraient des moyens
pareils pour la résolution des équations de congruence de tous les
degrés. — C'est, comme nous l'avons déjà dit, cette particularité
qui nous détermine à nous arrêter un instant à ces quantités :
nous leur donnerons en général le nom de *médiateurs*, qu'on a
employé récemment pour un de leurs cas particuliers; et nous
nommerons *bases* les quantités a_1, a_2, a_3, etc., b_1, b_2, b_3, etc., etc.,
qui entrent dans la formation des médiateurs A, B, C, etc.

Le cas le plus simple des médiateurs, est évidemment celui où
les différens systèmes de quantités c, d, e, etc. sont zéro, et où
$b_1 = b_2 = b_3 =$ etc. $= 1$; c'est le cas que nous allons examiner.
— Voici, d'abord, la notation que nous emploierons... (dt)

$$[a_{\mu+}]_1 = a_\mu,$$
$$[a_{\mu+}]_2 = a_{\mu+1}\cdot[a_{\mu+}]_1 + 1,$$
$$[a_{\mu+}]_3 = a_{\mu+2}\cdot[a_{\mu+}]_2 + [a_{\mu+}]_1,$$
$$[a_{\mu+}]_4 = a_{\mu+3}\cdot[a_{\mu+}]_3 + [a_{\mu+}]_2,$$

etc., etc.;

notation qui, vu l'origine de ces quantités, leur convient le mieux.
Le signe $+$ que nous mettons après l'indice μ, marque que les
bases a_μ, $a_{\mu+1}$, $a_{\mu+2}$, etc. sont prises dans l'ordre direct pour
former les médiateurs : dans le cas contraire, il faut mettre le
signe $-$. On aurait ainsi, par exemple,

$$[a_{\mu+}]_1 = a_\mu, \qquad\qquad [a_{\mu+2-}]_1 = a_{\mu+2},$$
$$[a_{\mu+}]_2 = a_{\mu+1}\cdot[a_{\mu+}]_1 + 1; \qquad [a_{\mu+2-}]_2 = a_{\mu+1}\cdot[a_{\mu+2-}]_1 + 1;$$
$$[a_{\mu+}]_3 = a_{\mu+2}\cdot[a_{\mu+}]_2 + [a_{\mu+}]_1, \quad [a_{\mu+2-}]_3 = a_\mu\cdot[a_{\mu+2-}]_2 + [a_{\mu+2-}]_1.$$

Lorsque l'ordre de la progression des bases est toujours direct, on peut négliger le signe placé après l'indice, et écrire simplement $[a_\mu]_1$, $[a_\mu]_2$, $[a_\mu]_3$, etc.

Or, en partant de la formation (dt) des quantités en question, on en déduit facilement, d'abord l'égalité..... $(dt)'$

$$[a_{\mu+}]_\omega = [a_{(\mu+\omega-1)-}]_\omega \, ;$$

et au moyen de cette égalité, l'expression..... $(dt)''$

$$[a_\mu]_\omega = [a_\mu]_\rho \cdot [a_{(\mu+\rho)}]_{\omega-\rho} + [a_\mu]_{\rho-1} \cdot [a_{(\mu+\rho+1)}]_{\omega-\rho-1} \, ;$$

ρ étant un nombre entier quelconque, depuis 1 jusqu'à ω inclusivement. — Cette expression fait voir que, suivant la loi de continuité de la formation de ces quantités, on a

$$[a_{m\pm}]_0 = 1 \, ; \quad [a_{m\pm}]_{-1} = 0.$$

Mais, ce ne sont là que des expressions particulières et subordonnées des médiateurs. Venons à l'expression générale et fondamentale, qui contient le principe de la génération de ces quantités.

Lorsque les bases a_1, a_2, a_3, etc., dont dépendent les médiateurs consécutifs seront égales, nous désignerons ces médiateurs ainsi ...... (du)

$$[\omega]_1 = \omega \, ,$$
$$[a]_2 = a \cdot [a]_1 + 1 \, ,$$
$$[a]_3 = a \cdot [a]_2 + [a] \, ,$$
$$\text{etc.} \, , \; \text{etc.} \, ;$$

et nous les nommerons médiateurs *simples* ou *élémentaires*, parce que tous les autres médiateurs de ce système en sont composés, comme nous allons le voir. — Soient a_1, a_2, a_3, etc. les bases des médiateurs du système particulier dont il s'agit ; et soient δ_1, δ_2, δ_3, etc. les différences respectives de ces bases avec une quantité quelconque a, de manière que

$$a_1 - a = \delta_1 \, , \quad a_2 - a = \delta_2 \, ; \quad a_3 - a = \delta_3 \, , \quad \text{etc.}, \quad \text{etc.} \, ;$$

on a la loi générale.... (dv)

$$[a_1]_\omega = [a]_\omega + \delta_\omega \cdot [a]_{\omega-1} \cdot [a_{\omega+1}]_0 + \delta_{\omega-1} \cdot [a]_{\omega-2} \cdot [a_\omega]_1 +$$
$$+ \delta_{\omega-2} \cdot [a]_{\omega-3} \cdot [a_{\omega-1}]_2 \ldots + \delta_2 \cdot [a]_1 \cdot [a_3]_{\omega-2} + \delta_1 \cdot [a]_0 \cdot [a_2]_{\omega-1}.$$

Pour démontrer cette loi, supposons qu'elle soit vraie; nous aurons hypothétiquement

$$[a_1]_{\omega-1} = [a]_{\omega-1} + \delta_{\omega-1} \cdot [a]_{\omega-2} \cdot [a_\omega]_0 + \delta_{\omega-2} \cdot [a]_{\omega-3} \cdot [a_{\omega-1}]_1 \ldots$$
$$\ldots + \delta_2 \cdot [a]_1 \cdot [a_3]_{\omega-3} + \delta_1 \cdot [a]_0 \cdot [a_2]_{\omega-2},$$
$$[a_1]_{\omega-2} = [a]_{\omega-2} + \delta_{\omega-2} \cdot [a]_{\omega-3} \cdot [a_{\omega-1}]_0 + \delta_{\omega-3} \cdot [a]_{\omega-4} \cdot [a_{\omega-2}]_1 \ldots$$
$$\ldots + \delta_2 \cdot [a]_1 \cdot [a_3]_{\omega-4} + \delta_1 \cdot [a]_0 \cdot [a_2]_{\omega-3};$$

et, suivant la formation des médiateurs, nous avons

$$[a_1]_\omega = a_\omega \cdot [a_1]_{\omega-1} + [a_1]_{\omega-2}.$$

Or, si l'on compose, d'après cette dernière formule, l'expression de $[a_1]_\omega$, au moyen des deux expressions hypothétiques précédentes de $[a_1]_{\omega-1}$ et de $[a_1]_{\omega-2}$, en observant que $a_\omega = a + \delta_\omega$, on obtiendra facilement

$$[a_1]_\omega = [a]_\omega + \delta_\omega \cdot [a]_{\omega-1} \cdot [a_{\omega+1}]_0 + \delta_{\omega-1} \cdot [a]_{\omega-2} \cdot [a_\omega]_1 \ldots$$
$$\ldots + \delta_2 \cdot [a]_1 \cdot [a_3]_{\omega-2} + \delta_1 \cdot [a]_0 \cdot [a_2]_{\omega-1},$$

qui est la loi $(d\nu)$ en question. Il suffit donc que cette loi soit vraie dans les cas de deux valeurs consécutives de ω, pour l'être dans tous les autres : et elle l'est évidemment dans le cas où $\omega = 0$, et où elle donne $[a_1]_0 = 1$; et dans le cas où $\omega = 1$, et où elle donne $[a_1]_1 = a + \delta_1$.

Maintenant, si l'on développe, en vertu de cette même loi, les médiateurs composés $[a_2]_{\omega-1}$, $[a_3]_{\omega-2}$, $[a_4]_{\omega-3}$, etc., qui entrent dans son expression, on obtiendra évidemment, pour $[a_1]_\omega$, une expression nouvelle de la forme .... (dw)

$$[a_1]_\omega = [a]_\omega + M_1 \cdot [a]_{\omega-1} + M_2 \cdot [a]_{\omega-2} + M_3 \cdot [a]_{\omega-3} \ldots + M_\omega \cdot [a]_0,$$

dans laquelle les coefficiens M_1, M_2, M_3, etc. seront des fonctions régulières des différences δ_1, δ_2, δ_3, ... δ_ω. — Telle est donc la formation primitive des quantités dont il s'agit : elles se trouvent composées des médiateurs simples $[a]_1$, $[a]_2$, $[a]_3$, etc., qui en sont les véritables élémens.

Or, les expressions (du) des médiateurs simples ou élémentaires forment un cas particulier des expressions (dg) des fonctions alephs, savoir, le cas où, dans ces dernières expressions, $A_{\omega-1} = a$, $A_{\omega-2} = -1$, $A_{\omega-3} = A_{\omega-4} =$ etc. $= 0$. Ainsi, ces médiateurs simples ne sont que des fonctions alephs dont les élémens, suivant (df), sont les racines, prises négativement, de l'équation d'équivalence

$$0 = -1 + ax + x^2;$$

c'est-à-dire que si l'on forme, avec la base constante a, les deux quantités

$$\tfrac{1}{2}(a + \sqrt{a^2+4}) = n_1, \qquad \tfrac{1}{2}(a - \sqrt{a^2+4}) = n_2,$$

on aura, en général, pour un degré quelconque m,

$$[a]_m = \aleph[n_1 + n_2]^m.$$

Donc, en substituant, dans l'expression (dw), ces valeurs primitives des médiateurs simples $[a]_1$, $[a]_2$, $[a]_3$, etc., on aura définitivement.... (dx)

$$[a_1]_\omega = \aleph[n_1 + n_2]^\omega + M_1 . \aleph[n_1 + n_2]^{\omega-1} + M_2 . \aleph[n_1 + n_2]^{\omega-2} \dots$$
$$\dots + M_\omega . \aleph[n_1 + n_2]^0.$$

C'est là l'expression fondamentale, le principe de la génération des quantités nommées médiateurs, dans le système particulier que nous examinons. — Donc, ces quantités ne sont que des fonctions des quantités alephs. Ainsi, toutes les relations de ces médiateurs, celles par exemple marquées ci-dessus par $(dt)'$ et $(dt)''$, ont leur possibilité dans le principe fondamental (D) de la théorie des nombres; principe qui est l'expression de la relation générale des fonctions alephs.

Or, outre les relations $(dt)'$ et $(dt)''$ des médiateurs en question on tire encore immédiatement, des expressions (dt) de leur formation, la relation remarquable.... (dy)

$$[a_\mu]_\omega . [a_{\mu+\varpi}]_{\omega-\pi} - [a_\mu]_{\omega-\pi} . [a_{\mu+\varpi}]_\omega =$$
$$= (-1)^{\varpi+\varpi+\pi} . [a_\mu]_{\varpi-1} . [a_{\mu+\varpi-\pi+1}]_{\pi-1},$$

ϖ et π étant deux nombres entiers quelconques ; et c'est cette
relation qui, dans le cas particulier où $\varpi = 1$ et $\pi = 1$, fournit
le moyen indirect qu'on emploie pour la résolution des équations
de congruence du premier degré. — D'après ce que nous venons
de dire de la nature des médiateurs en question, on voit que la
relation précédente et le moyen de solution qui en résulte, reçoivent leur possibilité de la loi fondamentale (D) de la théorie
des nombres. En effet, les médiateurs qui entrent dans cette relation, sont composés, dans leur principe, de quantités alephs ;
et si l'on substitue les expressions équivalentes (dx), la relation
(dy) dont il s'agit, qui se trouvera exprimée en fonctions alephs,
ne sera en général possible qu'en vertu de la relation de ces dernières fonctions, exprimée dans la loi fondamentale (D). — Voilà
le lien qui rattache cette relation des médiateurs et le moyen de
solution qui en résulte, à la loi fondamentale de la théorie des
nombres.

On conçoit qu'en procédant de cette manière, on peut également
ramener à cette loi fondamentale les autres cas des médiateurs,
ceux où les échelles de relation sont formées des systèmes de
plusieurs quantités a, b, c, etc. On pourrait, de la même manière,
ramener à cette loi toutes les autres espèces de quantités algorithmiques qui, dans la théorie des nombres, servent de principes
secondaires. Mais, un seul exemple, celui que nous venons de
traiter, doit nous suffire dans cette Introduction. — D'ailleurs, ce
ne sont là que des procédés indirects : il faudra définitivement
subordonner toute la théorie des nombres au principe de la résolution générale des équations de congruence ; principe que nous
avons donné.

Ici finit ce que nous avions à dire sur la théorie de la comparaison algorithmique, et par conséquent, sur la partie systématique
de la théorie de l'Algorithmie. Nous sommes ainsi au terme de
cette théorie. — Mais, n'ayant pas voulu entrer, dès le commencement de l'Ouvrage, dans des recherches trop métaphysiques, nous
ne nous sommes attachés qu'aux résultats mathématiques, sur-tout
dans la partie élémentaire de la théorie que nous venons d'examiner. Il nous reste donc encore, pour compléter cette Introduction à la Philosophie des Mathématiques, à ajouter quelques

observations philosophiques aux différentes branches que nous avons traitées, et sur-tout à celles qui forment la partie élémentaire de la Théorie de l'Algorithmie. — Nous examinerons ici, suivant la MÉTHODE RÉGRESSIVE OU ANALYTIQUE, ces différentes branches de l'Algorithmie, dans l'ordre où nous les avons exposées suivant la MÉTHODE PROGRESSIVE OU SYNTHÉTIQUE : nous n'ajouterons aucune considération sur leur *coordination*, l'Architectonique de la Théorie de l'Algorithmie se trouvant déduite par ce qui précède.

Or, pour ce qui concerne d'abord l'algorithme primitif de la SOMMATION, nous avons déjà dit qu'il est fondé sur les *lois constitutives de l'entendement ;* et c'est là tout ce que les limites de cette Introduction nous permettent de dire concernant la déduction transcendantale de cet algorithme : d'ailleurs, ce peu de mots suffira aux philosophes. — Nous ajouterons seulement que l'algorithme de la sommation constitue, en quelque sorte, la *matière* de toute fonction algorithmique possible pour l'homme ; et cela, par la raison même de l'origine transcendantale que nous venons de lui reconnaître : l'application ou l'emploi des autres facultés intellectuelles, ne peut influer que sur la *forme* des fonctions algorithmiques, dont les élémens (le contenu) sont toujours donnés par l'algorithme primitif de la sommation.

Le schéma de cet algorithme, qui résulte de la CONCEPTION GÉNÉRALE de son objet, est..... (1)

$$A + B = C;$$

et telle est aussi la LOI FONDAMENTALE de la théorie de la sommation. En effet, toute cette théorie ne contient que les élémens de l'Algorithmie, mais les élémens absolus ou indépendans ; et pour cette raison, la conception de son objet est, en même temps, sa loi fondamentale.

Quant aux CIRCONSTANCES IMMÉDIATES de cette théorie, qui, suivant ce que nous avons dit plus haut, en forment la troisième partie, la circonstance philosophique et fondamentale est que le schéma $A + B = C$, implique nécessairement le schéma réciproque $C — B = A$; d'où résultent, d'abord, pour la théorie générale de la sommation, les deux branches particulières, l'une

progressive,

progressive, l'ADDITION, l'autre régressive, la SOUSTRACTION, que nous avons indiquées en parlant de cette théorie.

Mais, un corollaire philosophique, non moins important, qui résulte encore de l'identité nécessaire des relations réciproques

$$\dots\dots (2) \qquad A + B = C, \qquad C - B = A,$$

est celui de la *fonction particulière* de la quantité B dans ces deux relations. Cette fonction, considérée en elle-même et avec abstraction des opérations algorithmiques d'addition et de soustraction, se présente, dans la première de ses relations, avec le caractère d'une faculté d'augmentation, et dans la seconde, avec le caractère d'une faculté de diminution. — Tel est du moins le fait algorithmique : en voici la déduction philosophique. — Les opérations d'addition et de soustraction, qui forment les deux branches de l'algorithme de la sommation, ne sont fondées que sur la première des lois de l'entendement, celle de la *quantité*, dont l'application à l'intuition du temps, donne proprement la conception ou le schéma du nombre. Mais, en considérant la diversité de la fonction du nombre B dans les deux relations (2) dont il s'agit, l'opposition de cette fonction admet, de plus, l'application de la seconde loi de l'entendement, celle de la *qualité*; et il résulte, de cette application transcendantale, une signification particulière pour la fonction du nombre B dans les deux relations $A + B = C$ et $C - B = A$. — C'est cette signification transcendantale qui constitue les caractères particuliers du nombre B dans les deux relations en question; et ce sont ces caractères particuliers qu'on nomme, avec raison, état *positif* et état *négatif* du nombre B.

Voilà la déduction métaphysique des caractères, positif et négatif, des quantités algorithmiques. — On voit actuellement que ces caractères portent sur la QUALITÉ des nombres; tandis que les opérations d'addition et de soustraction ne portent que sur leur QUANTITÉ. C'est le défaut de cette distinction très-simple qui, jusqu'à ce jour, a couvert de tant d'obscurité les questions algorithmiques concernant l'état positif ou négatif des nombres. Les explications qu'on a voulu donner de ces questions, celles, par exemple, qu'on lit dans les *Leçons des Écoles normales*, ou dans le *Mémoire* (de Carnot) *sur la relation des cinq points pris dans l'espace*, ne sont que des propositions tautologiques, qui contiennent précisément l'objet qu'il s'agissait d'expliquer. — Nous parlerons ailleurs de l'identité des signes + et — qui servent à marquer, sans distinction, les opérations algorithmiques d'addition et de soustraction, et les qualités, positive et négative, des quantités algorithmiques : nous donnerons aussi les développemens ultérieurs.

Venons à l'algorithme de la REPRODUCTION. — Nous avons vu que cet algorithme élémentaire consiste dans la neutralisation intellectuelle des deux algorithmes primitifs et opposés, la sommation et la graduation ; et qu'il se rapporte, en le considérant dans son origine transcendantale, à la faculté du *jugement*.

Le schéma qui résulte de la CONCEPTION GÉNÉRALE de cet algorithme, est............(3)

$$A + A + A + A \ldots\ldots B \text{ fois} = C,$$

les nombres A, B, C étant donnés entièrement par l'algorithme de la sommation. En effet, pour concevoir cette génération, pour en former la première conception, il est nécessaire que les nombres A et B soient donnés par l'algorithme de la sommation, qui, jusquea-là, est le seul mode connu de génération algorithmique, c'est-à-dire qu'il est nécessaire que les nombres A et B soient des nombres entiers ; et alors le nombre C, comme produit par une génération de sommation, sera encore un nombre entier, ou un nombre donné par l'algorithme de la sommation.

Mais, lorsque cette conception est formée, l'influence régulative de la raison, qui se manifeste déjà dans l'algorithme de reproduction dont il est question, introduit, dans la génération des nombres A, B et C, une *détermination nouvelle et particulière*, qui satisfait, d'une part, au caractère d'agrégation, à la *discontinuité* de génération algorithmique, dominant dans l'algorithme primitif de la sommation, et de l'autre part, au caractère de croissance, à la *continuité* de génération algorithmique, dominant dans l'algorithme primitif de la graduation. Or, c'est cette détermination particulière de la génération des nombres A, B et C, dans laquelle se trouve la neutralisation des deux algorithmes primitifs et opposés, qui forme la LOI FONDAMENTALE de la théorie de la reproduction. — Le schéma de cette loi est..... (4)

$$A \times B = C,$$

où l'on suppose que, parmi les trois nombres A, B et C, deux quelconques de ces nombres peuvent être donnés par l'algorithme de la sommation, ou bien, ce qui revient au même, que A, ou B, étant donné ainsi, le nombre C peut représenter tous les nombres formant la suite produite par la génération de sommation.

Les CIRCONSTANCES IMMÉDIATES qui font l'objet de la troisième partie de la théorie de la reproduction, sont fondées sur l'identité nécessaire des relations réciproques..... (5)

$$A \times B = C, \qquad \frac{C}{B} = A.$$

Le premier corollaire philosophique qui dérive de ces relations, donne, pour la théorie générale de la reproduction, les deux branches particulières, l'une progressive, la MULTIPLICATION, l'autre régressive, la DIVISION, que nous avons indiquées en parlant de cette théorie. — De plus, les nombres C et B pouvant être des nombres quelconques, donnés par l'algorithme de la sommation, la génération du nombre A au moyen de la seconde des deux relations réciproques (5), reçoit, dans certains cas, un caractère particulier, lequel est précisément le caractère qu'introduit, dans la génération des nombres, l'influence régulative de la raison qui commence à se manifester dans l'algorithme de la reproduction. Suivant ce caractère, le nombre A se trouve hors de la suite des nombres produits par la génération de sommation, et contient, en quelque sorte, une *détermination plus intellectuelle*, qui est la détermination particulière que nous avons exposée ci-dessus, en donnant la déduction de la loi fondamentale (4). — Or, ce sont ces nombres nouveaux, placés ainsi hors de la suite des nombres *entiers*, ou hors de la suite des nombres produits par la génération de sommation, qu'on appelle *nombres fractionnaires*.

Telle est donc la déduction métaphysique des nombres fractionnaires. — La considération des *rapports*, des *parties*, etc., pour expliquer ces nombres, ne conduit qu'à des tautologies, abstraites ou concrètes, qui impliquent précisément l'objet qu'il fallait expli-

quer. C'est à l'origine transcendantale de ces nombres qu'il fallait
remonter, pour en découvrir la nature.

Un second corollaire philosophique, qui dérive des relations
réciproques (5), est, comme dans la théorie de la sommation, la
fonction particulière du nombre B dans ces deux relations. C'est
encore sur la conception primordiale de la *qualité*, que porte le
caractère particulier qui en résulte pour le nombre B; et ce caractère, considéré sous le point de vue algorithmique, consiste
dans l'état *positif* ou *négatif* de l'exposant de graduation de ce
nombre. — Nous donnerons ailleurs les développemens ultérieurs.

Venons à l'algorithme de la GRADUATION. — Nous avons dit que ce
second algorithme primordial, ce second pôle intellectuel algorithmique, est fondé sur les *lois régulatives de la raison*; et c'est encore
tout ce que les limites de cette Introduction nous permettent de dire
concernant la déduction transcendantale de cet algorithme. Nous ajouterons seulement que c'est cette influence régulative de la raison, exprimée immédiatement dans l'algorithme de la graduation, qui fonde,
pour l'homme, la possibilité même d'une algorithmie : sans cette
influence, nous ne saurions avoir que la simple sommation, dont
l'objet et les lois sont identiques, ainsi que nous l'avons vu en
examinant cet algorithme primitif et simple. — Voici les points
principaux de la métaphysique de l'algorithme de la graduation.

D'abord, le schéma philosophique, qui résulte de la CONCEPTION
GÉNÉRALE de l'objet de cet algorithme, est......(6)

$$\left(1 + \mu . \frac{1}{\infty}\right)^{\infty} = m;$$

dans lequel, suivant ce que nous avons vu plus haut, la quantité μ
est le logarithme du nombre m. En effet, cette forme qui porte essentiellement sur une génération indéfinie, et qui, par conséquent,
implique l'idée de l'absolu, est évidemment la seule forme possible
sous laquelle nous pouvons concevoir, au moyen de l'algorithme
élémentaire et primordial de sommation, qui est un produit de l'entendement, la *continuité indéfinie* de la génération d'un nombre,
que demande la raison : la forme, par exemple,

$$\frac{1}{\infty} + \frac{1}{\infty} + \frac{1}{\infty} + \text{etc.} = m,$$

impliquerait toujours et nécessairement l'idée de la *discontinuité.*
— Or, c'est évidemment sur cette génération (6) du nombre m,
que se fonde la possibilité algorithmique d'un *exposant* quelconque
de ce nombre, entier, fractionnaire, positif, négatif, ou zéro; c'est-
à-dire, le schéma purement algorithmique..... (7)

$$A^B = C,$$

dans lequel A, B et C peuvent être des nombres quelconques.

Pour ce qui concerne, en second lieu, la LOI FONDAMENTALE
de la théorie de la graduation, elle doit se trouver, comme pour
la théorie de la reproduction, dans l'expression de l'application
de la graduation à la sommation, pour embrasser, d'une part,
l'élément primitif (le contenu) de tout calcul que donne l'algorithme de la sommation, et de l'autre part, la forme intellectuelle
que donne l'algorithme de la graduation. Or, pour peu qu'on examine
le schéma (7), on voit que l'expression en question doit être

$$(a_1 + a_2 + a_3 + \text{etc.})^B = C;$$

dont le principe, considéré dans son développement, est.... (8)

$$(A_1 + A_2)^B = A_1^B + \frac{B}{1} . A_1^{B-1} . A_2 + \frac{B}{1} . \frac{B-1}{2} . A_1^{B-2} . A_2^2 + \text{etc.};$$

c'est-à-dire, le célèbre *binome de Newton.* — Telle est donc la
loi fondamentale de la théorie de la graduation; et c'est la seule
loi scientifique qui, parmi les lois fondamentales des différentes
branches de l'Algorithmie, ait été connue des géomètres avant
cette Philosophie des Mathématiques. — Nous pouvons nous dispenser d'en donner ici la déduction algorithmique.

Pour ce qui concerne, en troisième lieu, les CIRCONSTANCES
IMMÉDIATES formant la troisième partie de la théorie de la graduation, elles sont encore fondées sur l'identité nécessaire des relations réciproques..... (9)

$$A^B = C, \qquad C^{\frac{1}{B}} = A.$$

Le premier corollaire philosophique, qui dérive de ces relations, donne, comme dans les deux autres théories primitives, pour

la théorie générale de la graduation, les deux branches particulières, l'une progressive, les PUISSANCES, l'autre régressive, les
RACINES, que nous avons indiquées en parlant de cette théorie.
— De plus, le nombre A qui forme la racine B du nombre C,
implique évidemment, dans sa génération, une détermination
nouvelle, et plus *intellectuelle* encore que ne l'est celle du
nombre A qui, dans la théorie de la reproduction, résulte de la
division du nombre C par B. Le schéma de cette génération,
d'après (6), est. . . . . (10)

$$A = \left(1 + \mu \cdot \frac{1}{\infty}\right)^{\frac{\infty}{B}}.$$

Or, avec la possibilité de la génération intellectuelle du nombre A,
on voit, dans ce dernier schéma, que la génération sensible de
ce nombre, en le considérant en général, est nécessairement *indéfinie*; comme il s'ensuit aussi de la loi fondamentale (8) de la
théorie de la graduation, loi qui donne, dans le cas en question,
une génération indéfinie, par sommation, pour le nombre dont
il s'agit. — C'est cette génération indéfinie, provenant de l'influence régulative et intellectuelle de la raison dans le domaine sensible de l'entendement, qui est le caractère distinctif des nombres
qu'on appelle inexactement *nombres irrationnels* (*). — Nous avons
vu plus haut que ces nombres admettent une infinité d'ordres différens, correspondans aux ordres différens de leur génération,
plus ou moins indéfinie; et nommément qu'ils sont du premier
ordre, du second ordre, du troisième ordre, etc., suivant que
les nombres infinis qui entrent dans le schéma (6) de cette génération, sont du premier ordre, du second ordre, du troisième
ordre, etc.

Telle est la déduction métaphysique des nombres dits irrationnels. — On voit actuellement quelle en est l'origine transcendantale, et combien étaient loin d'y atteindre les différentes explications qu'on a voulu en donner,

____

(*) Il faudrait plutôt les nommer *nombres rationnels*, comme étant produits
par l'influence de la RAISON, suivant la déduction que nous venons d'en donner;
et cela malgré le mot *raison*, pris dans sa signification de *rapport*.

Quant à la fonction particulière du nombre B dans les deux relations réciproques (9), elle est visiblement la même que celle du nombre B dans les deux relations réciproques (5) de la théorie de la reproduction, c'est-à-dire qu'elle consiste dans l'état positif ou négatif de l'exposant de graduation de ce nombre.

Le second corollaire philosophique qui dérive des relations réciproques (9), et nommément de la seconde de ces relations, est l'antinomie particulière impliquée dans la génération du nombre A, lorsque C est un nombre négatif et B un nombre pair. — Cette antinomie provient de ce que le schéma philosophique (6), qui est le principe ou le fondement de la possibilité de l'algorithme de la graduation, ne porte que sur la génération de la *quantité* du nombre m, laquelle, prise en général, est réellement susceptible d'une continuité indéfinie; tandis que la *qualité* de ce nombre, comme produite essentiellement et exclusivement par l'algorithme de la sommation, implique nécessairement la discontinuité qui est le caractère de ce dernier algorithme, c'est-à-dire qu'elle implique nécessairement l'opposition discontinue de l'état positif à l'état négatif du nombre m. Et en effet, lorsqu'il s'agit d'un nombre négatif C, produit par la génération de graduation A^B, on ne peut, en supposant le nombre A réel, considérer indifféremment l'exposant B comme un nombre pair ou impair; parce que ce serait supposer, à la génération du nombre négatif C, une continuité indéfinie qu'il n'a point réellement. — Toutefois, ce qui n'est pas possible en *réalité*, dans le domaine sensible de l'entendement, l'est au moins en *idée*, dans le domaine intellectuel de la raison : et cette dernière faculté ne se désiste point, autant qu'il est en elle, de ramener toutes les fonctions algorithmiques à la loi de continuité indéfinie ou, en général, à la loi de l'absolu. — Le principe réel de cette génération indéfinie des nombres négatifs, est..... (11)

$$\left(-1 - Lm.\frac{1}{\infty'}\right)^{\infty'} = (-m),$$

dans lequel le nombre infini ∞' est nécessairement impair. Mais, pour simplifier ces considérations, observons que $(-m) = (-1)$ $.(+m)$; c'est-à-dire que la considération des nombres négatifs se

réduit à celle du nombre (— 1). Il suffit donc d'examiner la génération du nombre particulier (— 1); génération qui, d'après le
schéma précédent (11), est

$$\left(-1 - L1 \cdot \frac{1}{\infty}\right)^{\infty} = (-1),$$

c'est-à-dire, à cause de $L1 = 0, \ldots, (12)$

$$(-1)^{\infty'} = (-1).$$

Or, le nombre ∞' étant nécessairement impair, il est évident,
suivant cette génération indéfinie de l'unité négative, que, toutes
les fois qu'il s'agira de prendre une racine à exposant pair de
cette unité, l'opération algorithmique sera *impossible* en réalité,
et cependant elle sera *possible* en idée; et c'est là l'antinomie
faisant l'objet du corollaire philosophique qui nous occupe. — Pour
ne parler que de la possibilité idéale, on voit qu'en prenant une
partie paire de l'exposant ∞', par exemple $\frac{\infty'}{2p}$, p étant un nombre
entier quelconque, on aura, pour la racine $2p$ de l'unité négative,
une partie des facteurs élémentaires (— 1) du schéma (12), exprimée
par $\frac{\infty'}{2p} = \infty'' + \frac{r}{2p}$, ∞'' étant le nombre entier le plus grand contenu dans $\frac{\infty'}{2p}$, et r un nombre impair et plus petit que $2p$; de
manière qu'après avoir pris ∞'' facteurs élémentaires (— 1), il
restera à prendre une partie $\frac{r}{2p}$ des facteurs élémentaires du second
ordre, qui composent l'un des facteurs élémentaires (— 1) du
premier ordre. ON PEUT DONC RECOMMENCER LA MÊME OPÉRATION
IDÉALE SUR LE FACTEUR RESTANT DU PREMIER ORDRE (— 1), ET
ON PEUT LA CONTINUER AINSI À L'INDÉFINI. — Or, ce sont les
nombres correspondans à cette génération *idéale possible*, et dont
le caractère consiste précisément dans cette possibilité de génération idéale, qui forment les nombres qu'on appelle très-inexac-
tement *nombres imaginaires*.

Telle est la déduction métaphysique de ces nombres vraiment
extraordinaires, qui forment un des phénomènes intellectuels les
plus

plus remarquables, et qui donnent une preuve non équivoque de l'influence qu'exerce, dans le savoir de l'homme, la faculté législatrice de la raison dont ces nombres sont un produit, en quelque sorte malgré l'entendement. — On voit actuellement que, loin d'être *absurdes*, comme les envisageaient les géomètres, les nombres dits imaginaires sont éminemment *logiques* et, par conséquent, très-conformes aux lois du savoir; et cela, parce qu'ils émanent, et en toute pureté, de la faculté même qui donne des lois à l'intelligence humaine. De là vient la possibilité d'employer ces nombres, sans aucune contradiction logique, dans toutes les opérations algorithmiques; de les traiter comme des êtres privilégiés dans le domaine de notre savoir, et d'en déduire des résultats rigoureusement conformes à la raison. — Quant à l'espèce de contradiction que ces nombres paraissent impliquer, et dont nous avons donné la déduction, on voit maintenant que ce n'est point une contradiction *logique* qui les rendrait absurdes, mais bien une contradiction *transcendantale*, une véritable antinomie dans l'intelligence humaine, provenant de l'opposition des lois de l'entendement avec les lois de la raison; antinomie dans laquelle la raison soutient sa supériorité, et donne, malgré l'entendement, une existence, quoique purement idéale, à ces nombres si faussement réputés absurdes. — On voit enfin que la dénomination de *quantités imaginaires*, qu'on emploie pour ces nombres, est absolument fausse; et que la dénomination la plus convenable serait celle de *quantités idéales* (*). — La faculté de l'*imagination*, qui forme, pour ainsi dire, le chaînon intermédiaire entre la sensibilité et l'entendement de l'homme, ne peut produire, lorsqu'elle est abandonnée à elle-même, que des êtres fantasques et rebelles

---

(*) Pour ne nous attacher qu'aux choses, nous avons évité, dans cette Introduction, autant qu'il a été possible, toutes les innovations concernant les noms et les signes. Nous devons cependant prévenir qu'une NOMENCLATURE PHILOSOPHIQUE et une NOTATION SYSTÉMATIQUE deviennent indispensables pour la réforme philosophique que doivent subir les sciences mathématiques. — Avant de publier la Philosophie générale de ces sciences, l'auteur soumettra à l'avis des géomètres, dans une brochure séparée, la nomenclature et la notation qu'il suivra dans la Philosophie générale des Mathématiques.

aux lois de la raison : tels sont les nombres réellement absurdes, qui impliquent une véritable contradiction logique ; par exemple, les nombres x et y qui, suivant l'imagination, doivent satisfaire aux équations

$$0 = 3x - 2y + 5, \qquad 0 = 6x - 4y - 5.$$

Les géomètres ne doivent pas perdre de vue cette distinction des quantités *idéales* avec les quantités purement *imaginaires* : les premières, produites par la raison, sont rigoureusement logiques et conformes aux lois du savoir ; les secondes, produites par l'imagination, sont absurdes et contradictoires avec les lois du savoir.

Il nous reste à observer que les quantités idéales dont nous venons de parler, sont toutes de la même nature, et ont nécessairement toutes, pour leur expression, la même forme algorithmique. En effet, ces quantités ne diffèrent entre elles que par la détermination numérique de l'exposant pair de la racine à laquelle elles correspondent, et elles sont rigoureusement identiques dans ce qui concerne leur génération idéale. Ces quantités peuvent donc être exprimées au moyen de l'une d'entre elles, et ce qu'il y a de plus naturel, au moyen de la plus simple, qui est visiblement la racine à exposant *deux*. C'est aussi ce qui résulte de la relation algorithmique de ces quantités, comme nous allons le voir. — On a en général

$$\left(\sqrt[2n]{-1}\right)^{2n} = -1\,;$$

et retranchant $\sqrt[2n]{-1}$ des deux membres de cette égalité, on obtient, pour les quantités en question, la relation algorithmique ..... (13)

$$\sqrt[2n]{-1} = \left(1 + \sqrt[2n]{-1}\right).\left(1 - \left(\sqrt[2n]{-1}\right)^{2n-1}\right)^{-1}.$$

Ainsi, en prenant une racine quelconque r, on aura .... (14)

$$\sqrt[2nr]{-1} = \left(1 + \sqrt[2n]{-1}\right)^{r}.\left(1 - \left(\sqrt[2n]{-1}\right)^{2n-1}\right)^{-\frac{r}{2}};$$

et puisque, suivant la loi fondamentale (8), les développemens des binomes formant le second membre de cette dernière égalité, se-

ront fonctions de graduation des deux termes de ces binomes, et nommément fonctions de puissances entières de $\sqrt[2n]{-1}$, on aura
........(15)

$$\sqrt[2nr]{-1} = 1 + N_1 . \sqrt[\frac{2n}{1}]{-1} + N_2 . \sqrt[\frac{2n}{2}]{-1} + N_3 . \sqrt[\frac{2n}{3}]{-1} \ldots$$

$$\ldots\ldots + N_{2n} . \sqrt[\frac{2n}{2n}]{-1} ,$$

en désignant par N_1, N_2, N_3, etc. la somme des coefficiens respectifs des racines $\frac{2n}{1}$, $\frac{2n}{2}$, $\frac{2n}{3}$, ... $\frac{2n}{2n}$ de (-1), dans le produit des développemens des binomes dont il s'agit. — Donc, dans le cas le plus simple où $n = 1$, on aura, d'après la formule générale (15), l'expression...... (16)

$$\sqrt[2r]{-1} = (1 - N_2) + N_1 . \sqrt{-1}.$$

C'est là, et seulement là, le principe de ce que toutes les quantités dites imaginaires se réduisent à la racine $\sqrt{-1}$, ou à la forme binomiale précédente (16).

Enfin, un troisième corollaire philosophique, qui dérive des relations réciproques (9), est la pluralité des racines A correspondantes à un même nombre C et à un même exposant $\frac{1}{B}$. Cette pluralité est fondée sur celle des valeurs du nombre μ qui entre dans le schéma philosophique (6) de l'algorithme de la graduation, et particulièrement dans le schéma de la génération par graduation de l'unité positive et de l'unité négative, qui sont respectivement les facteurs de tous les nombres positifs et négatifs. On a, en effet,........ (17)

$$\left(1 + \mu . \frac{\pi}{2} \sqrt{-1} . \frac{1}{\infty}\right)^{\infty} = + 1, \qquad \left(1 + \nu . \frac{\pi}{2} \sqrt{-1} . \frac{1}{\infty}\right)^{\infty} = -1,$$

μ étant un nombre pair quelconque, y compris zéro, ν un nombre quelconque impair, et π le nombre donné par l'expression

$$\pi = \frac{4\infty}{\sqrt{-1}} . \{(1 + \sqrt{-1})^{\frac{1}{\infty}} - (1 - \sqrt{-1})^{\frac{1}{\infty}}\}.$$

Pour s'en couvaincre, sans employer immédiatement la théorie des logarithmes, ni celle des sinus, il suffit d'observer, d'abord que

$$\left(1 + \mu \cdot \frac{\pi}{2}\sqrt{-1} \cdot \frac{1}{\infty}\right)^{\infty} = \left\{\left(1 + \frac{\pi}{2}\sqrt{-1} \cdot \frac{1}{\infty}\right)^{\infty}\right\}^{\mu},$$

$$\left(1 + \nu \cdot \frac{\pi}{2}\sqrt{-1} \cdot \frac{1}{\infty}\right)^{\infty} = \left\{\left(1 + \frac{\pi}{2}\sqrt{-1} \cdot \frac{1}{\infty}\right)^{\infty}\right\}^{\nu};$$

et ensuite que

$$\left(1 + \frac{\pi}{2}\sqrt{-1} \cdot \frac{1}{\infty}\right)^{\infty} = -1,$$

comme on peut s'en assurer, en développant le binome de cette dernière égalité, et en y substituant l'expression précédente de π. Mais, sans recourir à cette déduction, ou sans remonter jusqu'au premier principe, il est évident qu'on a, pour la génération par graduation de l'unité positive et de l'unité négative, les expressions...... (18)

$$(-1)^{\mu} = +1, \qquad (-1)^{\nu} = -1,$$

μ étant toujours un nombre pair quelconque, y compris zéro, et ν un nombre quelconque impair. Or, si l'on prend la racine m dans la première de ces expressions, et la racine n dans la seconde, on aura...... (19)

$$(+1)^{\frac{1}{m}} = (-1)^{\frac{\mu}{m}} = (-1)^{p + \frac{\mu'}{m}} = (-1)^{p} \cdot (-1)^{\frac{\mu'}{m}},$$

$$(-1)^{\frac{1}{n}} = (-1)^{\frac{\nu}{n}} = (-1)^{q + \frac{\nu'}{n}} = (-1)^{q} \cdot (-1)^{\frac{\nu'}{n}},$$

en considérant p et q comme les nombres entiers que donnent les fractions $\frac{\mu}{m}$ et $\frac{\nu}{n}$, et les nombres μ' et ν' comme positifs ou négatifs, et comme étant respectivement plus petits que m et n. Ainsi, puisque les nombres μ' et ν' sont d'ailleurs arbitraires, il est évident que les racines dont il s'agit, ont autant de générations différentes qu'on peut prendre de nombres différens pour μ' et ν'; et il se trouve que ce nombre de générations différentes est respectivement m et n. En effet, lorsque 1°. le nombre m est pair, μ' peut être un nombre pair quelconque, plus petit que m, positif, négatif ou zéro ; ce qui donne visiblement m générations différentes pour la racine m de $(+1)$, en observant qu'alors p est indifféremment pair ou impair. Lorsque 2°. le nombre m est impair, μ' peut être un nombre pair quelconque, plus petit que m, positif, négatif ou zéro ; ce qui donne encore m générations différentes pour la racine m de $(+1)$, en observant qu'alors p est nécessairement pair. Lorsque 3°. le nombre n est pair, ν' peut être un nombre impair quelconque, plus petit que n, positif ou négatif ; ce qui donne visiblement n générations différentes pour la racine n de (-1), en observant qu'alors q peut être indifféremment pair ou impair. Enfin, lorsque 4°. le nombre n est impair, ν' peut être un nombre pair quelconque, plus petit que n, positif, négatif ou zéro ; ce qui donne encore n générations différentes pour la racine n de (-1), en observant que q est alors nécessairement impair.

C'est là, et non ailleurs, le principe premier de la pluralité des racines d'un nombre, correspondantes à un même exposant ; et c'est là aussi la déduction métaphysique de cette pluralité de racines. — La décomposition, en facteurs simples, des fonctions $(x^m - 1)$ et $(x^n + 1)$, qui, égalées à zéro, donnent respectivement les racines m et n de $(+1)$ et de (-1), est elle-même fondée sur le principe que nous venons de voir : il faut, en effet, que la pluralité des racines de $(+1)$ et de (-1) ait lieu en elle-même, et en vertu de la génération par graduation de ces unités, pour que la décomposition des fonctions en question qui donnent ces racines, soit possible.

Quant à l'expression de ces racines au moyen de la racine simple $\sqrt{-1}$, ou au moyen de la forme binomiale (16), sans recourir à la décomposition des fonctions dont nous venons de parler, ni à la théorie des sinus, il suffit d'observer qu'en vertu des expressions (14) et (16), on a . . . . (20)

$$(-1)^{\frac{\mu'}{m}} = (\sqrt{-1})^{\frac{2\mu'}{m}} = (1 + \sqrt{-1})^{\frac{2\mu'}{m}} \cdot (1 - \sqrt{-1})^{-\frac{2\mu'}{m}} =$$
$$= (1 - P_2) + P_1 . \sqrt{-1},$$

$$(-1)^{\frac{\nu'}{n}} = (\sqrt{-1})^{\frac{2\nu'}{n}} = (1 + \sqrt{-1})^{\frac{2\nu'}{n}} \cdot (1 - \sqrt{-1})^{-\frac{2\nu'}{n}} =$$
$$= (1 - Q_2) + Q_1 . \sqrt{-1} ;$$

et l'on aura, en vertu des expressions (19),......(21)

$$(+1)^{\frac{1}{m}} = (-1)^{\nu}.\left((1 - P_{\circ}) + P_{1}.\sqrt{-1}\right),$$

$$(-1)^{\frac{1}{n}} = (-1)^{\nu}.\left((1 - Q_{\circ}) + Q_{1}.\sqrt{-1}\right).$$

Enfin, si l'on examine les binomes des expressions (20), on verra que le changement des signes des nombres μ' et ν', revient au changement du signe de la racine $\sqrt{-1}$; de manière que celles des racines précédentes (21), qui ne diffèrent que par le signe de la quantité radicale $\sqrt{-1}$ contenue dans leurs expressions, sont précisément les racines opposées qui, dans le principe de leur génération, correspondent aux signes opposés des exposans μ' et ν', savoir,

$$(-1)^{\nu}.(-1)^{+\frac{\mu'}{m}}, \quad \text{et} \quad (-1)^{\nu}.(-1)^{-\frac{\mu'}{m}};$$

$$(-1)^{\nu}.(-1)^{+\frac{\nu'}{n}}, \quad \text{et} \quad (-1)^{\nu}.(-1)^{-\frac{\nu'}{n}}.$$

Or, en multipliant ces racines opposées, l'une par l'autre, on a, pour les produits respectifs, les valeurs

$$(-1)^{\nu}.(-1)^{\circ} = +1, \qquad (-1)^{\nu}.(-1)^{\circ} = +1 ;$$

c'est-à-dire que ces produits sont toujours égaux à l'unité ; et c'est ce qu'en examinant la théorie des sinus, nous avons promis de montrer d'une manière indépendante de cette théorie, dans le principe même de la génération des racines.

Voilà les observations philosophiques que nous avions à ajouter, concernant les trois algorithmes primitifs, la sommation, la reproduction et la graduation. — Voici les observations concernant les deux algorithmes dérivés immédiats, la NUMÉRATION et les FACULTÉS.

Ces deux algorithmes dérivés élémentaires, qui résultent respectivement de la combinaison de l'algorithme primitif intermédiaire, la reproduction, avec les deux algorithmes primitifs et opposés, la sommation et la graduation, ont, pour caractères distinctifs, avec la possibilité de la génération d'une quantité algorithmique quelconque, la *susceptibilité de limites arbitraires* pour les algorithmes primitifs qui composent ces deux algorithmes dérivés, ainsi

que nous l'avons dit en parlant de ces derniers. Les autres algorithmes élémentaires ne peuvent produire que celles des quantités
algorithmiques, qui dépendent ou qui proviennent de la génération
particulière formant respectivement ces algorithmes élémentaires ;
et cette génération ne saurait être modifiée dans ces différens algorithmes, dont le caractère est précisément la génération particulière
qui leur est propre : les deux algorithmes dérivés immédiats, la
numération et les facultés, peuvent, au contraire, produire toutes
les quantités algorithmiques, et cela même en resserrant, dans des
limites arbitraires, les algorithmes primitifs qui entrent respectivement dans leur composition. — Cette susceptibilité de limites
arbitraires, jointe à la possibilité de la génération de toute quantité
algorithmique, donne, aux deux algorithmes dérivés dont il s'agit,
un caractère tout-à-fait particulier ; caractère qui les range hors
de la classe des autres algorithmes purement théoriques, en leur
attribuant une POSSIBILITÉ DE SERVIR DE MOYENS A DES FINS ALGO
RITHMIQUES.

C'est cette dernière possibilité, cette espèce de finalité contenue
dans les algorithmes dérivés élémentaires, la numération et les facultés, qui est le principe philosophique de la seconde branche
générale de l'Algorithmie, le principe de la TECHNIE ALGORITH
MIQUE, opposée à la THÉORIE ALGORITHMIQUE formant la première
branche générale de la science des nombres. — Cette Technie sera
l'objet de la seconde partie de cet Ouvrage : nous en avons déjà
donné la déduction architectonique, et nous procéderons bientôt
à la déduction métaphysique ultérieure de ses différentes branches
particulières, et des principes algorithmiques sur lesquels elle repose. — Mais, les deux algorithmes dérivés élémentaires dont il
s'agit, et qui, considérés dans toute leur généralité, servent ainsi
de fondement à l'établissement d'une nouvelle branche générale de
l'Algorithmie, appartiennent néanmoins, en les considérant en particulier dans leur simplicité élémentaire, à la Théorie de l'Algorithmie par laquelle ils sont donnés. Il nous reste donc, dans cette
Théorie, à examiner, sous ce point de vue de simplicité, les algorithmes dérivés dont il est question.

Or, les schémas de ces algorithmes considérés dans toute leur
généralité, tels que nous les avons présentés, sont :

1°. Pour l'algorithme de la numération, ... (22)

$$A_0.F_0x + A_1.F_1x + A_2.F_2x + \text{etc.};$$

2°. Pour l'algorithme des facultés, ... (23)

$$\Phi_1x.\Phi_2x.\Phi_3x....... \text{etc.}$$

Et l'on voit facilement qu'étant considérés dans leur simplicité primitive, ces algorithmes se trouvent sous les formes

$$A_0x^{\mu} + A_1x^{\mu+\nu} + A_2x^{\mu+2\nu} + \text{etc.}....... (24),$$
$$(x+o).(x+\xi).(x+2\xi).(x+3\xi).\text{etc.}.... (25).$$

Tels sont donc les deux algorithmes dérivés élémentaires et particuliers qui appartiennent encore à la Théorie de l'Algorithmie : ils sont évidemment les élémens des mêmes algorithmes dérivés qui, pris dans toute leur généralité (22) et (23), fondent la Technie de l'Algorithmie.

On pourrait, dans cet état de leur simplicité, nommer algorithme des NUMÉRALES, la numération particulière de l'expression (24), et algorithme des FACTORIELLES (*), les facultés particulières de l'expression (25). — Ainsi, en suivant ces dénominations, les numérales et les factorielles, appartenant à la Théorie de l'Algorithmie, seraient les cas simples et particuliers des algorithmes composés et généraux de la numération et des facultés, qui forment la Technie de l'Algorithmie.

Or, les expressions (24) et (25) sont proprement les schémas qui résultent de la CONCEPTION GÉNÉRALE des objets respectifs des numérales et des factorielles. — Quant à leurs LOIS FONDAMENTALES et aux CIRCONSTANCES IMMÉDIATES qui en dérivent, formant la seconde et la troisième partie de leurs théories, nous n'en parlerons que lorsque, ci-après, nous connaîtrons la loi de la génération de ces algorithmes dérivés, en les considérant dans toute leur généralité. — Une circonstance importante que nous pouvons déjà remarquer ici, c'est que les algorithmes des numérales et des

---

(*) D'après Arbogast et Kramp.

factorielles

factorielles sont requis pour la possibilité même de la Théorie de l'Algorithmie ; et particulièrement, l'algorithme des numérales pour la possibilité de l'Arithmétique, ou des faits de nombres, et l'algorithme des factorielles pour la possibilité de l'Algèbre, ou des lois de nombres. En effet, une des conditions de la Théorie de l'Algorithmie, est la possibilité de la génération des nombres, dans leurs faits et dans leurs lois ; et c'est dans les numérales et les factorielles que l'Algorithmie trouve cette possibilité, ainsi que nous allons le voir.

D'abord, pour ce qui concerne l'algorithme des numérales, il est notoire que l'homme ne peut attacher une attention distincte à une pluralité indéfinie d'unités numériques : c'est un fait psychologique avéré généralement. Mais, bien plus, il est vrai à priori que l'homme ne peut, à-la-fois, porter une attention distincte que sur deux objets ; et cela seulement en les rangeant sous l'unité logique de l'opposition, savoir, sous l'unité de A et de non A. Il s'ensuit qu'il lui est impossible d'avoir, par une réflexion immédiate, la conception d'un nombre quelconque ; et rigoureusement parlant, qu'il lui est impossible d'avoir, de cette manière, la conception d'un nombre qui surpasse $deux$. Ainsi, il se présente la nécessité de déterminer médiatement cette conception ; et cette détermination se trouve évidemment requise pour la possibilité même de la Théorie de l'Algorithmie, et particulièrement de la Théorie de l'Arithmétique. — Or, la première de ces théories trouve, en elle-même, et nommément dans l'algorithme des numérales qui en est une branche, le moyen de la détermination médiate en question ; et cela, parce qu'on peut resserrer, dans les limites d'une conception numérique immédiate, naturelle ou artificielle, les algorithmes de la sommation et de la reproduction qui entrent, comme parties composantes, dans l'algorithme des numérales. En effet, dans un système de numérales où la conception immédiate, formant la limite, serait en général celle du nombre x, on pourrait, sans passer cette limite, déterminer un nombre quelconque N, entier ou fractionnaire, au moyen de l'algorithme des numérales ; c'est-à-dire qu'on aurait........ (26)

$$N = \ldots A_2 x^2 + A_1 x^1 + A_0 x^0 + A x^{-1} + A x^{-2} \ldots$$

en observant que les coefficiens A_0, A_1, A_2, etc. et $_1A$, $_2A$, $_3A$, etc., ainsi que les exposans 1, 2, 3, etc., et -1, -2, -3, etc., ne surpassent pas le nombre limitant x, ou du moins que les exposans plus grands que x, se trouvent eux-mêmes formés au moyen de cet algorithme. — La déduction de cette détermination du nombre N, ne présente aucune difficulté pour la partie de ce nombre qui est plus grande que l'unité : il est, en effet, visible que cette partie du nombre N, peut toujours être déterminée par l'expression algorithmique $A_0 + A_1 x + A_2 x^2 +$ etc. Quant à la déduction de l'expression $_1A x^{-1} + _2A x^{-2} + _3A x^{-3} +$ etc., qui détermine la partie du nombre N, plus petite que l'unité, nous la donnerons ci-après lorsque nous connaîtrons le principe de l'algorithme général de la numération, dont celui des numérales est un cas particulier.

C'est l'expression (26) qui est le schéma philosophique de l'opération arithmétique nommée *numération* ; et c'est là aussi la déduction métaphysique de cette opération. — On voit que les chiffres qu'on emploie dans ce procédé arithmétique, ne sont autre chose que les coefficiens A_0, A_1, A_2, etc., et $_1A$, $_2A$, $_3A$, etc. du schéma (26), et que les rangs qu'on fait occuper à ces chiffres, ne sont qu'autant de moyens séméiotiques pour marquer les puissances x^0, x^1, x^2, etc. et x^{-1}, x^{-2}, x^{-3}, etc. du nombre x servant de limite à cette numération. On voit sur tout que, par exemple, dans le système décadique, les rangs des chiffres n'indiquent point immédiatement les nombres 10, 100, 1000, etc. et $\frac{1}{10}$, $\frac{1}{100}$, $\frac{1}{1000}$, etc., comme on le croit généralement ; car il est impossible pour l'homme d'avoir la conception immédiate de ces nombres : ces rangs n'indiquent que les algorithmes de graduation, progressifs et régressifs, opérés dans les limites du nombre *dix* dont la conception immédiate est supposée donnée dans ce système ; aussi, lorsque l'exposant de 10 passe ce nombre, le système décadique cesse d'être simple, et il exige son propre secours pour pouvoir être continué à l'indéfini. En un mot, on voit que l'opération arithmétique nommée numération, a pour objet de déterminer, par l'algorithme des numérales, la conception médiate d'un nombre quelconque, et cela au moyen de quelques nombres simples dont on suppose que la conception immédiate est donnée ; et par conséquent que c'est sur ce principe que se fondent, avec plus ou moins de conscience logique, tous ceux qui emploient cette opération. — Quant à la limite des nombres simples dont on suppose ainsi avoir la conception immédiate, elle est évidemment arbitraire, et dépend des secours séméiotiques que l'homme peut employer pour la reculer indéfiniment. Mais, en faisant abstraction de ces secours étrangers, il résulte de ce que nous avons dit plus haut, que la limite logique et donnée à priori, est celle du nombre *deux* ; de manière que le SYSTÈME BINAIRE est le système primitif de numération, indépendant de toute considération étrangère à la nature des nombres.

Il nous reste ici à observer que le schéma (26) de l'opération arithmétique de la numération, est nécessairement et évidemment le principe de tous les autres procédés arithmétiques proprement dits, et nommément de SIX (et non quatre) RÈGLES ARITHMÉTIQUES correspondantes aux trois algorithmes primitifs, l'addition, la soustraction, la multiplication, la division, les puissances et les racines. — C'est de ce principe qu'il faut et qu'on peut, avec facilité, déduire ces règles arithmétiques ; et l'on voit clairement que, sous ce point de vue, toutes les questions oiseuses qu'on a faites sur les procédés de ces règles ; par exemple, pourquoi la division commence du côté gauche, tombent d'elles-mêmes.

En second lieu, pour ce qui concerne l'algorithme des factorielles, il est évident que, toutes les fois que l'exposant d'une quantité est transcendant ou seulement irrationnel, il est impossible de concevoir immédiatement la génération de la quantité qui en résulte ; parce que, dans ce cas, l'exposant en question qui sert à déterminer la génération par graduation, se trouve, sinon indéterminé absolument, du moins indéfini dans sa propre génération. Mais, les lois des nombres portent sur la continuité algorithmique, qui précisément y est introduite, par la faculté de la raison, au moyen de l'algorithme de la graduation : il est donc impossible d'avoir la conception immédiate de ces lois, prises dans toute leur étendue, au moyen du simple algorithme de la graduation ; et nommément, dans le cas où l'exposant de graduation est lui-même un nombre produit par cet algorithme, un nombre transcendant ou seulement irrationnel. Ainsi, il se présente encore ici la nécessité de déterminer médiatement cette conception; et cette détermina-tion se trouve requise pour la possibilité même de la Théorie de l'Algorithmie, et particulièrement de la Théorie de l'Algèbre, qui a pour objet spécial les lois des nombres. — Or, c'est l'algorithme des factorielles, formant une branche de la Théorie de l'Algo-rithmie, qui donne, à cette Théorie, le moyen de la détermina-tion en question, ainsi que nous allons le voir.

Soit la factorielle générale........ (27)

$$x^{m\,|\,\xi} = x\,(x+\xi)\,(x+2\xi)\,(x+3\xi)\ldots$$

En y faisant cesser l'influence de l'algorithme de la sommation, c'est-à-dire, en y faisant $\xi = 0$, cette factorielle se réduit à la fonction simple de graduation $x^m = x.x.x\ldots$; la différence entre la factorielle et cette puissance étant évidemment dans ce que les facteurs x, $(x+\xi)$, $(x+2\xi)$, etc. de la facto-rielle, ont leurs secondes différences égales à zéro, tandis que les facteurs x, x, etc. de la puissance, ont leurs premières différences égales à zéro. Il s'ensuit que les facteurs élémentaires qui forment les principes respectifs de la possibilité des puissances et des fac-torielles, doivent différer aussi; et nommément que les facteurs élémentaires des factorielles doivent être différens entre eux, et avoir la forme........ (28)

$$\left(1+\mu'.\frac{1}{\infty}\right), \qquad \left(1+\mu''.\frac{1}{\infty}\right), \qquad \left(1+\mu'''.\frac{1}{\infty}\right), \text{ etc.,}$$

μ', μ'', μ''', etc. étant des quantités différentes, assujéties à une loi dépendante des quantités x et ξ qui entrent dans la formation de la factorielle. Or, lorsqu'il s'agit d'un nombre provenant d'une génération de graduation, dans laquelle l'exposant est transcendant ou irrationnel, il est évident, comme nous l'avons déjà observé, qu'on ne saurait en avoir une conception immédiate, au moyen de l'algorithme même de la graduation, parce qu'il faudrait décomposer les fac-teurs élémentaires et constans $\left(1+\mu.\frac{1}{\infty}\right)$ de cet algorithme (6), en une infinité d'autres, et ces derniers en une infinité d'autres encore, et ainsi de suite à l'indéfini. Mais, il est également évident qu'on peut toujours donner aux quantités μ', μ'', μ''', etc. qui entrent dans les facteurs élémentaires des factorielles (28), une détermination progressive, telle qu'en prenant une partie définie ou rationnelle de la totalité de ces facteurs, on ait, pour leur produit, une quantité algorithmique quelconque. Ainsi, n'exigeant que des nombres définis ou rationnels, les factorielles peuvent servir réellement à la détermination de toute quantité algorithmique, considérée dans sa continuité indéfinie ; et par conséquent, elles peuvent servir à déterminer la conception des lois algorithmiques elles-mêmes.

C'est là le caractère distinctif de l'algorithme des factorielles. — Déjà Vandermonde (*), à qui nous devons la première idée des factorielles et des facultés en général, en avait fait l'application à la détermination théorique du nombre philosophique π de la théorie des sinus, au moyen des nombres définis et simples 1 et 2 : il avait trouvé

$$\sqrt{\tfrac{1}{2}\pi} = 2\left(\tfrac{1}{2}\right)^{\frac{1}{2}|-1}.$$

Depuis, Kramp (**), à qui nous devons l'idée de l'importance des factorielles, en a donné la théorie, et en a fait une application distinguée à toutes les fonctions circulaires élémentaires, ainsi qu'à la détermination d'intégrales des ordres supérieurs ; et il ne nous reste que le souhait de voir les géomètres donner plus de développement à l'algorithme des factorielles, et employer, dans toute la Théorie de l'Algorithmie, cet instrument nouveau, essentiel à l'Algorithmie, et rigoureusement général.

Nous avons déjà dit que nous parlerons ci-après de la loi fondamentale et des circonstances philosophiques de la Théorie des factorielles, lorsque nous connaîtrons le principe de la génération des facultés en général. Mais, pour compléter l'exposition de la conception de l'objet de cette théorie, pour laquelle nous avons le schéma algorithmique (25) ou (27), nous devons joindre ici le

___

(*) *Mémoires de l'Académie des Sciences de Paris, de l'année* 1772, première partie.

(**) *Analyse des Réfractions astronomiques et terrestres.* — *Élémens d'Arithmétique universelle.*

schéma philosophique qui, comme celui (6) de l'algorithme de la graduation, sert de principe à la possibilité des factorielles. Nous allons le déduire, comme cas particulier, du schéma philosophique général qui sert de principe à la possibilité de toutes les facultés algorithmiques.

Soit la faculté algorithmique générale......(29)

$$\varphi x^m \mid \xi = \varphi x . \varphi (x + \xi) . \varphi (x + 2\xi) . \varphi (x + 3\xi), \ldots ,$$

φ désignant une fonction quelconque de x. Soient de plus Θ_1, Θ_2, Θ_3, etc. les nombres connus sous le nom de *nombres de Bernoulli*, déterminés par les relations dont la formule générale est...... (30)

$$\frac{1}{n+1} + (-1)^n . \Theta_{n+1} = \Theta_1 - \frac{n}{1} . \Theta_2 + \frac{n}{1} . \frac{n-1}{2} . \Theta_3 - \frac{n}{1} . \frac{n-1}{2} . \frac{n-2}{3} . \Theta_4$$

$$+ \text{etc.,}$$

n étant un nombre entier quelconque, depuis *un* jusqu'à l'*infini*; c'est-à-dire,

$$\Theta_1 = +\tfrac{1}{2}, \qquad \Theta_5 = 0; \qquad \Theta_9 = 0,$$
$$\Theta_2 = +\tfrac{1}{12}, \qquad \Theta_6 = +\tfrac{1}{252}; \qquad \Theta_{10} = +\tfrac{1}{132};$$
$$\Theta_3 = 0, \qquad \Theta_7 = 0, \qquad \Theta_{11} = 0,$$
$$\Theta_4 = -\tfrac{1}{120}, \qquad \Theta_8 = -\tfrac{1}{240}, \qquad \Theta_{12} = -\tfrac{691}{32760}, \text{ etc., etc.}$$

Soit enfin ∞ le nombre infini des facteurs élémentaires dont le produit forme le premier facteur de la faculté générale (29), savoir, la fonction φx; et μ le nombre qui exprime le rapport du rang d'un facteur élémentaire quelconque, avec le nombre infini ∞. — Nous aurons, pour le facteur élémentaire de la faculté générale (29), correspondant au nombre μ, l'expression...... (31)

$$\text{fac. élém.}(\varphi x^m \mid \xi) = 1 + \frac{1}{\infty} . \left\{ L\varphi (x + \mu\xi) - \Theta_1 . \frac{dL\varphi (x + \mu\xi)}{dx} . \xi + \right.$$

$$\left. + \Theta_2 . \frac{d^2 L\varphi (x + \mu\xi)}{1 . dx^2} . \xi^2 - \Theta_3 . \frac{d^3 L\varphi (x + \mu\xi)}{1 . 2 . dx^3} . \xi^3 + \text{etc.} \right\}.$$

C'est là le schéma philosophique qui sert de principe à la possibilité des facultés en général, et dont le schéma (6) de l'algorithme de la graduation n'est qu'un cas particulier, celui où $\xi = 0$:

c'est en effet de ce principe que dérive la possibilité de considérer, dans les facultés algorithmiques, l'exposant m comme un nombre quelconque, entier, fractionnaire, positif, négatif ou zéro (*). — Nous donnerons, dans la seconde partie de cet Ouvrage, la déduction de ce schéma philosophique général, sur lequel se fonde toute continuité algorithmique, et par conséquent toute l'Algorithmie.

Or, dans le cas le plus simple des facultés, celui des factorielles, on a $\varphi x = x$; et la formule générale précédente (31) donne........ (32)

$$ fac.\ \acute{e}l\acute{e}m.\ (x^{m\,|\,\xi}) = 1 + \frac{1}{\infty} \cdot \left\{ L(x + \mu\xi) - \Lambda \frac{\xi}{x + \mu\xi} \right\}, $$

en désignant en général par $\Lambda\,\Xi$ la fonction....... (33)

$$ \Theta_1 . \Xi + \Theta_2 . \Xi^2 + \Theta_3 . \Xi^3 + \Theta_4 . \Xi^4 + \text{etc.}\ ; $$

et c'est aussi ce qu'a trouvé Kramp pour le cas particulier dont il s'agit, celui des factorielles, sans cependant y avoir ajouté la signification de facteur élémentaire.

Procédons enfin aux algorithmes dérivés médiats, ou aux algorithmes transcendans élémentaires, les logarithmes et les sinus. — Commençons par l'examen des LOGARITHMES.

La transition de la numération aux facultés, dont le schéma, tel que nous l'avons présenté, est..... (34)

$$ \varphi x_1 + \varphi x_2 + \varphi x_3 + \text{etc.} = \varphi \left\{ x_1 \times x_2 \times x_3 \times \text{etc.} \right\}, $$

forme proprement la CONCEPTION GÉNÉRALE de l'objet des logarithmes, et l'expression que nous en avons déduite pour ces fonctions, savoir.......... (35)

$$ \varphi x = \frac{x^{\frac{1}{\infty}} - 1}{\sqrt[\infty]{a} - 1}, $$

(*) On voit maintenant que les facultés algorithmiques peuvent, comme les puissances, avoir leurs irrationnelles, et cela, comme les puissances, en vertu d'elles-mêmes, et non parce qu'elles sont susceptibles d'interpolation, comme l'a cru la Commission de l'Institut de France, qui a jugé la Technie de l'Algorithmie.

est la LOI FONDAMENTALE de la théorie des logarithmes. — Mais, dans cet état, cette loi se trouve encore dans sa simplicité primitive. En effet, il faut observer qu'en prenant la racine m des deux membres de l'égalité fondamentale $a^{\varphi x} = x$, nous n'avons pris que la racine réelle de a, en considérant d'ailleurs cette dernière quantité comme positive; ce qui revient à supposer que les facteurs élémentaires de la génération par graduation de la quantité a, sont tous réels et positifs. De plus, nous n'avons considéré le nombre x que dans son état positif. — Il nous reste donc à déterminer l'expression générale et collective de la loi fondamentale des logarithmes, à la déterminer telle qu'elle embrasse toute l'étendue de la théorie de ces fonctions, et nommément les trois circonstances générales : 1°. celle où les facteurs élémentaires de a sont considérés comme pouvant être quelconques, positifs ou négatifs, réels ou idéals; 2°. la circonstance où la base a est considérée indifféremment comme positive ou négative, réelle ou idéale; et 3°. la circonstance où le nombre x est de même considéré indistinctement comme positif ou négatif, réel ou idéal.

Désignons toujours par le signe radical $\sqrt{\ }$ la racine réelle d'un nombre considéré comme positif, par l'exposant fractionnaire une racine quelconque en général, par L le logarithme naturel et général de tout nombre; et désignons de plus par l le logarithme naturel et réel d'un nombre considéré comme positif, tel qu'il résulte de la loi simple (35) que nous connaissons déjà. — Nous aurons d'abord, en vertu de cette loi simple, pour le cas des logarithmes naturels, l'expression...... (56)

$$\left(1 + {}^{r}la \cdot \frac{1}{\infty}\right)^{\infty} = a,$$

a étant considéré comme positif. Ensuite, en vertu des expressions (17), nous avons en général....... (37)

$$\left(1 + \rho \cdot \frac{\pi}{2}\sqrt{-1} \cdot \frac{1}{\infty}\right)^{\infty} = (-1)^{\rho},$$

ρ étant un nombre entier quelconque, positif, négatif ou zéro, et x le nombre donné par l'expression........(37)'

$$\pi$$

$$\pi = \frac{4\infty}{\sqrt{-1}} \cdot \left\{ (1 + \sqrt{-1})^{\frac{1}{\infty}} - (1 - \sqrt{-1}) \right\}.$$

Enfin, en multipliant les expressions (36) et (37), l'une par l'autre, on obtiendra l'expression....... (38)

$$\left\{ 1 + \left(\rho \cdot \frac{\pi}{2} \sqrt{-1} + la \right) \cdot \frac{1}{\infty} \right\}^{\infty} = (-1)^{\rho} \cdot a.$$

Or, si l'on a la quantité $(-1)^{\rho} \cdot a$, qui est indifféremment positive ou négative, suivant que ρ est pair ou impair, et que l'on veuille en prendre une puissance telle, que cette puissance soit égale à une quantité quelconque x donnée, on aura, en désignant encore par φx la fonction de x qui forme l'exposant de cette puissance, l'égalité en question

$$\left\{ (-1)^{\rho} \cdot a \right\}^{\varphi x} = x ;$$

et prenant une racine arbitraire m des deux membres de cette égalité, on aura

$$\left\{ (-1)^{\rho} \cdot a \right\}^{\frac{\varphi x}{m}} = x^{\frac{1}{m}}.$$

Ainsi, en substituant, dans le premier membre de cette dernière relation, la valeur de $(-1)^{\rho} \cdot a$ donnée par l'expression (38), et en développant le binome, on obtiendra....... (39)

$$x^{\frac{1}{m}} - 1 = \frac{\varphi x}{1} \cdot \frac{1}{m} \left(\rho \cdot \frac{\pi}{2} \sqrt{-1} + la \right) + \frac{\varphi x^2}{1 \cdot 2} \cdot \frac{1}{m^2} \left(\rho \cdot \frac{\pi}{2} \sqrt{-1} + la \right)^2 + \text{etc.}$$

Mais, quelque grands que soient le nombre ρ et la quantité φx, on pourra toujours prendre le nombre arbitraire m assez grand pour que, dans le second membre de cette dernière égalité, tous les termes disparaissent devant le premier. Donc, en désignant par ∞ ce nombre indéfiniment grand employé pour m, on aura .... (40)

$$\varphi x = \frac{\infty(x^{\frac{1}{\infty}} - 1)}{\rho \cdot \frac{\pi}{2}\sqrt{-1} + la} ;$$

et telle sera l'expression de la loi fondamentale et générale de toute la théorie des logarithmes, en observant que φx est ici le logarithme du nombre x, pris dans le système dont la base est $(-1)^\varsigma . a$.

Voici les CIRCONSTANCES IMMÉDIATES qui résultent de cette loi. — Pour ce qui concerne la base logarithmique, lorsque d'abord cette base est positive, le nombre ς doit être considéré comme pair, y compris zéro; et l'on voit que, dans le cas de $\varsigma = 0$, la loi générale (40) se réduit à la loi simple (35) que nous avons trouvée en premier lieu. On voit aussi que, lorsque ς n'est pas zéro, le logarithme de x est idéal; et l'on conçoit facilement que les cas de ces valeurs de ς différentes de zéro, répondent à la considération des facteurs élémentaires de la base $(+ a)$, différens des facteurs élémentaires positifs et réels. Lorsque la base logarithmique est négative, le nombre ς doit être considéré comme impair, et ne saurait être zéro; de manière que le logarithme de x est alors nécessairement idéal, excepté le seul cas où le nombre x est égal à la base logarithmique. — Pour ce qui concerne ce nombre x, en le considérant d'abord comme réel, si l'on substitue, dans l'expression (38), x pour a et ς pour ς, on obtiendra

$$\left((-1)^\varsigma . x\right)^{\frac{1}{\infty}} = 1 + \left(\varsigma . \frac{\pi}{2}\sqrt{-1} + lx\right).\frac{1}{\infty};$$

et la loi fondamentale (40) donnera$\ldots\ldots$ (41)

$$\log\left((-1)^\varsigma . x\right) = \frac{\varsigma . \frac{\pi}{2}\sqrt{-1} + lx}{\varsigma . \frac{\pi}{2}\sqrt{-1} + la}.$$

Ainsi, lorsqu'il s'agit du logarithme d'un nombre négatif, ς doit être considéré comme un nombre entier impair, et ne peut être zéro; et le logarithme en question est évidemment idéal, et se réduit à la quantité radicale $\sqrt{-1}$. Lorsqu'il s'agit au contraire du logarithme d'un nombre positif, ς doit être considéré comme un nombre entier pair, y compris zéro; et faisant abstraction de la base logarithmique, le logarithme en question peut avoir une infinité de valeurs, correspondante à l'infinité des nombres arbitraires ς, valeurs dont il n'y a qu'une seule réelle, celle qui correspond à $\varsigma = 0$. — Quant aux logarithmes des quantités idéales, soit, suivant l'expression (16) de la forme générale de toute quantité idéale, $x = \alpha + \beta \sqrt{-1}$; on obtiendra

$$x^{\frac{1}{\infty}} = \alpha^{\frac{1}{\infty}}\left(1 + \frac{\beta}{\alpha}\sqrt{-1}\right)^{\frac{1}{\infty}} = \left(1 + \frac{1}{\infty}L\alpha\right).\left(1 + \frac{\beta}{\alpha}\sqrt{-1}\right)^{\frac{1}{\infty}} =$$

$$= 1 + \frac{1}{\infty}.\left\{L\alpha + \frac{1}{2}\left[\left(\frac{\beta}{\alpha}\right)^2 - \frac{1}{2}\left(\frac{\beta}{\alpha}\right)^4 + \frac{1}{3}\left(\frac{\beta}{\alpha}\right)^6 - \text{etc.}\right]\right\}$$

$$+ \frac{1}{\infty}.\left\{\sqrt{-1}.\left[\left(\frac{\beta}{\alpha}\right) - \frac{1}{3}\left(\frac{\beta}{\alpha}\right)^3 + \frac{1}{5}\left(\frac{\beta}{\alpha}\right)^5 - \text{etc.}\right]\right\}.$$

Mais, vu les développemens des logarithmes que nous avons déduits en traitant de ces fonctions, on a

$$\left(\frac{\beta}{\alpha}\right)^2 - \frac{1}{2}\left(\frac{\beta}{\alpha}\right)^4 + \frac{1}{3}\left(\frac{\beta}{\alpha}\right)^6 - \text{etc.} = L\left\{\left(\frac{\beta}{\alpha}\right)^2 + 1\right\};$$

et l'on peut prouver facilement, dans la théorie des sinus, qu'on a

$$\left(\frac{\beta}{\alpha}\right) - \frac{1}{3}\left(\frac{\beta}{\alpha}\right)^3 + \frac{1}{5}\left(\frac{\beta}{\alpha}\right)^5 - \text{etc.} = réc.\left[T = \left(\frac{\beta}{\alpha}\right)\right],$$

en désignant toujours par T le rapport des fonctions sinus et cosinus, ou ce qu'on nomme tangente, et par l'abréviation *réc.* la fonction réciproque d'une fonction quelconque. On aura donc

$$(\alpha + \beta\sqrt{-1})^{\frac{1}{\infty}} = 1 + \frac{1}{\infty}.\left\{\frac{1}{2}L(\alpha^2 + \beta^2) + \sqrt{-1}.réc.\left[T = \left(\frac{\beta}{\alpha}\right)\right]\right\};$$

et substituant cette valeur pour $x^{\frac{1}{\infty}}$ dans l'expression (40) de la loi fondamentale des logarithmes, on obtiendra définitivement... (42)

$$\log.(\alpha + \beta\sqrt{-1}) = \frac{\frac{1}{2}L(\alpha^2 + \beta^2) + \sqrt{-1}.réc.\left[T = \left(\frac{\beta}{\alpha}\right)\right]}{\varsigma.\frac{\pi}{2}\sqrt{-1} + l\alpha}.$$

Ainsi, le logarithme d'une quantité idéale, est également idéal, et se trouve encore réduit à la quantité radicale $\sqrt{-1}$.

En employant cette dernière expression (42), on pourrait, suivant les mêmes procédés, obtenir, pour la loi fondamentale de la théorie des logarithmes, l'expression la plus générale..... (43)

$$\log.\{(-1)^{\varsigma}.(x+y\sqrt{-1})\}=\frac{l(x^2+y^2)+2\sqrt{-1}.\left\{\varsigma.\frac{\pi}{2}+réc.\left[T=\left(\frac{y}{x}\right)\right]\right\}}{l(a^2+b^2)+2\sqrt{-1}.\left\{\varrho.\frac{\pi}{2}+réc.\left[T=\left(\frac{b}{a}\right)\right]\right\}},$$

où l'on suppose que la base du système logarithmique est.....
$(-1)^{\varrho}.(a+b\sqrt{-1})$, et que x, y, a et b sont des quantités réelles
et positives. — Cette dernière expression, en y joignant celles des
valeurs de $l(x^2+y^2)$ et $l(a^2+b^2)$, savoir,

$$l(x^2+y^2)=\infty\{(x^2+y^2)^{\frac{1}{\infty}}-1\}, \quad l(a^2+b^2)=\infty\{(a^2+b^2)^{\frac{1}{\infty}}-1\},$$

contient évidemment toutes les autres expressions logarithmiques,
et forme ainsi le principe le plus général de toute la théorie des logarithmes. De plus, cette expression étant déduite de la simple théorie
de la graduation, sans dériver nullement de la théorie des sinus,
donne, dans sa déduction, la vraie métaphysique de la théorie
des logarithmes. — Nous disons que cette expression ne dépend
nullement de la théorie des sinus, quoiqu'elle contienne le nombre π
et la fonction $réc.\left[T=\frac{\beta}{\alpha}\right]$; et cela, parce que, d'une part, le
nombre π n'est considéré ici que comme donné par l'expression
de graduation $(37)'$, et que, d'une autre part, la fonction......
$réc.\left[T=\frac{\beta}{\alpha}\right]$ n'est considérée ici que comme formant une expression abrégée et générale de la valeur numérique du développement

$$\left(\frac{\beta}{\alpha}\right)-\tfrac{1}{3}\left(\frac{\beta}{\alpha}\right)^3+\tfrac{1}{5}\left(\frac{\beta}{\alpha}\right)^5-\text{etc.}$$

En général, nous devons observer que, lorsque nous nous servons
de fonctions étrangères aux théories que nous traitons, c'est seulement pour abréger les expressions; par exemple, lorsqu'en
donnant la déduction des quantités idéales, nous avons employé
le logarithme de m dans l'expression (11), ce n'a été que pour
attacher une signification immédiate à la quantité μ que donnait
le schéma (6).

Euler (*), en ramenant les logarithmes à des fonctions circulaires ou à la théorie des sinus, pour décider la discussion entre
Leibnitz et Bernoulli, n'a fait que trancher le nœud ; et il faut
l'avouer, la vraie métaphysique de la théorie des logarithmes est
restée inconnue jusqu'à ce jour. Nous nous contenterons d'alléguer, pour preuve, le doute manifesté récemment par Kramp,
sur le théorème très-simple $L(-x)=L(-1)+L(+x)$. — On
voit actuellement que ce théorème rentre dans l'objet même (34)
de la théorie des logarithmes, et qu'il se trouve ainsi lié à la nature
de ces fonctions ; mais, si l'on voulait en voir la génération algorithmique, il suffirait d'examiner l'expression (41), et l'on trouverait, en y supposant successivement $x=1$ et $\varsigma=0$, et en ne
prenant que les logarithmes naturels, les relations séparées
$L(-1)^\varsigma=\varsigma.\frac{\pi}{2}\sqrt{-1}$, et $L(+x)=lx$, et par conséquent, en
vertu de la même expression (41), la relation composée
$L\left((-1)^\varsigma.x\right)=L(-1)^\varsigma+L(+x)$, dans laquelle ς peut être
un nombre entier quelconque, pair ou impair.

Procédons, en dernier lieu, à l'examen des sinus. — La transition des facultés à la numération, dont le schéma, tel que nous
l'avons présenté, est.... (44)

$$\varphi x_1 \times \varphi x_2 \times \varphi x_3 \times \text{etc.} = \varphi\{x_1+x_2+x_3+\text{etc.}\},$$

forme proprement la CONCEPTION GÉNÉRALE de l'objet des sinus ;
et l'expression que nous en avons déduite pour la fonction φx,
savoir,...... (45)

$$\varphi x = a^{x\sqrt{\pm 1}} = Fx + fx.\sqrt{\pm 1},$$

est la LOI FONDAMENTALE de la théorie des sinus, loi qui donne,
pour les deux fonctions Fx et fx, impliquées dans cette théorie,
et formant proprement les deux fonctions conjointes de cosinus
et de sinus, les expressions..... (46)

(*) Mémoires de l'Académie de Berlin, de l'année 1749.

$$Fx = \cos. x = \tfrac{1}{2} \cdot (a^{x\sqrt{\pm 1}} + a^{-x\sqrt{\pm 1}}),$$

$$fx = \sin. x = \frac{1}{2\sqrt{-1}} \cdot (a^{x\sqrt{\pm 1}} - a^{-x\sqrt{\pm 1}}).$$

Mais, cette loi fondamentale (45), ainsi que les expressions (46) qui en dérivent, ne se trouvent encore que dans leur simplicité primitive, comme nous allons le voir, en nous bornant ici au cas dans lequel la base a est le nombre philosophique $e = \left(1 + \tfrac{1}{\infty}\right)^{\infty}$, et dans lequel l'on ne considère que le radical $\sqrt{-1}$.

Nous avons reconnu qu'il existe un nombre réel π, qui rend possible l'égalité philosophique

$$\left(e^{\sqrt{-1}}\right)^{\pi} = 1,$$

et qui donne ainsi une signification à la puissance transcendante $e^{\sqrt{-1}}$, savoir,

$$e^{\sqrt{-1}} = 1^{\frac{1}{\pi}} = (1^{m})^{\frac{1}{\pi}} = 1^{\frac{m}{\pi}},$$

m étant un nombre entier quelconque, positif, négatif, ou zéro. Or, en substituant cette valeur de $e^{\sqrt{-1}}$ dans l'expression (45), on obtiendra, pour la loi fondamentale de la théorie des sinus, l'expression plus générale........ (47)

$$\varphi x = 1^{\frac{mx}{\pi}} = Fx + fx . \sqrt{-1} ;$$

laquelle donnera...... (48)

$$Sx = \frac{1}{2\sqrt{-1}} \cdot (1^{\frac{mx}{\pi}} - 1^{-\frac{mx}{\pi}}), \qquad S'x = \tfrac{1}{2} \cdot (1^{\frac{mx}{\pi}} + 1^{-\frac{mx}{\pi}});$$

en désignant par Sx le sinus ou la fonction fx, et par $S'x$ le cosinus ou la fonction Fx, pris l'un et l'autre dans toute leur généralité.

Les résultats qui proviennent de ces expressions nouvelles, joints à ceux que nous avons déjà déduits des expressions (46), en traitant la théorie des sinus, sont proprement les CIRCONSTANCES IMMÉDIATES formant la troisième partie de cette théorie. — Or, un des résultats immédiats et principaux des expressions générales (48) est la génération périodique des valeurs des fonctions Sx et $S'x$, contenue dans les limites de $x = \mu\pi$ et $x = (\mu \pm 1)\pi$, μ étant un nombre entier quelconque, positif, négatif, ou zéro; en effet, substituant $\mu\pi$ pour x, ces expressions donnent les quantités constantes

$$\frac{1}{2\sqrt{-1}} \cdot (1^{m\mu} - 1^{-m\mu}) = 0, \quad \text{et} \quad \tfrac{1}{2} \cdot (1^{m\mu} + 1^{-m\mu}) = 1.$$

Nous avions déjà déduit, des expressions (46), cette *périodicité* des valeurs des fonctions sinus et cosinus, mais d'une manière médiate; et nous avons observé qu'elle forme un des caractères distinctifs des fonctions dont il s'agit. — Un autre résultat immédiat des expressions (48), qui n'est pas moins important, c'est la pluralité indéfinie des valeurs des fonctions sinus et cosinus, correspondante à l'infinité des valeurs du nombre arbitraire m qui entre dans ces expressions : ce résultat, entièrement nouveau, est très-remarquable; et qu'on ne s'imagine pas que le nombre arbitraire m se détruit entre les deux termes qui forment les expressions (48).

En effet, si l'on développe les quantités exponentielles $1^{\frac{mx}{\pi}}$ et $1^{-\frac{mx}{\pi}}$, on trouvera

$$Sx = \left\{ \frac{mx}{\pi} \cdot \frac{L1}{1} + \left(\frac{mx}{\pi}\right)^3 \cdot \frac{(L1)^3}{1.2.3} + \left(\frac{mx}{\pi}\right)^5 \cdot \frac{(L1)^5}{1.2.3.4.5} + \text{etc.} \right\} \cdot \frac{1}{\sqrt{-1}},$$

$$S'x = 1 + \left(\frac{mx}{\pi}\right)^2 \cdot \frac{(L1)^2}{1.2} + \left(\frac{mx}{\pi}\right)^4 \cdot \frac{(L1)^4}{1.2.3.4} + \text{etc.};$$

et puisque, suivant (41), on a $L1 = \zeta\pi\sqrt{-1}$, ζ étant un nombre entier arbitraire, y compris zéro, on aura...... (49)

$$Sx = \frac{mx}{1} - \frac{(mx)^3}{1.2.3} + \frac{(mx)^5}{1.2.3.4.5} - \text{etc.},$$

$$S'x = 1 - \frac{(mx)^2}{1.2} + \frac{(mx)^4}{1.2.3.4} - \text{etc.},$$

m étant toujours un nombre entier arbitraire, positif, négatif, ou zéro. — Il est donc vrai réellement qu'en considérant les fonctions des sinus et des cosinus dans toute leur généralité algorithmique, comme dérivant de la question philosophique (44) de la transition des facultés à la numération, ces fonctions ont une infinité de valeurs différentes pour chaque valeur de la variable x. On voit, de plus, que si l'on désigne par les abréviations *sin.* et *cos.* celles de ces valeurs qui correspondent à $m = 1$, et qui forment le cas simple et particulier des sinus et des cosinus, qu'on a trouvé dans la Géométrie, on aura en général..... (50)

$$Sx = \sin. mx, \quad \text{et} \quad S'x = \cos. mx.$$

Ce serait ici le lieu de déduire les principes métaphysiques pour la formation générale des fonctions S et S' dans les cas où la valeur de la variable x devient multiple, savoir, pour la formation des fonctions $S(\mu x)$ et $S'(\mu x)$, au moyen des fonctions Sx et $S'x$, et réciproquement; mais l'espace nécessaire nous manque dans cette Introduction.

En traitant la théorie des équivalences, nous avons trouvé, pour le facteur général du développement par graduation de la fonction $x^m + (-1)^n$, l'expression

$$x - \cos. \frac{n+1}{2m}.\pi - \sqrt{-1}.\sin. \frac{n+1}{2m}.\pi,$$

m pouvant être une quantité quelconque, et n un nombre entier, pair ou impair, positif, négatif, ou zéro. Donc, si l'on avait $x^m + (-1)^n = 0$, et par conséquent

$$x = \left((-1)^{n+1}\right)^{\frac{1}{m}},$$

on aurait, pour les valeurs d'une racine quelconque m de l'unité positive ou négative, suivant que $(n+1)$ serait pair ou impair, l'expression générale...... (51)

$$\left((-1)^{n+1}\right)^{\frac{1}{m}} = \cos. \frac{n+1}{2m}.\pi + \sqrt{-1}.\sin. \frac{n+1}{2m}.\pi;$$

et cette partie de la théorie de la graduation se trouverait ainsi ramenée à la théorie des sinus. De plus, puisque

$$\left(e^{\sqrt{-1}}\right)^{\frac{\pi}{2}} = -1, \quad \text{et par conséquent} \quad e^{\rho.\frac{\pi}{2}\sqrt{-1}} = (-1)^{\rho},$$

p étant un nombre entier quelconque, on aura, en prenant le logarithme des deux membres de la dernière égalité, l'expression..... (52)

$$p \cdot \frac{\pi}{2} \sqrt{-1} = L(-1)^{p} ;$$

et cette partie de la théorie des logarithmes se trouvera encore ramenée à la théorie des sinus. — Ce n'est que sous ce point de vue de la théorie des sinus, qu'on a connu les expressions (51) et (52) : cependant, les théorèmes qui en sont les objets, subsistent et doivent subsister d'une manière indépendante de cette théorie, ainsi que nous l'avons vu plus haut.

Pour compléter cette métaphysique de la théorie des sinus, il nous reste à faire une observation majeure. — Le principe dont nous sommes partis pour déduire la théorie des sinus, est

$$\varphi x = (a^{\sqrt{\pm 1}})^{x}.$$

Mais ce n'est là que le cas le plus simple du principe général de cette théorie. En effet, nous avons vu que la fonction exponentielle générale a^{mx} satifait à la question (44), qui est l'objet de la théorie des sinus; et alors, pour sortir de la classe des puissances immanentes et susceptibles d'une signification immédiate, et pour former ainsi un ordre transcendant de fonctions algorithmiques, nous pouvons prendre, pour la fonction exponentielle en question,

la fonction transcendante générale $(a^{\sqrt{\pm 1}})^{x}$; et nous aurons, pour le principe général de la théorie des sinus, l'expression... (53)

$$\varphi x = (e^{\sqrt{-1}})^{x} ,$$

en nous bornant ici au cas dans lequel la base a est le nombre philosophique $e = \left(1 + \frac{1}{\infty}\right)^{\infty}$, et dans lequel l'on ne considère que le radical $\sqrt{-1}$.

Or, développant cette fonction exponentielle, on aura..... (54)

$$e^{x\sqrt[\frac{2n}{}]{-1}} = Fx + f_1 x . \sqrt[\frac{2n}{1}]{-1} + f_2 x . \sqrt[\frac{2n}{2}]{-1} + f_3 x . \sqrt[\frac{2n}{3}]{-1} \ldots\ldots$$

$$\ldots\ldots\ldots\ldots + f_{2n-1} x . \sqrt[\frac{2n}{2n-1}]{-1},$$

en désignant par $f_1 x, f_2 x, f_3 x, \ldots f_{2n-1} x$, les sommes des coeffi-
ciens des racines $\frac{2n}{1}, \frac{2n}{2}, \frac{2n}{3}, \ldots \frac{2n}{2n-1}$, de (-1), et par Fx la
somme des termes indépendans de ces racines. De plus, puisque
les racines

$$\sqrt[\frac{2n}{1}]{-1}, \qquad \sqrt[\frac{2n}{2}]{-1}, \qquad \sqrt[\frac{2n}{3}]{-1}, \ldots\ldots \sqrt[\frac{2n}{2n-1}]{-1},$$

ont chacune $2n$ valeurs différentes, la relation générale (54) donnera $2n$ équations différentes qui serviront à déterminer les $2n$
fonctions Fx, $f_1 x$, $f_2 x$, $f_3 x$, $\ldots\ldots f_{2n-1} x$, en fonctions de la
quantité exponentielle qui forme le premier membre de cette
relation, et des $2n$ racines différentes dont il s'agit. — Or, ce seront
les fonctions Fx, $f_1 x$, $f_2 x$, etc. qui donneront, dans toute sa
généralité, la solution de la question philosophique (44) qui fait
l'objet de la théorie des sinus ; c'est-à-dire que si, pour abréger
les expressions, on fait

$$\Sigma\left(f_\mu x . \sqrt[\frac{2n}{\mu}]{-1}\right) = f_1 x . (-1)^{\frac{1}{2n}} + f_2 x . (-1)^{\frac{2}{2n}} + f_3 x . (-1)^{\frac{3}{2n}} \ldots\ldots$$

$$\ldots\ldots f_{2n-1} x . (-1)^{\frac{2n-1}{2n}},$$

en dénotant ainsi par Σ la somme des termes correspondans à
toutes les valeurs entières et positives de μ, depuis $\mu = 1$ jusqu'à
$\mu = 2n - 1$, on aura en général..... (55)

$$\left\{Fx_1 + \Sigma\left(f_\mu x_1 . \sqrt[\frac{2n}{\mu}]{-1}\right)\right\} \times \left\{Fx_2 + \Sigma\left(f_\mu x_2 . \sqrt[\frac{2n}{\mu}]{-1}\right)\right\} \times$$

$$\left\{Fx_3 + \Sigma\left(f_\mu x_3 . \sqrt[\frac{2n}{\mu}]{-1}\right)\right\} \times \text{etc.} =$$

$$F(x_1 + x_2 + x_3 + \text{etc.}) + \Sigma\left(f_\mu(x_1 + x_2 + x_3 + \text{etc.}) . \sqrt[\frac{2n}{\mu}]{-1}\right),$$

x_1, x_2, x_3, etc. étant des quantités quelconques, qui peuvent être identiques. Dans le cas de cette identité, la relation générale précédente se réduit à celle-ci.......... (56)

$$\{ Fx + \Sigma (f_{\mu}x . \sqrt[\frac{2n}{\mu}]{-1})\}^m = F(mx) + \Sigma \left(f_{\mu}(mx) . \sqrt[\frac{2n}{\mu}]{-1}\right);$$

et l'on conçoit facilement, vu l'origine (54) de cette dernière relation, qu'elle doit avoir lieu pour une valeur quelconque de m, entière ou fractionnaire, positive, négative, ou zéro.

Or, les fonctions Fx, f_1x, f_2x, f_3x, etc., qui seront exprimées au moyen de la quantité exponentielle $a^{x\sqrt[2n]{-1}}$, et des $2n$ racines de (-1), seront évidemment des fonctions transcendantes, et formeront différens ordres correspondans à la valeur, plus ou moins élevée, du nombre n qui entre dans l'exposant de la racine idéale $\sqrt[2n]{-1}$; et nommément, ces fonctions seront des fonctions transcendantes du *premier ordre*, du *second ordre*, etc., suivant que $n = 1$, $n = 2$, etc. — Le cas le plus simple, ou le premier ordre de ces fonctions, est donc celui où $n = 1$; et c'est le cas des fonctions de sinus et de cosinus que nous avons examiné, et qui, dans la Géométrie, trouve son application au cercle. Les ordres plus élevés de ces fonctions transcendantes, qui peuvent se présenter comme intégrales ou comme fonctions inverses des différentielles et des gradules, ou autrement, n'étaient pas encore connus (*). — On pourrait, en considérant ce système de fonc-

---

(*) C'est peut-être à ces ordres supérieurs des fonctions de sinus, qu'appartiennent les *transcendantes elliptiques* de Legendre. S'il en était ainsi, et que ces transcendantes elliptiques fussent de véritables fonctions primitives, et non de simples fonctions dérivées, leur découverte ferait une époque dans la science, et viendrait se ranger immédiatement après les quatre découvertes fondamentales, faites depuis la découverte du calcul différentiel, savoir, l'expression algorithmique des sinus du premier ordre par Euler, la méthode des variations par Lagrange, les équations de congruence par Gauss, et les facultés algorithmiques par Vandermonde et Kramp. Mais, dans ce cas, on desirerait que le savant auteur des transcendantes elliptiques, ramenât ces fonctions à celles de l'expression (54), et qu'il montrât qu'elles satisfont, immédiatement ou médiatement, à la relation fondamentale (55).

tions transcendantes dans toute son étendue, nommer en général
cosinus la fonction Fx, et *sinus* les fonctions $f_1 x$, $f_2 x$, $f_3 x$, etc. ; et
spécialement, *premier sinus* la fonction $f_1 x$, *second sinus* la fonction
$f_2 x$, *troisième sinus* la fonction $f_3 x$, et ainsi de suite.

Il faut observer ici que les fonctions de logarithmes ne présentent
point, comme les fonctions de sinus, des ordres différens de leur
état transcendant, et cela, parce que l'exposant m qui entre dans
leur formation, et nommément dans l'expression (39), ne peut
recevoir qu'une seule détermination, celle d'une quantité infinie;

tandis que la racine idéale $\sqrt[2n]{-1}$ qui entre dans la formation des
fonctions de sinus, peut recevoir, par les différentes valeurs de n,
des déterminations différentes, lesquelles précisément donnent lieu
aux différens ordres de ces fonctions.

Il faut encore observer qu'en vertu de l'expression (51), on a
en général...... (57)

$$\sqrt[\frac{2n}{\mu}]{-1} = \left((-1)^\rho \right)^{\frac{\mu}{2n}} = \cos.\frac{\mu\rho\pi}{4n} + \sqrt{-1}.\sin.\frac{\mu\rho\pi}{4n},$$

ρ étant un nombre impair quelconque, positif ou négatif; de manière qu'en donnant à ρ les valeurs successives $1, 3, 5,\ldots(2n-1)$,
prises positivement et négativement, les $2n$ racines de (-1), éle-
vées à la puissance μ, se trouveront exprimées au moyen des
fonctions transcendantes de sinus du premier ordre, et par conséquent, que les fonctions transcendantes de sinus des ordres supérieurs, pourront être exprimées au moyen de celles du premier
ordre. — Substituant donc cette valeur (57) des racines de (-1),
dans la relation générale (54), on aura ainsi..... (58)

$$e^{x\left(\cos.\frac{\rho\pi}{4n} + \sqrt{-1}.\sin.\frac{\rho\pi}{4n}\right)} = Fx + \Sigma\left(f_\mu x.\left[\cos.\frac{\mu\rho\pi}{4n} + \sqrt{-1}.\sin\frac{\mu\rho\pi}{4n} \right] \right),$$

Σ dénotant toujours la somme des termes correspondans à toutes
les valeurs entières et positives de μ, depuis $\mu = 1$ jusqu'à $\mu = 2n-1$;
et telle sera la formule générale au moyen de laquelle, en donnant
à ρ les valeurs des nombres impairs, on pourra former les $2n$ équations nécessaires pour déterminer les $2n$ fonctions Fx, $f_1 x$, $f_2 x$,

$f_3 x$, etc. dont il est question. — Nous nous contenterons de présenter les développemens de ces fonctions ; les voici : . . . . (59)

$$Fx = 1 - \frac{x^{2n}}{1^{2n}|1} + \frac{x^{4n}}{1^{4n}|1} - \frac{x^{6n}}{1^{6n}|1} + \text{etc.},$$

$$f_1 x = \frac{x}{1^1|1} - \frac{x^{2n+1}}{1^{(2n+1)}|1} + \frac{x^{4n+1}}{1^{(4n+1)}|1} - \frac{x^{6n+1}}{1^{(6n+1)}|1} + \text{etc.},$$

$$f_2 x = \frac{x^2}{1^2|1} - \frac{x^{2n+2}}{1^{(2n+2)}|1} + \frac{x^{4n+2}}{1^{(4n+2)}|1} - \frac{x^{6n+2}}{1^{(6n+2)}|1} + \text{etc.},$$

etc., etc. ; et en général,

$$f_\mu x = \frac{x^\mu}{1^\mu|1} - \frac{x^{2n+\mu}}{1^{(2n+\mu)}|1} + \frac{x^{4n+\mu}}{1^{(4n+\mu)}|1} - \frac{x^{6n+\mu}}{1^{(6n+\mu)}|1} + \text{etc.},$$

en nous rappelant que μ ne doit pas surpasser le nombre $2n-1$.

Pour terminer cet examen philosophique des fonctions transcendantes élémentaires, nous observerons que l'expresssion. . . . (60)

$$Lz = 2\sqrt{-1}.\,réc.\left\{ T = \frac{z-1}{z+1} \cdot \frac{1}{\sqrt{-1}} \right\} + m\pi\sqrt{-1},$$

que nous avons trouvée pour la liaison des deux théories des fonctions transcendantes de logarithmes et de sinus, contient l'expression générale d'un logarithme, ramenée à la théorie des sinus. En effet, si l'on fait

$$\frac{z-1}{z+1} \cdot \frac{1}{\sqrt{-1}} = \frac{y}{x},$$

on en déduira

$$z = \frac{x+y\sqrt{-1}}{x-y\sqrt{-1}} = \frac{(x+y\sqrt{-1})^2}{x^2+y^2};$$

et substituant ces valeurs dans l'expression (60) dont il est question, on obtiendra. . . . . (61)

$$L(x+y\sqrt{-1}) = \tfrac{1}{2}L(x^2+y^2) + \left\{ m.\frac{\pi}{2} + réc.\left[T = \frac{y}{x} \right] \right\} . \sqrt{-1};$$

expression qui peut facilement être ramenée à l'expression générale (45) que nous avons déduite de la simple théorie de la graduation. — C'est précisément sur la relation (60) des logarithmes avec les sinus, que se fonde l'explication des logarithmes donnée par Euler, qui a été mentionnée plus haut.

— Voilà ce que nous avions à observer concernant la partie élémentaire de la Théorie de l'Algorithmie, en la considérant sous le point de vue *transcendantal*. Il nous reste à jeter un coup-d'œil sur cette première partie de la Théorie de l'Algorithmie, en la considérant sous le point de vue *logique*; car, il faut observer qu'on peut, comme pour la partie systématique de la Théorie de l'Algorithmie, se placer dans deux points de vue différens pour considérer la partie élémentaire de cette Théorie. — Nous n'avons pas voulu, en traitant cette première partie, indiquer distinctement les deux points de vue dont il s'agit, pour ne pas nous occuper, dès le commencement, de recherches trop métaphysiques; mais, d'après ce que nous avons dit de ces deux points de vue, concernant la seconde partie, la partie systématique de la Théorie de l'Algorithmie, on conçoit facilement qu'il doit en être de même par rapport à la première partie, par rapport à la partie élémentaire de cette Théorie. Nous pouvons nous dispenser ici de répéter les argumens que nous avons allégués pour fonder ces deux points de vue; ainsi, procédons immédiatement à leur exposition.

Le point de vue transcendantal de la Théorie de l'Algorithmie, sert à découvrir la *génération même* des quantités algorithmiques; et le point de vue logique de cette théorie, ne sert à découvrir que la *relation réciproque* de ces quantités : la première, la génération des quantités, est l'objet de la Théorie de la constitution algorithmique; la seconde, la relation des quantités, est l'objet de la Théorie de la comparaison algorithmique. — Or, nous avons déjà vu que la relation réciproque des quantités algorithmiques, étant considérée en elle-même et dans toute sa généralité, consiste dans l'égalité ou l'inégalité des quantités; et que c'est par la circonstance de la *réunion systématique* des algorithmes primitifs et opposés, que l'unité logique de cette relation reçoit une détermination particulière qui rend équation ou inéquation la relation générale d'égalité ou d'inégalité. Nous avons vu de plus que la relation dont il s'agit, considérée dans l'état de détermination qui la rend équation ou inéquation, fait l'objet de la comparaison algorithmique dans la partie systématique de la Théorie de l'Algorithmie; et nous conclurons facilement que la même relation, considérée en elle-même, dans la simplicité élémentaire où elle forme l'égalité et l'inégalité, doit être l'objet de la comparaison algorithmique dans la PARTIE ÉLÉMENTAIRE de la Théorie de l'Algorithmie. — C'est donc cette dernière relation, l'égalité et l'inégalité dans leur simplicité primitive ou élémentaire, qui fait l'objet dont il est question.

Mais, nous avons déjà remarqué que la relation réciproque des quantités algorithmiques, considérée comme simple égalité ou inégalité, ne saurait avoir des lois différentes des axiomes mêmes de l'Algorithmie ; d'où il s'ensuit que l'égalité des quantités algo-rithmiques, en la considérant dans la simplicité élémentaire dont il s'agit, ne peut avoir que les lois de l'identité, et par conséquent, que l'inégalité de ces quantités, qui implique une diversité, peut seule former l'objet d'une considération particulière. — Or, c'est la détermination de cette diversité impliquée dans l'inégalité en question, qui constitue ce qu'on nomme *rapport des quantités.* Ainsi, toute la théorie de la comparaison algorithmique, dans la partie élémentaire de la Théorie de l'Algorithmie, se réduit à la THÉORIE DES RAPPORTS.

Trois parties se présentent encore ici : la classification, la comparaison et la résolution des rapports ; et cela, par les raisons que nous avons exposées plus haut. — Or, pour ce qui concerne, en premier lieu, la CLASSIFICATION des rapports, il est visible, d'après la génération des quantités algorithmiques, que le principe de la spécification des rapports consiste dans la différence des algorithmes élémentaires primitifs. Ainsi, les différentes classes possibles de rapports des quantités, sont : 1°. la relation des quantités A ou B avec C, dans l'algorithme primitif de la sommation $A + B = C$; 2°. la relation des quantités A ou B avec C, dans l'algorithme primitif de la reproduction $A \times B = C$; et enfin 3°. la relation des quantités A ou B avec C, dans l'algorithme primitif de la graduation $A^B = C$. Les expressions de ces trois classes de relation, considérées en général, sont, pour le rapport de sommation, $C - A = B$, et $C - B = A$; pour le rapport de reproduction, $\frac{C}{A} = B$, et $\frac{C}{B} = A$; et pour le rapport de graduation, $\frac{\log. C}{\log. A} = B$, et $C^{\frac{1}{B}} = A$. Mais l'on voit, par ces expressions générales, que la première des deux relations qui forment la troisième classe de rapports, est identique avec les deux relations formant la seconde classe ; de manière qu'il n'existe proprement que trois relations essentiellement différentes, savoir, les relations identiques de chacune des deux premières classes de rapports, et la seconde des deux relations de la troisième classe. On aura ainsi, pour les trois classes de rapports algorithmiques, entre deux nombres M et N, liés par un nombre P, les schémas...... (62)

1°. Rapport de sommation, (nommé rapport *arithmétique*),

$$M[:]N, \quad \text{où} \quad M - N = P;$$

2°. Rapport de reproduction, (nommé rapport *géométrique*),

$$M : N, \quad \text{où} \quad \frac{M}{N} = P;$$

3°. Rapport de graduation, (nommé rapport de *saltation* (*)),

$$M(:)N, \quad \text{où} \quad M^{\frac{1}{N}} = P;$$

en dénotant ces trois classes de rapports par les signes [:], :, (:); si toutefois la considération des rapports est assez importante dans l'Algorithmie, pour qu'on leur attribue des signes particuliers (**).

Pour ce qui concerne, en second lieu, la COMPARAISON des rapports, on conçoit facilement que le principe premier de leur corrélation est dans leur égalité. Ainsi, lorsqu'on a plusieurs rapports d'une même classe, ceux qui sont égaux, donnent lieu à une comparaison ; et c'est cette corrélation de rapports, provenant

---

(*) Cette dénomination a été employée par quelques arithméticiens allemands, du moins dans des cas formant la transition du rapport de reproduction au rapport de graduation.

(**) L'importance des rapports algorithmiques provient de leur usage dans l'Arithmétique. En effet, toutes les questions purement arithmétiques, doivent être ramenées à la considération simple des relations d'*égalité* ou d'*inégalité*, c'est-à-dire des *rapports* ; tandis que toutes les questions algébriques doivent être ramenées à la considération plus compliquée des relations d'*équation* ou d'*inéquation*. — Cette remarque mériterait quelque attention de la part des auteurs des ouvrages algorithmiques élémentaires.

de

de leur égalité, qui constitue ce qu'on nomme PROPORTION. — Voici les schémas des trois classes de proportions :...... (63)

1°. Proportion en sommation,

$$M_1[:]N_1 = M_2[:]N_2 = M_3[:]N_3 = \text{etc.} ;$$

2°. Proportion en reproduction,

$$M_1 : N_1 = M_2 : N_2 = M_3 : N_3 = \text{etc.} ;$$

3°. Proportion en graduation,

$$M_1(:)N_1 = M_2(:)N_2 = M_3(:)N_3 = \text{etc.}$$

Un cas particulier et remarquable des proportions, est celui où $M_2 = N_1$, $M_3 = N_2$, $M_4 = N_3$, etc. Ce cas forme ce qu'on nomme PROGRESSION : on pourrait le désigner simplement ainsi :... (64)

1°. Progression par sommation, $[:]M_1$, M_2, M_3, M_4, etc. ;
2°. Progression par reproduction, $: M_1$, M_2, M_3, M_4, etc. ;
3°. Progression par graduation, $(:)M_1$, M_2, M_3, M_4, etc.

La troisième de ces progressions présente un ordre de fonctions très-remarquable. Soit m une quantité donnée, on aura une progression par graduation...... (65)

$$(:) m, \quad m^m, \quad m^{m^m}, \quad m^{m^{m^m}}, \quad \text{etc.} ;$$

et les quantités formant les termes successifs de cette progression, auront la particularité algorithmique de n'être point liées par la loi de continuité. — Cette particularité, qui mérite attention par l'importance dont elle est pour la métaphysique de l'interpolation, provient de ce que les quantités dont il s'agit, ne sont produites que par une considération *logique*, la relation réciproque des quantités; et non par une considération *transcendantale*, la génération même des quantités. Pour distinguer ces fonctions singulières, nous les désignerons par la lettre hébraïque ל, et nous les nommerons *lamed*, du nom de cette lettre, en désignant de plus, par des exposans, le nombre des graduations qu'elles impliquent; de manière que la quantité formant, dans la progression (65), le terme dont l'indice général est x, sera dénotée ainsi :

$$\text{ל}\,[m]^x.$$

Or, c'est en considérant cette quantité comme une fonction de x, qu'elle implique une *discontinuité absolue*, c'est-à-dire, qu'elle n'a aucune signification ou aucune valeur déterminée pour les cas de x fractionnaire. — Nous examinerons ces quantités dans la Philosophie générale des Mathématiques. Quant à cette Introduction, nous nous contenterons d'observer que si l'on a la fonction lamed

$$\text{ל}\,[m]^x = M \, ;$$

on aura la fonction inverse

$$\text{ל}\,[M]_x = m \, ,$$

en désignant par l'exposant inférieur l'opération inverse de celle que dénote l'exposant supérieur ; d'où il s'ensuit que les fonctions lameds, considérées dans toute leur généralité, sont..... (66)

$$\text{ל}\,[\text{ל}\,[m]^x]_y = \text{ל}_2^1\,[m]_y^x, \qquad \text{ל}\,[\text{ל}\,[m]_y]^x = \text{ל}_1^2\,[m]_y^x,$$

en indiquant par les chiffres 1 et 2 placés vis-à-vis des exposans, l'ordre de succession des opérations, directes et inverses, désignées par ces exposans ; et ces fonctions générales n'ont évidemment de signification que lorsque les exposans x et y sont des nombres entiers. — Voici les valeurs de ces fonctions pour les cas des exposans zéro et négatifs :..... (67)

$$\text{ל}_1^2\,[m]_1^2 = 1, \quad \text{ל}_1^2\,[m]_1^{-1} = 0, \quad \text{ל}_1^2\,[m]_1^{-2} = \text{quant. idéale, etc.} ;$$

et par conséquent...... (68)

$$\text{ל}_1^2\,[1]_0^2 = m, \quad \text{ל}_1^2\,[0]_{-1}^2 = m, \quad \text{ל}_1^2\,[\text{quant. idéale}]_{-2}^2 = m, \text{ etc.}$$

Pour ce qui concerne, en troisième et dernier lieu, la RÉSOLUTION des rapports, il est visible que cette résolution est identique avec les opérations mêmes des algorithmes primitifs desquels dérivent les rapports ; et cela, parce que ces derniers, considérés comme simples relations d'inégalité, n'ont point de lois particulières, comme nous l'avons déjà dit, et comme cela est évident par la nature même des rapports.

Ici finissent les observations philosophiques que nous avions à ajouter, concernant la partie élémentaire de la Théorie de l'Algorithmie. — Quant à la partie systématique de cette Théorie, l'espace qui nous reste dans les limites de cette Introduction, ne nous permet plus de nous en occuper; d'ailleurs, il serait superflu de traiter ici, suivant la méthode régressive ou analytique, les détails concernant cette partie de la Théorie de l'Algorithmie. Ce que nous en avons dit, suffit pleinement pour nous former une idée exacte de l'ensemble et des détails de cette seconde branche générale de la Théorie en question : nous avons eu soin sur-tout de distinguer les trois parties principales de chacune des diverses théories formant la partie systématique dont il s'agit.

C'est ici le lieu, en terminant la Théorie de l'Algorithmie (*), de faire une application des principes métaphysiques que nous avons déduits pour cette Théorie. — Nous nous contenterons d'un seul exemple : nous le choisirons décisif.

Kramp, un des premiers géomètres de nos jours (**), donnant la théorie des factorielles qu'il nommait alors *facultés numériques*, se trouva conduit, en suivant les principes les plus avérés, à des contradictions inconciliables, à des résultats algorithmiques tout-à-fait absurdes ; et en conclut, avec conséquence, que ces principes étaient mal fondés, et qu'il fallait peut-être en venir à une réforme complète de la partie la plus importante des principes mathématiques. Nous renvoyons, pour les détails, à l'ouvrage même de ce savant géomètre (*Anal. des Réfract. astron.*, etc., *Chap. III.*) : voici le fait principal. — La factorielle générale $a^{n|r}$ peut être décomposée et développée ainsi qu'il suit :

$$a^{n|r} = a^n . 1^{n\left|\frac{r}{a}\right.} = a^n . \left\{ 1 + A . \frac{r}{a} + B . \left(\frac{r}{a}\right)^2 + C . \left(\frac{r}{a}\right)^3 + \text{etc.} \right\},$$

(*) Ce serait encore ici le lieu de donner, comme résumé de l'examen analytique qui a été l'objet des observations que nous venons de faire, le tableau des différentes espèces de quantités algorithmiques, provenant des différens algorithmes possibles pour l'homme. Mais il faudrait employer une nouvelle nomenclature ; circonstance qui nous force de supprimer ici ce tableau.

(**) *Rapport du Jury de l'Institut de France, sur les prix décennaux.*

A, B, C, etc. étant des fonctions de l'exposant n; et cette expression, conforme aux principes reconnus généralement, paraît être vraie rigoureusement et dans tous les cas. De plus, la série $1 + A.\frac{r}{a} +$ etc., qui forme le développement de la factorielle $1^{n}\left|\frac{r}{a}\right.$, peut toujours être rendue convergente, et même aussi convergente qu'on peut le desirer. — Or, si les signes de la base a et de l'accroissement r viennent à changer, on aura cette autre expression

$$(-a)^{n}|^{-r} = (-a)^{n}.1^{n}\left|\frac{r}{a}\right. = (-a)^{n}.\left\{1 + A.\frac{r}{a} + B.\left(\frac{r}{a}\right)^{2} + C.\left(\frac{r}{a}\right)^{3} + \text{etc.}\right\},$$

qui sera évidemment aussi vraie et aussi générale que la première. Donc, puisque les séries qui entrent dans ces deux expressions, sont identiques, on a nécessairement

$$\frac{(+a)^{n}|^{+r}}{(-a)^{n}|^{-r}} = \frac{(+a)^{n}}{(-a)^{n}};$$

c'est-à-dire que le rapport des deux factorielles $a^{n}|^{r}$ et $(-a)^{n}|^{-r}$, doit être le même que celui des puissances a^{n} et $(-a)^{n}$. — De là, Kramp tire les résultats suivans :

$$\frac{\sin. m\frac{\pi}{2}}{\sin. n\frac{\pi}{2}} = \frac{(+m)^{(n-m)|+r}}{(-m)^{(n-m)|-r}} = \frac{(+m)^{n-m}}{(-m)^{n-m}} = \frac{(+1)^{n-m}}{(-1)^{n-m}};$$

$$\text{tang.}\, m\frac{\pi}{2} = \frac{(+m)^{\frac{1}{2}|+1}}{(-m)^{\frac{1}{2}|-1}} = \frac{(+m)^{\frac{1}{2}}}{(-m)^{\frac{1}{2}}} = \frac{(+1)^{\frac{1}{2}}}{(-1)^{\frac{1}{2}}};$$

qui sont de véritables monstruosités mathématiques. — Pour expliquer ces contradictions, Kramp a recours à tous les moyens que peut fournir l'Algorithmie; mais c'est en vain : ses propositions se soutiennent, malgré les considérations les plus profondes que peut lui suggérer la science dans l'état où elle se trouve. Réduit ainsi à la plus absolue incertitude, ce savant géomètre révoque en doute les principes les plus universellement adoptés ; et donne, par là, une mesure de l'état précaire et peu fondé de cette science par

excellence, que l'on considérait comme infaillible dans ses principes et dans ses résultats.

C'est à la Philosophie (*) à donner l'explication de ces contradictions vraiment remarquables : la voici. — Tout repose sur la
considération fondamentale de la possibilité des lois algorithmiques,
et par conséquent sur la considération des facteurs élémentaires
de la génération des quantités par l'algorithme de la graduation ;
facteurs dont nous avons donné le schéma le plus général, sous
la marque (31). Or, suivant le schéma particulier (32) qui en
dérive, nous avons.............(69)

$$\text{fac. élém. } (a^{n\,|\,r}) = 1 + \tfrac{1}{\infty} \cdot \left\{ L(a+\mu r) - \Lambda \, \frac{r}{a+\mu r} \right\},$$

$$\text{fac. élém. } (1^{n\,|\,\frac{r}{a}}) = 1 + \tfrac{1}{\infty} \cdot \left\{ L(a+\mu r) - \Lambda \, \frac{r}{a+\mu r} - La \right\};$$

et suivant le schéma (6), qui est le cas le plus particulier du
schéma général (31), nous avons, d'abord,

$$\text{fac. élém. } (a^n) = 1 + \tfrac{1}{\infty} \cdot La;$$

et ensuite, en y joignant la considération de l'expression (37),

$$\text{fac. élém.} \left(\{ (-1)^\rho \cdot a \}^n \right) = \left(1 + \rho \cdot \tfrac{\pi}{2} \sqrt{-1} \cdot \tfrac{1}{\infty} \right) \left(1 + \tfrac{1}{\infty} \cdot La \right).$$

Donc, en multipliant cette dernière expression par la seconde des
deux expressions (69), on aura.......(70)

$$\text{fac.élém.} (a^n \cdot 1^{n\,|\,\frac{r}{a}}) = \left(1 + \rho \cdot \tfrac{\pi}{2} \sqrt{-1} \cdot \tfrac{1}{\infty} \right) \cdot \left(1 + \tfrac{1}{\infty} \cdot \left\{ L(a+\mu r) - \Lambda \, \frac{r}{a+\mu r} \right\} \right),$$

ρ étant un nombre entier, pair ou impair, suivant que a est positif ou négatif.

Or, en comparant l'expression (70) avec la première des deux
expressions (69), on voit que lorsque a est positif, ces deux

---

(*) Il faut remarquer que les autres géomètres n'ont pas cherché à expliquer
cette question ; et que même, depuis Kramp, personne que je sache n'en a
fait mention jusqu'à ce jour.

expressions peuvent être identiques, parce que ρ qui est alors pair, peut être considéré comme zéro ; de manière que, dans ce cas de a positif, on peut avoir réellement la décomposition

$$a^{n|r} = a^n . 1^{n|\frac{r}{a}},$$

quel que soit l'exposant n, entier ou fractionnaire, positif ou négatif. Mais, on voit aussi que ces deux expressions, (70) et la première de (69), ne peuvent être identiques lorsque a est négatif, parce que ρ qui est alors impair, ne saurait être zéro. Il est vrai que le terme où entre ρ, dépend de la quantité infiniment petite $\frac{1}{\infty}$; mais, ce terme ne peut nullement être négligé dans cet état de relation, parce qu'il implique une quantité idéale, et donne précisément, au facteur entier $\left(1 + \rho . \frac{\pi}{2} \sqrt{-1} . \frac{1}{\infty}\right)$, la signification d'une quantité idéale. — Ainsi, la factorielle $(-a)^{n|-r}$ ne peut généralement, pour toutes les valeurs de l'exposant n, être décomposée de la manière supposée par Kramp, que voici :

$$(-a)^{n|-r} = (-a)^n . 1^{n|\frac{r}{a}},$$

et par conséquent, etc.; etc.

Pour peu qu'on examine cette influence du facteur élémentaire et idéal $\left(1 + \rho . \frac{\pi}{2} \sqrt{-1} . \frac{1}{\infty}\right)$, laquelle a dû nécessairement échapper à Kramp, dans l'état où se trouvait la métaphysique des Mathématiques, on verra qu'en dernier principe, elle consiste dans la différence qui se trouve entre les deux quantités

$$(-1)^0 = 1, \quad \text{et} \quad (-1)^{\frac{1}{\infty}} = 1 + \rho . \frac{\pi}{2} \sqrt{-1} . \frac{1}{\infty};$$

o étant considéré comme un *zéro absolu*, et $\frac{1}{\infty}$ comme un *zéro relatif*, ou comme une quantité *infiniment petite*. Pour nous en convaincre, observons que, suivant l'expression (51), on a

$$\left((-1)^\rho\right)^{\frac{1}{\infty}} = \cos. \frac{\rho\pi}{2\infty} + \sqrt{-1} . \sin. \frac{\rho\pi}{2\infty};$$

et par conséquent

$$\text{fac. élém.}\left(\{((-1)^{\rho}\cdot a)^{n}\}\right)=\left(\cos.\tfrac{\rho\pi}{2\infty}+\sqrt{-1}\cdot\sin\tfrac{\rho\pi}{2\infty}\right)\left(1+\tfrac{1}{\infty}\cdot La\right);$$

de manière que l'expression (70) peut être mise sous la forme plus générale....... (71)

$$\text{fac. élém. }(a^{n}\cdot 1^{n}\,\big|\tfrac{r}{a})=\left(\cos.\tfrac{\rho\pi}{2\infty}+\sqrt{-1}\cdot\sin.\tfrac{\rho\pi}{2\infty}\right)\times$$
$$\times\left[1+\tfrac{1}{\infty}\cdot\left\{L(a+\mu r)-\Lambda\tfrac{r}{a+\mu r}\right\}\right],$$

ρ étant un nombre pair ou impair, suivant que a est positif ou négatif. — Or, on voit, dans cette expression, que lorsque ρ est impair, le facteur $\left(\cos.\tfrac{\rho\pi}{2\infty}+\sqrt{-1}\cdot\sin.\tfrac{\rho\pi}{2\infty}\right)$, qui est en général $(-1)^{\frac{1}{\infty}}$, est nécessairement idéal lorsque ρ n'est pas multiple du nombre infini ∞, et qu'il est (-1) lorsque ρ est un multiple du nombre ∞; valeurs qui, d'ailleurs, résultent immédiatement de la déduction métaphysique que nous avons donnée plus haut pour la nature des racines de (-1). Donc, etc., etc.

Nous devons profiter de cette occasion pour engager à remarquer la différence des quantités $(-1)^{\rho}$ et $(-1)^{\frac{1}{\infty}}$, dont la première est toujours réelle, et dont la seconde peut être idéale lorsque le nombre ∞ peut être supposé pair. Toutes les fois que la quantité infiniment petite $\tfrac{1}{\infty}$ doit être considérée comme une *quantité*, et ne saurait être considérée comme *zéro*, ainsi que cela arrive dans la question précédente, la quantité $(-1)^{\frac{1}{\infty}}$ qui est exprimée par $1+\rho.\tfrac{\pi}{2}\sqrt{-1}.\tfrac{1}{\infty}$, ou plus généralement par..... $\cos.\tfrac{\rho\pi}{2\infty}+\sqrt{-1}.\sin.\tfrac{\rho\pi}{2\infty}$, peut être idéale, ou (-1), et ne saurait être $(+1)$.

Kramp tombe encore, toujours en suivant les principes les plus généralement adoptés, dans une autre contradiction, qui lui fait supposer que le théorème $L(-a)=L(-1)+L(+a)$ dont nous avons déjà parlé plus haut, n'est point fondé, et pourrait n'être pas vrai rigoureusement. — Nous laissons aux géomètres le plaisir d'expliquer cette nouvelle contradiction, en appliquant les principes métaphysiques que nous présentons dans cet Ouvrage : nous pourrons y revenir dans la Philosophie générale des Mathématiques.

Procédons enfin à la Technie de l'Algorithmie, cette seconde branche générale de la science des nombres, qui fera l'objet spécial de la seconde partie de cet Ouvrage.

Suivant la déduction architectonique générale, que nous avons donnée de la Théorie et de la Technie des Mathématiques, la Technie de l'Algorithmie a pour objet la *mesure* ou l'*évaluation* des quantités algorithmiques, tandis que la Théorie de l'Algorithmie a pour objet la *nature* même ou la *construction* de ces quantités. — La Théorie est une *spéculation* où domine l'*entendement* pris en général : son objet, considéré métaphysiquement, consiste en *ce qui est* dans l'essence ou la construction des quantités algorithmiques. La Technie est une espèce d'*action* où domine la *volonté* : son objet, considéré de même métaphysiquement, consiste dans *ce qu'il faut faire* pour arriver à l'évaluation des quantités algorithmiques.

Mais, quoique cette déduction de la Technie de l'Algorithmie soit claire et fondée avec certitude, cherchons à la développer davantage pour mieux en approfondir la nature. — Tout se réduit à reconnaître, d'une part, que cette branche de l'Algorithmie implique la conception d'une *fin* ou d'un *but*, et par conséquent, la faculté de la *volonté*; et de l'autre, qu'elle repose sur des *principes nécessaires*.

Voyons, en premier lieu, que la Technie de l'Algorithmie implique la conception d'une fin, et par conséquent l'influence de la volonté, qui est la faculté des fins en général.

Les différens algorithmes, élémentaires et systématiques, qui forment la Théorie de l'Algorithmie, sont autant de procédés intellectuels, possibles pour l'homme, qui constituent immédiatement la génération primitive ou la construction des quantités algorithmiques : les algorithmes élémentaires, la sommation, la reproduction, la graduation, la numération, les facultés, les logarithmes et les sinus, qui forment la première partie de cette Théorie, sont les procédés intellectuels élémentaires de la géné-

ration

ration primitive ou de la construction des quantités; les algorithmes systématiques, les différences, les grades, les nombres et les équivalences, qui forment la seconde partie de cette Théorie, sont les procédés intellectuels systématiques de la génération primitive ou de la construction des quantités. Ainsi, jusques-là, l'Algorithmie se trouve indépendante de toute conception de fin ou de but, et par conséquent de la faculté de la volonté, qui, comme nous l'avons déjà dit, est la faculté des fins en général; elle est encore simple spéculation, et ne se fonde, par conséquent, que sur la faculté de l'entendement, prise dans toute son étendue. Les quantités qui en proviennent, se trouvent ainsi données immédiatement par les différens algorithmes, élémentaires et systématiques, qui composent la Théorie de l'Algorithmie; et ces procédés algorithmiques sont autant de phénomènes intellectuels. — Mais, quoique les différentes quantités qui sont produites par la Théorie de l'Algorithmie, soient données immédiatement par les algorithmes particuliers, simples ou composés, desquels dépend la nature de ces quantités, rien n'empêche qu'on ne puisse concevoir la génération des mêmes quantités, au moyen d'autres algorithmes, différens de ceux qui leur donnent leur détermination primitive; et nommément, pour remonter jusqu'à la première simplicité, au moyen de l'un des deux algorithmes primitifs, de la sommation ou de la graduation. Or, cette génération secondaire des quantités algorithmiques, étrangère à la génération primitive qui est donnée par les algorithmes formant la Théorie de l'Algorithmie, ne saurait être un produit de l'*entendement*, lequel est précisément la faculté de la génération primitive que nous venons de nommer; en effet, la circonstance de cette génération primitive exclut nécessairement, dans la même faculté, la possibilité de toute génération secondaire différente, parce qu'il y aurait, entre les fonctions de cette faculté intellectuelle, une espèce de contradiction, ou du moins une indétermination qui est impossible. Ainsi, la génération secondaire de toute quantité, au moyen des algorithmes primitifs et opposés, de la sommation ou de la graduation, laquelle, considérée d'ailleurs comme simple conception, n'a rien de contradictoire, ne peut être qu'un produit de la *volonté*, une *fin* ou un *but*, du moins problématique; et c'est l'*obtention* de cette fin algorithmique, la géné-

ration effective de toute quantité, au moyen de l'un des deux algorithmes primitifs, qui est le véritable objet de la TECHNIE DE
L'ALGORITHMIE. — Il est donc vrai que cette branche de l'Algorithmie implique la conception d'une fin ou d'un but, et par conséquent, l'influence de la volonté, qui est la faculté des fins en
général.

Il faut ici observer que c'est cette génération secondaire, la
génération au moyen de l'un des deux algorithmes primitifs de
toute quantité donnée par la Théorie de l'Algorithmie, qui forme
ce qu'on nomme MESURE ou ÉVALUATION des quantités; tandis
que la génération primitive, celle au moyen des différens algorithmes théoriques qui constituent cette génération primitive, forme
la NATURE même ou la CONSTRUCTION des quantités; et par conséquent, comme nous l'avons avancé, que la nature ou la construction des quantités est l'objet de la Théorie de l'Algorithmie, et que
la mesure ou l'évaluation des quantités est l'objet de la Technie de
l'Algorithmie.

Voyons, en second lieu, que la Technie en question repose sur
des principes nécessaires, et qu'elle forme ainsi une branche essentielle de l'Algorithmie.

Dans la partie élémentaire de la Théorie de l'Algorithmie, nous
apprenons à connaître les LOIS de la génération élémentaire des
quantités; ainsi, nous trouvons, par exemple, que la génération
des fonctions élémentaires, nommées logarithmes, a, pour loi,
l'expression $Lx = \omega(x^{\frac{1}{\omega}} - 1)$. Mais, les FAITS mêmes de cette
génération, la détermination numérique, ne sont points *donnés
immédiatement* par ces lois : ils ne sont que *déterminés* par les lois
dont il s'agit. Il est vrai qu'en appliquant le binome de Newton
à la puissance $x^{\frac{1}{\omega}} = \left(1 + (x - 1)\right)^{\frac{1}{\omega}}$, nous avons obtenu un développement de l'expression que nous venons d'alléguer pour exemple,
lequel donnait immédiatement les faits de la génération de la fonction Lx; mais, cette application du binome de Newton, prouve
précisément que l'expression dont il s'agit, ne donne point immédiatement les faits mêmes de la génération de la quantité Lx, et
qu'il faut recourir à une détermination secondaire pour obtenir
ces faits de génération algorithmique, ou la détermination numé-

rique de la quantité en question. Il est vrai encore que le binome de Newton est lui-même une loi *théorique* ; mais la forme de cette loi, qui consiste dans une génération opérée au moyen de l'algorithme primitif de la sommation, la rend susceptible d'être appliquée comme procédé *technique* ; et en effet, le développement dont il s'agit dans l'exemple précédent, a proprement pour objet la détermination secondaire de la quantité transcendante et théorique x^z, au moyen de l'algorithme primitif de la sommation ; et c'est seulement parce que la loi théorique en question, le binome de Newton, présente la forme de cette génération secondaire, une forme technique, qu'elle a pu servir à l'application que nous en avons faite pour obtenir le développement dont il s'agit : aussi, vu cette forme technique, le binome de Newton se trouve-t-il, comme nous le verrons dans la seconde partie de cet Ouvrage, au nombre des lois que donne la Technie de l'Algorithmie ; et l'application dont nous venons de parler, est proprement fondée sur la considération de ce que cette loi théorique, le binome de Newton, est, en même temps, une loi technique. — Or, dans cet état de la partie élémentaire de la Théorie de l'Algorithmie, où elle n'offre que les lois de la génération des quantités, et où les faits mêmes de cette génération, la détermination numérique des quantités, ne sont point donnés immédiatement, et ne peuvent qu'accidentellement être donnés par la Théorie de l'Algorithmie, il se présente le PROBLÈME NÉCESSAIRE d'une génération algorithmique secondaire, différente de la génération primitive qui est donnée par les algorithmes, simples ou composés, formant la partie élémentaire de la Théorie de l'Algorithmie. Cette génération secondaire, devant présenter les faits mêmes de la génération des quantités, ou leur détermination numérique, ne peut évidemment avoir lieu que par l'emploi arbitraire de l'un des deux algorithmes élémentaires primitifs, la sommation ou la graduation ; et c'est précisément cet emploi arbitraire, qui constitue la fin algorithmique générale formant l'objet de la Technie de l'Algorithmie. Ainsi, cette Technie se trouve requise *nécessairement*, pour compléter la partie élémentaire de la Théorie de l'Algorithmie.

De plus, dans la partie systématique de la Théorie de l'Algorithmie, nous apprenons à connaître les lois GÉNÉRALES de la détermination ou de la génération systématique des quantités, fondée sur la réunion des algorithmes élémentaires ; ainsi, par exemple, nous trouvons que la fonction intégrale $\int^\mu \Phi x . dx^\mu$, a, pour sa nature ou pour sa construction générale, l'expression

$$\int^\mu \Phi x . dx^\mu = \left\{ \frac{\Phi x}{\varphi x} \int^\mu \varphi x - \frac{\mu}{1} . d\frac{\Phi x}{\varphi x} . \int^{\mu+1} \varphi x + \text{etc.} \right\} dx^\mu,$$

φx étant une fonction quelconque. Mais, les cas PARTICULIERS de cette génération systématique primitive, dépendans de la détermination particulière des fonctions auxquelles s'appliquent les algorithmes systématiques, ne sont que *déterminés* par les lois générales que nous venons de nommer, et ne sont point *donnés immédiatement*. Il est vrai que les fonctions particulières étant données, on peut, dans la Théorie de l'Algorithmie, donner également, aux lois générales de la partie systématique de cette Théorie, des déterminations telles, qu'elles forment les lois particulières des cas de ces fonctions données ; mais cette détermination des lois particulières est évidemment *indéfinie*, et par conséquent *impossible* dans toute l'étendue de la génération systématique des quantités algorithmiques. En effet, les algorithmes systématiques, les différences, les grades, les nombres et les équivalences, sont visiblement indéfinis dans leurs cas particuliers, parce que la réunion systématique des algorithmes élémentaires, qui est le principe des algorithmes systématiques, est évidemment contingente, et par conséquent indéfinie, dans les cas particuliers. Il s'ensuit qu'il doit exister, pour la partie systématique de la Théorie de l'Algorithmie, autant de lois particulières INDÉPENDANTES, qu'il peut y avoir, dans ses différentes branches, de fonctions particulières indépendantes, exprimant la réunion des algorithmes élémentaires, qui est le principe de cette partie systématique ; et par conséquent, qu'il doit exister un nombre INDÉFINI de ces lois particulières, le nombre de ces fonctions étant évidemment indéfini. Donc, vu cette indépendance des lois particulières dont il s'agit, en les considérant par rapport à des lois hypothétiques plus générales, il est évident que la partie systématique de la Théorie de l'Algorithmie, forme une science indéfinie, et par conséquent, une science impossible pour l'homme,

en la prenant dans toute son étendue. — Pour rendre ces argumens
encore plus clairs, appliquons-les à un cas particulier, à celui du
point de vue logique de la partie systématique en question, et spécialement au cas de la résolution des équations. Or, les lois générales que nous avons données pour la résolution des quatre genres
d'équations possibles, sont proprement les principes premiers, la
nature ou la construction générale de la résolution des équations;
mais ces lois, qui font abstraction de toute détermination des fonctions formant les équations, ne déterminent que le cas général de
cette résolution, et nullement les cas particuliers qui dépendent
de la détermination particulière des fonctions formant les équations.
Il faut concevoir, en effet, que ces cas particuliers sont entièrement
indépendans les uns des autres; et par conséquent, que la résolution des quatre genres d'équations, ne peut être soumise à des
lois générales, qu'autant que les fonctions d'équations sont considérées, en général, comme n'ayant encore reçu aucune détermination particulière : les cas particuliers en question, dépendent,
ainsi que nous venons de le dire, des fonctions particulières formant les équations; et ces fonctions, qui expriment proprement la
réunion systématique des algorithmes élémentaires, sont, comme
cette réunion, purement accidentelles dans leur détermination particulière, et par conséquent indépendantes les unes des autres, en
les considérant sous un point de vue transcendantal; c'est-à-dire
que ces fonctions d'équations, et les cas particuliers qui en dépendent, ne peuvent, dans l'état de cette détermination particulière, être soumis à des lois générales. Aussi, par exemple, savons-
nous à posteriori que les différens procédés que l'on connaît pour la
résolution des quatre premiers degrés des équations d'équivalence,
sont entièrement indépendans les uns des autres; ils ne sont liés
que par la loi générale que nous avons donnée pour la résolution
des équations d'équivalence; loi qui fait abstraction de la détermination particulière (du degré) des fonctions formant ces équations, et qui, sous ce point de vue général, détermine seulement
la nature et la forme des racines. Nous ne parlerons pas ici de la
résolution connue de quelques-uns des premiers ordres des équations de différences et de celles de congruence, parce que, suivant
ce qui a été dit à l'article de ces équations, les procédés de cette

résolution ne sont encore que des procédés indirects ou artificiels, qui ne se trouvent pas même ramenés aux lois générales de cette résolution, lois que nous avons vues à l'article que nous venons de citer. Mais, si l'on a approfondi la métaphysique de la résolution des équations, telle que nous l'avons présentée dans cette Introduction à la Philosophie des Mathématiques, on doit comprendre facilement et en général, que les lois de la résolution des cas particuliers des équations de tous les genres, sont, ainsi que nous l'avons déjà dit, entièrement indépendantes entre elles, et ne peuvent par conséquent, dans l'état de cette détermination particulière, être soumises à d'autres lois plus générales : elles ne peuvent être soumises à des lois générales, et nommément aux lois que nous avons données, qu'en faisant abstraction de toute détermination dans les fonctions formant les équations. — Ainsi, la théorie des équations, comme toute la partie systématique de la Théorie de l'Algorithmie, est composée d'un nombre indéfini de lois indépendantes ; et elle forme, dans cet état, une science indéfinie, et par conséquent une science impossible pour l'homme, en la prenant dans son étendue entière. — Or, dans cet état de la partie systématique de la Théorie de l'Algorithmie, où il est absolument impossible d'avoir les lois particulières pour TOUS LES CAS de la génération primitive ou de la construction des quantités qui en dépendent, il se présente le PROBLÈME NÉCESSAIRE d'une génération secondaire de ces quantités, c'est-à-dire, le problème de leur évaluation ou de leur mesure : en effet, cette génération secondaire, au moyen de l'emploi arbitraire de l'un des deux algorithmes élémentaires primitifs, de la sommation ou de la graduation, non seulement suffit, à certains égards, pour satisfaire la raison, en formant un ENSEMBLE de connaissances algorithmiques concernant la partie systématique en question ; mais de plus, cette génération secondaire constitue LE SEUL MOYEN possible d'avoir, dans tous les cas, les faits de la génération des quantités dépendantes de cette partie systématique, ou la détermination numérique de ces quantités. Donc, puisque la génération secondaire qui fait l'objet de ce problème nécessaire, est précisément la fin algorithmique faisant l'objet de la Technie de l'Algorithmie, cette Technie se trouve encore requise *nécessairement*, pour compléter la partie systématique de la Théorie de l'Algorithmie.

Il est donc vrai que la Technie de l'Algorithmie, non seulement implique la conception d'une fin ou d'un but, et se trouve ainsi essentiellement différente de la Théorie de l'Algorithmie ; mais de plus, qu'elle repose sur des principes donnés par la nature même de notre savoir, et qu'elle forme ainsi une branche nécessaire de l'Algorithmie considérée en général.

Voici quelques considérations moins métaphysiques ou plutôt populaires, pour nous familiariser davantage avec cette branche importante de l'Algorithmie.

D'abord, l'évaluation des quantités données par des algorithmes quelconques, peut se faire de différentes manières, suivant des procédés artificiels, plus ou moins simples ; mais, pour peu qu'on y réfléchisse, on conçoit que ces procédés différens doivent dépendre les uns des autres, et l'on est ainsi porté à conclure qu'il pourrait bien y avoir, pour chaque espèce de ces procédés d'évaluation algorithmique, un principe unique qui les liât entre eux, et qui servît de fondement à leur possibilité. Or, c'est la détermination de ces principes, et par suite, la détermination de tous les systèmes possibles d'évaluation algorithmique, qui est l'objet général de la Technie de l'Algorithmie.

En second lieu, examinant la nature des procédés d'évaluation algorithmique, comparativement à la nature des algorithmes mêmes par lesquels sont données les quantités qu'on cherche à évaluer, on découvre facilement la différence caractéristique qui se trouve entre ces procédés d'évaluation, et les procédés de construction des quantités : les algorithmes qui forment les procédés de construction, sont, pour ainsi dire, identiques avec les quantités mêmes qu'ils produisent ; tandis que les algorithmes qui forment les procédés d'évaluation, sont indépendans des quantités qu'ils servent à évaluer : les premiers paraissent faire partie de la nature même des quantités, et les derniers paraissent se rapporter à quelques fins ou buts étrangers à cette nature. De là vient que la Théorie de l'Algorithmie, qui a pour objet les premiers de ces algorithmes, n'est qu'une simple spéculation, et ne dépend que de l'entendement qui est la faculté de la spéculation ; tandis que la Technie de l'Algorithmie, qui a pour objet les seconds de ces algorithmes, est une espèce d'action fondée sur la conception d'une fin, et dépend de l'influence de la volonté, qui est la faculté des fins en général. Ainsi, la Théorie et la Technie de l'Algorithmie, forment deux branches essentiellement distinctes.

En troisième lieu, la valeur numérique ou algorithmique en général, des fonctions, simples ou composées, formées au moyen des algorithmes que donne la partie élémentaire de la Théorie de l'Algorithmie, ne peut être obtenue par ces fonctions elles-mêmes : il faut, pour avoir cette valeur, appliquer, à ces fonctions, des procédés algorithmiques nouveaux, des procédés de développement ou d'évaluation de ces fonctions. Ainsi, la partie élémentaire de la Théorie de l'Algorithmie ne peut, par elle-même, nous faire connaître la valeur des quantités dont elle donne la génération primitive : elle ne peut nous faire connaître que la nature ou la construction de ces quantités. Donc, la Technie de l'Algorithmie, qui, suivant ce que nous en avons dit en premier lieu, a pour objet les procédés nécessaires pour obtenir la valeur en question, se trouve requise nécessairement, pour compléter la partie élémentaire de la Théorie de l'Algorithmie.

En quatrième et dernier lieu, lorsque, suivant les algorithmes que donne la partie systématique de la Théorie de l'Algorithmie, on parvient à des fonctions formant l'objet de ces algorithmes, on n'obtient proprement, dans ces fonctions, que la nature ou la construction des quantités qui y correspondent, et nullement la valeur même de ces quantités. Par exemple, lorsqu'en résolvant une équation d'équivalence, ou en intégrant une équation différentielle ou seulement une fonction différentielle, on obtient les fonctions qui forment les objets respectifs de ces algorithmes, ces fonctions ne donnent encore que la nature ou la construction des quantités inconnues qu'on cherchait à déterminer ; elles ne donnent point la valeur même de ces quantités : on sait en effet que, pour obtenir cette valeur, il faut, en outre, appliquer, aux fonctions trouvées par les procédés de ces algorithmes systématiques, des procédés nouveaux et différens, qui en donnent le développement ou l'évaluation. Ainsi, en appliquant immédiatement, si cela est possible, ces procédés de développement ou d'évaluation des quantités, aux algorithmes systématiques dont il s'agit, par exemple, à l'intégration des fonctions différentielles,

à la résolution des équations, etc., les différens objets de la partie
systématique de la Théorie de l'Algorithmie, seraient visiblement
obtenus avec plus de simplicité. Il est vrai que la détermination
des fonctions qui expriment la nature ou la construction des quantités, est un objet majeur, et même l'objet essentiel de la partie
systématique dont nous parlons; mais, lorsqu'il ne s'agit que de
la valeur des quantités données par les algorithmes systématiques,
par exemple, par les différentes équations d'équivalence, de différences, etc., il est visible que l'application immédiate des procédés
d'évaluation de ces quantités, sans employer préalablement les
procédés de la détermination de leur nature ou de leur construction, forme la marche directe, et ce qui est plus, la marche philosophique, parce qu'elle dérive des principes mêmes de cette
évaluation. Ainsi, en considérant la Technie de l'Algorithmie, qui
a pour objet les procédés d'évaluation en question, comme offrant
les principes de l'évaluation des quantités données par les algorithmes systématiques dont il s'agit, on comprendra facilement
que cette Technie est encore requise nécessairement, pour
compléter le système des connaissances algorithmiques dépendantes de la partie systématique de la Théorie de l'Algorithmie.
— Mais bien plus, pour peu qu'on ait approfondi la métaphysique
de cette partie de la Théorie de l'Algorithmie, telle que nous l'avons
présentée dans cette Introduction à la Philosophie des Mathématiques,
on aura vu que les différentes branches formant cette partie systématique, ne peuvent être soumises à d'autres lois générales qu'à
celles que nous avons données en traitant cette métaphysique. Or,
ces lois font abstraction de toute détermination particulière des
fonctions auxquelles elles s'appliquent; de manière que les cas
particuliers de ces fonctions ont, de plus, autant de lois particulières et indépendantes, qu'il peut y avoir, pour ces fonctions,
de déterminations particulières et indépendantes : c'est-à-dire que
les différens algorithmes systématiques ont, outre les lois générales
qui en déterminent la nature en général, un nombre indéfini de
lois particulières et indépendantes, qui, sous la forme de ces lois
générales, déterminent les cas particuliers, dépendans des fonctions
particulières auxquelles s'appliquent ces différens algorithmes. Ainsi,
la partie systématique de la Théorie de l'Algorithmie, considérée

en elle-même, est une science indéfinie, et impossible pour l'homme, en la prenant dans son étendue entière ; et par conséquent, la Technie de l'Algorithmie, qui présenterait, dans tous les cas, les procédés de l'évaluation des quantités données par les différens algorithmes systématiques, serait une branche nécessaire pour compléter, dans son étendue, la partie systématique de la Théorie de l'Algorithmie.

En nous fondant sur ces différentes conclusions, nous établirons donc, avec certitude, la branche de l'Algorithmie dont il est question. — Son objet général, suivant les déductions précédentes, est la mesure ou l'évaluation d'une quantité algorithmique : c'est-à-dire, lorsque la nature ou la construction d'une quantité algorithmique est donnée au moyen des algorithmes théoriques quelconques, élémentaires ou systématiques, la génération de cette quantité, opérée par l'emploi arbitraire de l'un des deux algorithmes primitifs, de la sommation ou de la graduation, est l'objet de la Technie de l'Algorithmie.

Nous avons déjà dit que nous attribuons la dénomination de THÉORÈMES à celles des propositions mathématiques, algorithmiques ou géométriques, qui ont pour objet la *nature* ou la *construction* des quantités, c'est-à-dire, aux propositions qui appartiennent aux différentes branches formant la Théorie des Mathématiques ; et que nous attribuons la dénomination de MÉTHODES à celles des propositions mathématiques, algorithmiques ou géométriques, qui ont pour objet la *mesure* ou l'*évaluation* des quantités, c'est-à-dire, aux propositions qui appartiennent aux différentes branches formant la Technie des Mathématiques. — Voici quelques observations concernant ces dénominations.

Il est évident que la différence essentielle qui se trouve entre la Théorie et la Technie des Mathématiques, exige que les propositions respectives de ces branches générales, soient distinguées par des noms différens ; d'autant plus que la dénomination *théorèmes*, qui, vu son étymologie, convient parfaitement aux propositions de la Théorie des Mathématiques, ne saurait nullement convenir aux propositions de la Technie des Mathématiques. Or, parmi les différentes dénominations usitées, celle de *méthodes* nous paraît la plus propre pour désigner les propositions de la Technie en question : elle paraît répondre à la conception d'une fin ou d'un but, en faisant allusion à la voie ou au moyen, nécessaires pour y parvenir ; et précisément par la même raison, la dénomination de *méthodes* nous paraît impropre pour désigner les procédés appartenans à la Théorie des Mathématiques, qui n'implique nullement la conception d'une fin, ni par conséquent, celle d'un moyen. Ainsi, d'après cette nomenclature philosophique, les propositions de la Théorie des Mathématiques, sont des THÉORÈMES ; et les propositions de la Technie des Mathématiques, sont des MÉTHODES : quant aux propositions auxiliaires qui, dans l'une et dans l'autre de ces deux branches générales, conduisent aux propositions définitives, on pourrait les distinguer en général, par le nom de PROCÉDÉS ; et spécialement, dans les deux branches respectives, par le nom de PROCÉDÉS THÉORIQUES et de PROCÉDÉS TECHNIQUES. — Mais, si les géomètres ne voulaient pas renoncer à désigner, dans la Théorie des Mathématiques, par le nom de *méthodes* les propositions auxiliaires que nous distinguons ici par le nom de *procédés*, d'autant plus qu'il existe, dans la Théorie de l'Algorithmie, une branche importante du calcul différentiel, à laquelle ils donnent le nom de *méthode*, savoir, la *Méthode des variations*, on serait forcé de chercher, pour les propositions de la Technie des Mathématiques, une dénomination nouvelle ; car, encore une fois, la dénomination de *théorèmes* ne peut nullement convenir à ces dernières propositions. Dans ce cas, il nous paraît que la dénomination ancienne de *porismes*, dont on a perdu la signification, pourroit être employée convenablement pour désigner les propositions de la Technie des Mathématiques en général. — Voici ce qu'il en est de cette dénomination.

Les anciens, et nommément Euclide, distinguaient trois espèces de propositions principales : les théorèmes, les problèmes et les porismes. La signification des deux premières de ces dénominations, nous est bien connue ; mais, nous ignorons quelle est la véritable signification que les anciens attachaient au mot porisme. Pappus fait mention des porismes d'Euclide, dans la préface du VIIme livre de son Recueil mathématique : Περὶ τῶν πορισμάτων Εὐκλείδου ; mais, ce qu'il en dit, a paru insuffisant pour bien déterminer la signification de ce mot, d'autant plus que la figure

géométrique qui s'y rapporte, manque, d'après ce qu'en dit expressément son éditeur Halley (¹). Voici la définition de Pappus, pour
les trois espèces de propositions en question, telles qu'il les attribue
aux anciens : ἔφασαν γὰρ θεώρημα μὲν εἶναι τὸ προτεινόμενον εἰς ἀπόδειξιν
αὐτῦ τῦ προτεινομένυ· πρόβλημα δὲ τὸ προβαλλόμενον εἰς κατασκευὴν αὐτῦ
τῦ προτεινομένυ· πόρισμα δὲ τὸ προτεινόμενον εἰς πορισμὸν αὐτῦ τῦ προτεινομένυ (²). Il donne encore une autre définition des porismes,
savoir : πόρισμά ἐςι τὸ λεῖπον ὑποθέσει τοπικῦ θεωρήματος (³); mais,
il l'attribue aux géomètres moins anciens, et il la déclare inexacte.
De plus, David Gregorius, dans la préface de son édition d'Euclide,
rapporte la définition que donne Proclus du mot porisme, savoir,
que c'est une proposition qui n'est ni théorème ni problème, qui
n'est point une simple spéculation, et qui n'exige nullement la production d'une chose, mais seulement une invention, par exemple,
déterminer le centre d'un cercle donné (⁴). — Depuis, Girard (⁵),

---

(¹) *Apollonii Pergæi de sectione rationis libri duo, etc., etc. Præmittitur
Pappi Alexandrini Præfatio ad VII^{mum} Collectionis Mathematicæ, nunc primùm
græcè edita, etc. Operâ et studio Edm. Halley. Oxonii.* 1706.

(²) Dixerunt enim (veteres) theorema esse, quod proponitur in ipsius propositi
demonstrationem. Problema, quod affertur in constructionem propositi. Porisma
vero, quod proponitur in porismum, hoc est in inventionem, et investigationem
propositi.

Pappi Alexan. Mathem. Collect. A Frederico Commandino urbinatæ. Venetiis. 1589.

(³) Porisma est quod hypothesi deficit à locali theoremate. *Ibidem.* — La
traduction de Halley porte : Porisma est quod deest in hypothesi theorematis
localis. — Ces deux traductions nous paraissent ici fautives. Suivant nous, le
vrai sens du passage grec est : *Porisma est quod deficit hypothesi theorematis
localis* ; c'est-à-dire, *Porisma est propositio ubi haud opus supponere locale
theorema, id est, possibilitatem rei.* On verra, dans la suite de cette discussion,
que cette dernière définition, quoique purement négative, est la véritable définition du porisme; et par conséquent, que c'est à tort que Pappus la déclare
inexacte.

(⁴) Proclus, in commentariis, porisma hujusmodi dicit, propositionem, quæ
neque problema est neque theorema, id est, quæ neque generationem aut ποίησιν
alicujus rei requirit, neque simplicem contemplationem; sed inventionem tantum :
ut, dati circuli centrum invenire, et quæ huic similia.

Euclidis quæ supersunt, ex recensione Davidis Gregorii, etc. Oxoniæ, 1703.

(⁵) *Albert Girard, samielois, Trigonométrie,* à la Haye, 1629.

Ghetaldus (¹), Bulliald (²), Renaldinus (³), Fermat (⁴), et sur-tout Simson (⁵), se sont occupés, ou du moins ont fait mention des porismes ; mais, toutes ces recherches, loin d'éclaircir la question, n'ont servi qu'à l'obscurcir davantage, comme on peut en juger par la définition que donne Simson ; la voici : *Porisma est propositio, in qua proponitur demonstrare rem aliquam, vel plures datas esse, cui, vel quibus, ut et cuilibet ex rebus innumeris, non quidem datis, sed quæ ad ea quæ data sunt, eandem habent relationem, convenire ostendendum est, affectionem quandam communem in propositione descriptam.* — Il paraît donc certain que, dans l'état où se trouvent les documens historiques concernant le mot porisme, on ne saurait en déterminer la signification à posteriori (*). Ainsi, il ne nous reste qu'à la conjecturer à priori.

Il paraît d'abord sûr que le mot *porisme* s'appliquait, comme le mot *problème*, à des propositions qui contenaient la conception de quelque fin à atteindre, ou de quelque but à obtenir, c'est-à-dire ; suivant la déduction que nous avons donnée de la nature de

---

(¹) *Marini Ghetaldi, de Resolutione et Compositione mathematica, libri V, opus posthumum, Romæ,* 1640.

(²) *Ismaelis Bullialdi, Exercitationes geometricæ, etc.* Paris, 1667.

(³) *Caroli Renaldini, de Resolutione et Compositione mathematica, libri duo. Patavii,* 1668.

(⁴) *Fermatii, Opera varia mathematica (Renovata porismatum doctrina). Tolos.* 1679.

(⁵) *Roberti Simson, etc., Opera quædam reliqua, scilicet I, etc. ; II porismatum liber, quo doctrinam hanc veterum geometrarum ab oblivione vindicare, et ad captum hodiernorum adumbrare constitutum est ; III, IV et V, etc. Opus posthumum, curâ Jacobi Clow, impensis comitis Stanhope, etc. Glasg.* 1776. — Traduction anglaise par Lawson : *A Treatise concerning porisms, etc.* Paris, 1777.

(*) M. Eisenman, professeur à l'école des Ponts et Chaussées de France, qui doit donner une édition du texte grec de Pappus, accompagné d'une traduction française, vient de nous apprendre que les porismes ont attiré particulièrement son attention, et qu'il croit en avoir découvert le véritable caractère.

la Technie, à des propositions appartenantes à cette branche générale des Mathématiques ; de manière que, d'après ces dénominations des anciens, les différentes propositions de la Technie en
question, seraient ou des porismes ou des problèmes. Il ne resterait donc, pour déterminer complètement la signification du mot
porisme, qu'à distinguer, parmi les différentes propositions techniques, celles qui forment des porismes, de celles qui forment
des problèmes ; si toutefois cette distinction est possible. Or, en
nous attachant au sens philosophique du mot problème, on pourrait, en effet, distinguer les propositions techniques dont les objets
seraient purement *possibles*, de celles dont les objets seraient
nécessaires, c'est-à-dire, les propositions dont l'exécution (la solution) n'aurait qu'une certitude *problématique* (l'objet étant possible
ou impossible), de celles dont l'exécution (la solution) aurait une
certitude *apodictique* (l'objet étant nécessaire) : les premières seraient des PROBLÈMES ; les secondes, des PORISMES. Par exemple,
faire passer une circonférence de cercle par trois points donnés,
est un problème, en considérant cette proposition avant qu'il soit
démontré que son objet est possible ; tandis que déterminer le
centre d'une circonférence de cercle donnée, est un porisme.
— C'est là la seule distinction transcendantale qu'on peut faire entre
les différentes propositions de la Technie des Mathématiques ; et
c'est, par conséquent, sur cette distinction, connue ou inconnue,
que devait se fonder la double dénomination de problèmes et de
porismes, que les anciens employaient pour désigner des propositions qui, à leur insu, appartenaient évidemment à la Technie
des Mathématiques. — Nous devons observer que les anciens ne
paraissent avoir employé le mot de porisme, que pour la Technie
de la Géométrie ; mais, déjà Simson a fait remarquer expressément
qu'il pourrait y avoir aussi des porismes dans la science des nombres,
et il donne même un exemple, quoique mal choisi. Il faut encore
observer qu'après Pappus et Proclus, les définitions qu'on a voulu
donner du mot porisme, sont toutes fautives : elles sont contraires
à la signification de ce mot, que nous venons de déduire à priori,
et aux définitions de Pappus et de Proclus, lesquelles, *in concreto*,
se trouvent rigoureusement conformes à la nôtre. Il est à remarquer sur-tout que Simson, qui a tant fait pour rétablir la doc-

trine des porismes, soit celui qui s'est écarté le plus (*) de la
véritable signification de ces propositions : sans parler de sa définition, les propositions qu'il donne pour des porismes, sont de
véritables problèmes.

Ainsi, voulant conserver la dénomination de *méthodes* pour les
propositions auxiliaires, et communes à la Théorie et à la Technie
des Mathématiques, c'est-à-dire, pour les propositions que nous
distinguons par le mot simple de *procédés*, il faudrait, à moins
de former un nom nouveau, désigner les propositions de la Technie
des Mathématiques, par le nom ancien de *porismes*, ou plus spécialement, en distinguant, dans cette Technie, les propositions
dont l'objet est purement possible, et les propositions dont l'objet
est nécessaire, par les noms de *problèmes* et de *porismes*. — Nous
soumettons cette question à l'avis des géomètres ; et nous nous
conformerons, dans le choix de la dénomination dont il s'agit, à
l'opinion la plus générale qui nous sera manifestée.

En terminant cette discussion concernant la nomenclature, nous
devons faire remarquer, comme corollaire, que la Technie des
Mathématiques est aussi ancienne que le sont les Mathématiques
elles-mêmes ; qu'elle a été cultivée, de tout temps, dans la Géométrie et même dans l'Arithmétique, sous les noms de porismes
et de problèmes, quoique, pour ainsi dire, à l'insu des géomètres,
ou du moins sans une conscience logique suffisamment claire pour
la distinguer comme une branche séparée et générale, ayant des
principes propres et des lois indépendantes de la Théorie des
Mathématiques.

Après avoir exposé et déduit l'objet général de la Technie des
Mathématiques, c'est-à-dire, la fin ou le but général qu'elle se
propose, voyons, dans l'Algorithmie, qui est ici notre objet principal, quels sont les moyens, les instrumens, que la Technie peut
employer pour arriver à cette fin ou à ce but.

Nous avons vu que, lorsque la nature ou la construction algo-

---

(*) Nous ne tenons pas ici compte de la définition du mot *porisme*, qu'on
lit dans l'*Encyclopédie méthodique* ; parce qu'il paraît que l'auteur (O) de cet
article, n'a eu aucune idée de ce genre de propositions.

rithmique) d'une quantité, est donnée au moyen des algorithmes théoriques, élémentaires ou systématiques, la génération secondaire de cette quantité, opérée par l'emploi arbitraire de l'un des deux algorithmes primitifs, la sommation ou la graduation, est l'objet de la Technie de l'Algorithmie. Or, nous avons vu de plus que les algorithmes dérivés immédiats, la NUMÉRATION et les FACULTÉS, présentent précisément la possibilité de servir de moyens à ces fins algorithmiques ; et cela, par leur susceptibilité de limites arbitraires, jointe à la possibilité où ils se trouvent de donner la génération de toute quantité algorithmique (*). Il ne nous reste donc qu'à voir les PRINCIPES PHILOSOPHIQUES DE LA TRANSFORMATION D'UNE FONCTION THÉORIQUE, DONNÉE IMMÉDIATEMENT OU MÉDIATEMENT, EN FONCTIONS DE NUMÉRATION OU DE FACULTÉS ; et c'est là l'objet de la transition de la Théorie à la Technie de l'Algorithmie, transition dont nous allons présenter la métaphysique.

D'abord, il est évident que la transformation dont il est question, exige, pour être opérée, une fonction nouvelle au moyen de laquelle se trouve exprimée, par les algorithmes de la numération ou des facultés, la fonction théorique, donnée immédiatement ou médiatement, qu'il s'agit de transformer. De plus, puisque les deux algorithmes auxiliaires, la numération et les facultés, sont susceptibles de limites arbitraires dans leurs procédés respectifs par sommation et par graduation, il est évident que la fonction de transformation dont nous venons de reconnaître la nécessité, peut être une fonction arbitraire, et peut ainsi avoir une infinité de déterminations *spéciales*. — Or, c'est cette fonction arbitraire, servant à la transformation des fonctions, au moyen des algorithmes primitifs de la sommation ou de la graduation, et plus particulièrement au moyen des algorithmes de la numération ou des facultés, qui est, dans sa plus grande généralité, la quantité instrumentale qu'on nomme, dans l'application de l'Arithmétique, *mesure* ou *unité de l'évaluation* des quantités. — Nous étendrons

---

(*) Il faut remarquer que les deux grands instrumens de la Technie de l'Algorithmie, la numération et les facultés, sont donnés par la Théorie de l'Algorithmie ; et en effet, l'homme ne peut former aucun autre algorithme que ceux que lui donne cette Théorie.

cette

cette dénomination particulière au cas général des fonctions instrumentales dont il s'agit ; et nous nommerons ainsi MESURE ALGORITHMIQUE la fonction arbitraire qui sert, comme lien, à la transformation d'une fonction théorique, immédiate ou médiate, en fonctions de numération ou de facultés, lesquelles, suivant ce que nous venons de voir, forment les deux moyens généraux de l'évaluation des quantités, ou du but de la Technie de l'Algorithmie.

En second lieu, il est évident que la transformation dont il est question, exige, pour être opérée, une détermination quelconque de la relation qui se trouve entre la fonction, donnée immédiatement ou médiatement, qu'il s'agit de transformer, et la fonction arbitraire ou la mesure dans laquelle elle doit être transformée. De plus, puisque la relation de ces fonctions, en la considérant dans sa simplicité primitive, forme nécessairement un *rapport* algorithmique, il est évident que, pour établir, dans toute sa généralité, la *comparaison* dont nous venons de reconnaître la nécessité, il faut, pour embrasser les trois classes de rapports possibles, employer, dans cette comparaison, le rapport de reproduction ou le rapport dit géométrique, qui est une espèce de neutralisation des deux rapports primitifs, du rapport de sommation et du rapport de graduation. — Ainsi, le rapport de reproduction, ou le rapport dit géométrique, comme principe le plus général de toute relation algorithmique primitive, forme le principe de la comparaison dont il est question ; aussi, est-ce ce rapport qu'on emploie dans l'opération arithmétique appliquée, nommée *mesure*.

En troisième lieu, il est évident que la transformation dont il est question, ayant pour objet une génération secondaire opérée par l'emploi des deux algorithmes primitifs, de la sommation ou de la graduation, doit être *subordonnée* à la forme respective de ces deux algorithmes. Ainsi, en supposant que Fx soit la fonction, donnée immédiatement ou médiatement, qu'il s'agit de transformer, et que φx soit la fonction arbitraire servant de mesure algorithmique, ou la fonction dans laquelle la première doit être transformée, l'opération de cette transformation, au moyen des algorithmes de la numération ou des facultés, aura, pour les formes respectives, les schémas . . . . . (1)

$$Fx = A + \Phi x, \qquad \text{ou} \qquad Fx = A \times \Phi x,$$

A étant une quantité dépendante ou indépendante de x, et Φx une quantité considérée comme dépendante de la mesure algorithmique φx.

Les trois considérations précédentes, la SPÉCIFICATION de la mesure, la COMPARAISON de la fonction proposée avec la mesure, et enfin la SUBORDINATION logique de la transformation en question, sous les formes respectives des algorithmes de la sommation ou de la graduation, constituent visiblement les *principes logiques* de la transition de la Théorie à la Technie de l'Algorithmie, dont il s'agit. — Voyons maintenant quel est le *principe transcendantal* de cette transition.

Commençons par le cas de l'emploi de l'algorithme de la numération, auquel correspond le premier des deux schémas précédens (1), savoir, ... (2)

$$Fx = A + \Phi x.$$

Pour peu qu'on analyse la conception qui donne ce schéma, on trouvera que la quantité Φx doit nécessairement, et dans tous les cas, être comparable avec la quantité φx prise pour mesure algorithmique, afin que la détermination générale de cette quantité soit possible. Or, les deux modes, direct et inverse, de cette comparaison, suivant la forme du rapport de reproduction, sont

$$\frac{\Phi x}{\varphi x}, \qquad \text{et} \qquad \frac{\varphi x}{\Phi x};$$

de manière que la quantité Φx doit être telle que $\Phi x = 0$, lorsque $\varphi x = 0$, et réciproquement, pour que ces rapports ne soient point indéfinis, ni par conséquent impossibles à déterminer. Donc, la première transformation de la fonction proposée Fx, en deux quantités A et $\Phi_{,} x$, savoir, ... (III)

$$Fx = A_{,} + \Phi_{,} x,$$

suivant le schéma général (II) de cette transformation, doit donner, pour la quantité partielle $A_{,}$, une quantité telle que. . . (III)

$$A_{,} - Fx = 0,$$

lorsque la valeur de la variable x est telle que $\varphi x = 0$. Soient maintenant $F_{,}x$ et $_{,}Fx$ les fonctions qui déterminent les rapports en question, direct et inverse, savoir,

$$\frac{\Phi_{,}x}{\varphi x} = F_{,}x, \qquad \text{et} \qquad \frac{\varphi x}{\Phi_{,}x} = {}_{,}Fx\,;$$

on aura, pour la transformation ultérieure, les expressions.... (IV)

$$F_{,}x = A_{,} + \Phi_{,}x, \qquad \text{et} \qquad {}_{,}Fx = {}_{,}A + \Phi_{,}x,$$

lesquelles rentrent dans la question qui se présente en premier lieu. De plus, pour embrasser, dans toute son étendue, la transformation dont il s'agit, considérons la suite des quantités

$$\varphi x, \quad \varphi(x+\xi), \quad \varphi(x+2\xi), \quad \varphi(x+3\xi), \text{ etc.},$$

provenant de la fonction primitive φx, comme formant consécutivement la mesure algorithmique dans les transformations successives de la fonction proposée Fx. Ainsi, en raisonnant comme ci-dessus, on trouvera que la fonction $\Phi_{,}x$ de la seconde transformation (IV), doit être comparable, dans tous les cas, avec la mesure algorithmique $\varphi(x+\xi)$; et par conséquent, que cette fonction doit être telle que $\Phi_{,}x = 0$, lorsque $\varphi(x+\xi) = 0$. Donc, les quantités partielles $A_{,}$ et $_{,}A$ que donne cette seconde transformation, doivent être telles qu'on ait respectivement...... (IV)

$$A_{,} + F_{,}x = 0, \qquad \text{et} \qquad {}_{,}A + {}_{,}Fx = 0,$$

lorsque la valeur de la variable x est telle que $\varphi(x+\xi) = 0$. Soient, en troisième lieu, $F_{,}x$ et $_{,}Fx$ les fonctions qui déterminent les rapports, direct et inverse, de la fonction $\Phi_{,}x$ avec la fonction $\varphi(x+\xi)$ formant ici la mesure, savoir,

$$\frac{\Phi_{,}x}{\varphi(x+\xi)} = F_{,}x, \qquad \text{et} \qquad {}_{,}Fx = \frac{\varphi(x+\xi)}{\Phi_{,}x}\,;$$

on aura, pour la troisième transformation, les expressions.. (V)

$$F_{,}x = A_{,} + \Phi_{,}x, \qquad \text{et} \qquad {}_{,}Fx = {}_{,}A + \Phi_{,}x.$$

Et raisonnant comme plus haut, on trouvera encore que les quanlités partielles A_μ et $_\mu A$ que donne cette transformation, doivent être telles que...... (v)

$$A_\mu - F_\mu x = 0, \quad \text{et} \quad {_\mu A} - {_\mu F x} = 0,$$

lorsque la valeur de la variable x est telle que $\varphi(x + 2\xi) = 0$.

Poursuivant ces transformations, et désignant en général par $F_\mu x$ et $_\mu F x$ les fonctions qui déterminent respectivement les rapports, direct et inverse, correspondans à la transformation de l'ordre $(\mu + 1)$, on aura, pour cette transformation, les expressions...... (vi)

$$F_\mu x = A_\mu + \Phi_\mu x, \quad \text{et} \quad {_\mu F x} = {_\mu A} + \Phi_\mu x;$$

et pour les principes de la détermination des quantités A_μ et $_\mu A$, les relations..... (vii)

$$A_\mu - F_\mu \dot{x} = 0, \quad \text{et} \quad {_\mu A} - {_\mu F \dot{x}} = 0,$$

en désignant par $\dot{x}$ la quantité que donne, pour la variable x, la relation $\varphi(x + \mu\xi) = 0$.

Tel est le principe transcendantal de la transition de la Théorie à la Technie de l'Algorithmie, ou le principe de la génération technique des fonctions algorithmiques, dans le cas où l'on emploie, pour cette génération, l'algorithme primitif de la sommation. — On voit ainsi que le principe premier de cette génération, consiste dans la conception de la *finalité algorithmique* qui en est l'objet, c'est-à-dire, dans la conception des *moyens* propres à atteindre la *fin* qui est impliquée dans cette génération technique. En effet, pour peu qu'on examine le procédé algorithmique qui donne les transformations consécutives précédentes, on concevra que c'est là le *procédé général et unique* de réduire, de plus en plus, la fonction proposée Fx, par le moyen des fonctions auxiliaires $\Phi_0 x$, $\Phi_1 x$, $\Phi_2 x$, etc., à la forme des fonctions φx, $\varphi(x + \xi)$, $\varphi(x + 2\xi)$, etc. prises pour la mesure algorithmique ; et par conséquent, que c'est là le *moyen unique* de transformer, de plus en plus, la fonction proposée Fx, en fonction des quantités φx, $\varphi(x + \xi)$, $\varphi(x + 2\xi)$, etc. ; transformation qui est le véritable objet de l'évaluation algorithmique, ou de la génération technique de la fonction Fx, dans le cas particulier dans lequel cette génération ou évaluation est opérée au moyen de l'algorithme primitif de la sommation.

Ainsi, en résumant ou en réunissant les résultats partiels de ces transformations consécutives, on obtiendra, pour les deux comparaisons, directe et inverse, dont il s'agit, deux expressions générales qui seront les schémas algorithmiques de la génération technique ou de l'évaluation d'une fonction théorique quelconque, dans le cas où l'on emploie, pour cette mesure ou cette évaluation, l'algorithme primitif de la sommation. — Ces résumés respectifs, en négligeant la distinction des indices inférieurs, placés à droite et à gauche de la lettre A, sont........ (VII)

1°. Pour la comparaison directe, 2°. Pour la comparaison inverse,

$$Fx = A_0 + \Phi_0 x,$$

$$Fx = A_0 + \Phi_0 x,$$

$$\Phi_0 x = (A_1 + \Phi_1 x).\varphi x,$$

$$\Phi_0 x = \frac{\varphi x}{A_1 + \Phi_1 x},$$

$$\Phi_1 x = (A_2 + \Phi_2 x).\varphi(x + \xi);$$

$$\Phi_1 x = \frac{\varphi(x + \xi)}{A_2 + \Phi_2 x},$$

$$\cdots\cdots\cdots\cdots\cdots\cdots\cdots\cdots$$

$$\Phi_\mu x = (A_{\mu+1} + \Phi_{\mu+1} x).\varphi(x + \mu\xi);$$

$$\Phi_\mu x = \frac{\varphi(x + \mu\xi)}{A_{\mu+1} + \Phi_{\mu+1} x};$$

et substituant ces valeurs successives, les schémas en question de la génération technique ou de l'évaluation d'une fonction théorique quelconque Fx, seront :

1°. Pour la comparaison directe,..... (VIII)

$$Fx = A_0 + A_1.\varphi x + A_2.\varphi x^{2|\xi} + A_3.\varphi x^{3|\xi} + \text{etc.};$$

2°. Pour la comparaison inverse,...... (IX)

$$Fx = A_0 + \cfrac{\varphi x}{A_1 + \cfrac{\varphi(x + \xi)}{A_2 + \cfrac{\varphi(x + 2\xi)}{A_3 + \text{etc.}}}}$$

Le premier (VIII) de ces schémas, est la forme générale de ce qu'on appelle *séries*; et le second (IX), est la forme générale de ce qu'on nomme *fractions continues.* — Ainsi, les séries et les fractions continues sont les deux branches particulières de la classe générale des procédés techniques qui dépendent de l'algorithme primitif de la sommation, c'est-à-dire, les deux branches particulières des procédés techniques que donne l'emploi de l'algorithme de la numération : les séries forment une espèce *générale* de l'algorithme de la numération, suivant le schéma général (22) de cet algorithme ; les fractions continues forment une espèce *particulière* ou une *modification* du même algorithme, provenant de la considération de la division ou de la reproduction régressive qui, comme partie de l'algorithme général de la reproduction, se trouve réellement impliquée dans l'algorithme de la numération.

Telle est la déduction architectonique de ces deux branches essentielles de l'Algorithmie en général, des Séries et des Fractions continues. — De plus, ce que nous venons de dire concernant la génération de ces deux algorithmes techniques, nous donne, en même temps, la déduction métaphysique de la nature de ces algorithmes. Nous savons actuellement quelle en est la véritable destination, et quels sont les principes premiers de leurs formes respectives. — Contentons-nous ici de jeter un coup-d'œil sur la forme des séries.

D'abord, en la considérant dans sa plus grande généralité, la forme (VIII) des séries, savoir,

$$Fx = A_0 + A_1 . \varphi x + A_2 . \varphi x^2 \big|^{\xi} + A_3 . \varphi x^3 \big|^{\xi} + \text{etc.,}$$

est, d'après la déduction précédente, une espèce de numération algorithmique directe, procédant suivant les facultés progressives de la fonction arbitraire φx, qu'on prend pour la mesure algorithmique de la fonction proposée Fx que la série sert à évaluer. — En second lieu, lorsque l'accroissement ξ de la fonction arbitraire φx, est supposé indéfiniment petit ou zéro, on a la forme particulière plus simple..... (x)

$$Fx = A_0 + A_1 . \varphi x + A_2 . \varphi x^2 + A_3 . \varphi x^3 + \text{etc.,}$$

qui procède suivant les puissances de la fonction arbitraire φx, prise pour la mesure algorithmique. — Enfin, lorsque cette fonction arbitraire est simplement x, c'est-à-dire, lorsqu'on prend la simple

variable x pour la mesure de la fonction Fx que la série doit évaluer,
on a la forme....... (XI)

$$Fx = A_0 + A_1 . x + A_2 . x^2 + A_3 . x^3 + \text{etc.},$$

qui est évidemment la forme la plus particulière et la plus simple
des fonctions techniques nommées séries, dont il est question.

C'est sur cette forme la plus particulière des séries, connue sous
le nom impropre de *théorème de Taylor* (*), qu'est fondé le *Calcul
des Fonctions* de Lagrange, destiné principalement à donner
la déduction de la Théorie du calcul différentiel. — Or, pour peu
qu'on ait approfondi la Métaphysique de l'Algorithmie, que présente cette Introduction à la Philosophie des Mathématiques, on
concevra, avec facilité, toute l'inexactitude de cette dérivation du
calcul différentiel : il s'agirait, suivant cette dérivation, de déduire,
d'une fonction *technique* très-particulière, une branche *théorique*
très-générale. Mais, comme nous l'avons déjà dit, nous donnerons,
à la fin de cet Ouvrage, dans la 4ᵉ note, une démonstration mathématique irrécusable de ce bouleversement des principes de
l'Algorithmie ; nous y montrerons, en outre, que la démonstra-
tration que Lagrange cherche à donner à priori de cette forme
particulière des séries, sur laquelle repose tout son Calcul des
fonctions, n'est nullement rigoureuse, et qu'elle n'est pas même
une démonstration (**) : l'unique déduction possible de cette forme,

---

(*) Il faudrait la nommer *méthode* ou *porisme de Taylor*.

(**) Nous craignons que la franchise avec laquelle nous présentons la vérité,
ne nous fasse accuser de méconnaître le prix attaché aux travaux de l'illustre
géomètre dont nous parlons. Pour prévenir cette accusation, qu'il nous serait
pénible d'avoir encourue innocemment, nous déclarons, avec la même franchise, que nous ne le cédons à personne dans l'estime qu'on porte aux productions
mathématiques de ce géomètre. — A la fin de notre Philosophie générale,
nous donnerons l'Histoire philosophique des progrès des Sciences mathématiques, où se trouvera fixé, d'après l'importance des découvertes, le rang
des mathématiciens qui y ont coopéré : la place distinguée de M. le comte
Lagrange, dans l'Algorithmie elle-même et sur-tout dans la Mécanique, mon-
trera avec évidence quelle est l'opinion que nous nous faisons honneur d'avoir de
ce grand géomètre. — Il ne s'agit ici que du *Calcul des Fonctions*, qui est,
en quelque sorte, une production *métaphysique*.

est celle que nous venons de donner. — Nous devons encore observer qu'en partant d'une forme plus générale des séries, c'est-à-dire, en donnant, dans l'expression (x), des déterminations plus générales à la fonction arbitraire φx, par exemple, en faisant $\varphi x = ax^a + bx^{a+\prime} + cx^{a+\prime\prime} +$ etc., on pourrait arranger des *Calculs ou des Théories de dérivation* plus générales ; mais, pour mettre fin à toutes ces spéculations de *dérivations*, qui paraissent être une véritable mode parmi les géomètres de nos jours, nous donnerons, dans la note que nous venons de nommer, les lois factices du *Calcul de dérivation le plus général*, fondé sur la forme (VIII) des séries, qui est la forme la plus générale de ces fonctions techniques ; et nous montrerons, dans cette généralité absolue, toute l'inconséquence qu'il y a de vouloir faire dériver, de ces calculs qui ont des principes purement techniques, le calcul différentiel qui est éminemment théorique.

Dans cet aperçu de la métaphysique des séries, il nous reste à faire une observation majeure, concernant ce qu'on appelle leur *état convergent* et leur *état divergent*. — On voit actuellement, suivant la déduction que nous avons donnée de ces fonctions techniques, que, quelle que soit la valeur numérique des fonctions φx, $\varphi(x+\xi)$, $\varphi(x+2\xi)$, etc., qui servent de mesure algorithmique, pourvu que les quantités $A_{,}$, $A_{,}$, $A_{,}$, etc. formant les coefficiens des séries, soient déterminées d'après les principes (VI) de la formation de ces quantités, la série sera toujours la génération technique, une génération secondaire, de la fonction qu'elle sert à développer, et pourra ainsi remplacer cette fonction dans toutes les opérations algorithmiques. De là vient proprement la *signification déterminée* des séries dites divergentes ; signification qui était un des points les plus obscurs de la métaphysique de l'Algorithmie : on voit, en effet, suivant notre déduction, que toutes les séries en général, convergentes ou divergentes, sont, dans tous les cas, les résultats des transformations consécutives véritables des fonctions qu'elles servent à développer, en fonctions prises pour moyen de ce développement. — Nous pouvons nous dispenser ici de parler des conditions de la convergence des séries, et d'autres résultats, faciles à déduire des principes métaphysiques que nous avons reconnus pour ces fonctions techniques.

Voyons maintenant, en second lieu, le principe transcendantal

de

de la transition de la Théorie à la Technie de l'Algorithmie, ou le principe de la génération technique des fonctions algorithmiques, dans le cas où l'on emploie, pour cette génération, l'algorithme primitif de la graduation, et nommément l'algorithme des facultés; cas auquel correspond le second des deux schémas généraux (1) r de la génération en question, savoir, ... (XII)

$$Fx = A \times \Phi x,$$

A étant une quantité dépendante ou indépendante de x, et Φx une fonction considérée comme dépendant de la mesure algorithmique. — Or, pour peu qu'on analyse ici la conception qui donne le schéma de cette transformation de la fonction Fx, on trouvera d'abord que la quantité A peut réellement dépendre de la variable x, et par conséquent que, par cette raison, ce second cas (XII) des transformations algorithmiques, diffère essentiellement du premier cas (II) où la quantité A, résultante de la transformation, était nécessairement, dans les séries et dans les fractions continues, une quantité constante ou indépendante de la variable x. On trouvera de plus que, lorsque la quantité A est ainsi dépendante de x, elle doit être de nature qu'étant réduite à zéro par la variable x, elle donne, pour cette variable, une valeur telle que la fonction Fx se trouve également réduite à zéro par cette valeur de la variable, afin que la fonction Φx ait généralement une signification définie; et, sous ce point de vue, la quantité A étant généralement comparable avec la fonction proposée Fx, formera évidemment elle-même la mesure algorithmique. On trouvera enfin que, dans le cas en question, la quantité A n'est point nécessairement égale à zéro toutes les fois que $Fx = 0$, parce que, la fonction Φx étant en général considérée comme dépendant de la mesure, il faut que cette fonction se réduise à zéro, toutes les fois que $Fx = 0$, pour la possibilité de la comparaison générale des fonctions Fx et Φx; excepté le seul cas où la quantité A, remplissant elle-même la fonction de mesure, se trouve, par la valeur de x, réduite à zéro lorsque $Fx = 0$. Il s'ensuit que, dans le cas où A est considéré comme dépendant de x, si l'on désigne en général par fx cette fonction A, et si l'on opère la première transformation

$$Fx = f.x \times \Phi.x,$$

5.

la quantité $f_{\iota}x$ sera nécessairement une fonction *déterminée* de x, et non une fonction *arbitraire*. Il en sera de même de la seconde transformation $\Phi_{\iota}x = f_{\iota}x \times \Phi_{\iota}x$; et de toutes les transformations subséquentes $\Phi_{\iota}x = f_{\iota}x \times \Phi_{\iota}x$, $\Phi_{\iota}x = f_{\iota}x \times \Phi_{\iota}x$, etc. : les fonctions $f_{\iota}x$, $f_{\iota}x$, $f_{\iota}x$, etc., seront toutes des fonctions déterminées, et non des fonctions arbitraires. — Le résultat de ces transformations consécutives, sera .... (XIII)

$$Fx = f_{\circ}x \times f_{\iota}x \times f_{\iota}x \times f_{\iota}x \times \text{etc.} :$$

où les fonctions $f_{\circ}x$, $f_{\iota}x$, $f_{\iota}x$, etc., déterminées par les fonctions Φx que l'on considère comme dépendant de la mesure algorithmique, formeront évidemment elles-mêmes cette mesure, mais une mesure donnée par la nature de la fonction Fx, et non, comme dans le cas des séries et des fractions continues, une mesure arbitraire. — Quant aux principes de la détermination de ces fonctions, ils consistent visiblement, suivant la déduction précédente, dans la condition principale d'après laquelle, dans le cas où elles se réduisent à zéro, ces fonctions doivent donner, pour la variable x, des valeurs telles, que la fonction proposée se réduise également à zéro par ces valeurs de la variable ; et de plus, dans la condition accessoire d'après laquelle, dans le cas d'une valeur déterminée de la variable, par exemple $x = o$, les fonctions en question doivent donner, par leur produit indéfini, la quantité que, dans ce cas, donne la fonction proposée.

Ce développement par graduation (XIII) de la fonction Fx, que nous nommerons PRODUITES CONTINUES, et qui forme une espèce *particulière* de facultés, a donc encore son principe transcendantal dans la conception de la *finalité algorithmique* qui en est l'objet, c'est-à-dire, dans la conception des *moyens* propres à atteindre la *fin* qui se trouve impliquée dans le schéma (XII) de cette génération technique : en effet, supposant que la quantité A de ce schéma dépende de x, et qu'elle ne soit pas contenue dans la fonction Φx, le développement (XIII) constitue visiblement l'*unique procédé* possible de réduire, de plus en plus, la fonction proposée Fx, par le moyen des fonctions auxiliaires Φx, à la forme des fonctions $f_{\circ}x$, $f_{\iota}x$, $f_{\iota}x$, qui sont les mesures algorithmiques ; et par conséquent, ce développement constitue le *moyen unique* de la transformation de la fonction proposée Fx, en fonction des quantités f_0x, f_1x, f_2x, etc.; transformation qui est le véritable objet de l'évaluation algorithmique ou de la génération technique, dans le cas particulier où cette évaluation dépend de l'algorithme primitif de la graduation, et spécialement d'un algorithme particulier des facultés.

Lorsque, dans le schéma (XII), la quantité A est considérée comme indépendante de la variable x de la fonction proposée Fx, ce schéma n'est possible que par l'emploi de l'algorithme général des facultés; et nommément de la manière que voici :.... (XIV)

$$Fx = (\Psi z)^{\varphi x \,|\, \zeta},$$

z et ζ étant deux quantités données, Ψz désignant une fonction de z, et φx une fonction arbitraire de la variable x, prise pour la mesure algorithmique. En effet, suivant cette génération technique de la fonction proposée Fx, tous les facteurs finis Ψz, $\Psi(z+\zeta)$, $\Psi(z+2\zeta)$, etc., ainsi que les facteurs élémentaires qui en résultent d'après (31), formant la faculté en question, sont indépendans de la variable x. Mais, dans ce cas de l'évaluation de la fonction Fx, il faut que la fonction Ψz soit déterminée convenablement; ou bien, lorsqu'elle est arbitraire, qu'elle contienne une infinité de quantités indéterminées, par exemple, qu'elle soit fonction d'un polynome infini $A_0 + A_1 z + A_2 z^2 +$ etc., dans lequel A_0, A_1, A_2, etc. seraient des quantités indéterminées qui recevraient leur détermination de la nature de la fonction proposée Fx, et de la nature des fonctions arbitraires Ψz et φx. Pour concevoir cette nécessité, il suffit de remarquer que, suivant le schéma général (VIII) des séries, on peut avoir les développemens

$$Fx = M_0 + M_1.\varphi x + M_2.\varphi x^{2\,|\,\xi} + M_3.\varphi x^{3\,|\,\xi} + \text{etc.},$$

$$(\Psi x)^{\varphi x\,|\,\zeta} = N_0 + N_1.\varphi x + N_2.\varphi x^{2\,|\,\xi} + N_3.\varphi x^{3\,|\,\xi} + \text{etc.}$$

Ainsi, la génération technique (XIV) donnerait la relation d'égalité

$$0 = (M_0 - N_0) + (M_1 - N_1).\varphi x + (M_2 - N_2).\varphi x^{2\,|\,\xi} + \text{etc.};$$

et afin que cette relation pût avoir lieu pour toutes les valeurs de x, il faudrait qu'on eût séparément. . . . . (xv)

$$M_o - N_o = o, \quad M_1 - N_1 = o, \quad M_2 - N_2 = o, \text{ etc.}$$

Or, ces dernières relations ne sont possibles que par une détermination convenable de la fonction Ψz, ou bien par l'influence des quantités indéterminées A_o, A_1, A_2, etc. , qui devraient être contenues dans cette fonction , lorsqu'elle serait arbitraire.

Nous nommerons Facultés strictement dites , la génération technique (xiv) dont il est question , qui embrasse visiblement l'espèce *générale* de l'algorithme des facultés; et nous observerons que cette génération technique a encore son principe transcendantal dans la conception de la *finalité algorithmique* qui en est l'objet, ou dans la conception des *moyens* propres pour atteindre la *fin* qui est impliquée dans le schéma général (xii) : en effet, comme nous l'avons déjà remarqué, lorsque la quantité A , contenue dans ce schéma , doit être indépendante de la variable x de la fonction proposée Fx, la génération technique qui est exprimée par le schéma (xii), n'est possible que par l'emploi de l'algorithme général des facultés; emploi qui est précisément l'objet de la génération technique (xiv) dont il s'agit, et qui rend possible la transformation de la fonction proposée Fx, en fonction de la quantité φx prise pour mesure.

Tels sont donc les algorithmes techniques particuliers, les séries (viii), les fractions continues (ix), les produites continues (xiii) et les facultés strictement dites (xiv), qui forment, deux à deux, les deux classes générales et *primitives* de la génération technique ou de l'évaluation des fonctions algorithmiques, données immédiatement ou médiatement : les séries et les fractions continues forment la classe de la génération technique opérée par le moyen de l'algorithme primitif de la sommation, et nommément par l'algorithme de la numération; les produites continues et les facultés strictement dites forment la classe de la génération technique opérée par le moyen de l'algorithme primitif de la graduation, et nommément par l'algorithme des facultés.

Ce que nous venons de dire de ces quatre algorithmes techniques, n'est encore que la déduction métaphysique de leurs conceptions générales respectives , dont les schémas algorithmiques sont les expressions (viii), (ix), (xiii) et (xiv). — Quant à leurs LOIS FONDAMENTALES et aux CIRCONSTANCES IMMÉDIATES, formant la seconde et la troisième partie de leur métaphysique, c'est là proprement l'objet de la seconde partie de cet Ouvrage, où nous donnerons l'ensemble des principes de l'application de ces algorithmes. — Il faut ici remarquer que ce que nous avons dit, en traitant la théorie générale des équivalences, concernant les développemens par sommation et par graduation des fonctions algorithmiques, appartient déjà à la déduction métaphysique que nous venons de donner des conceptions générales des quatre algorithmes techniques en question; aussi, faut-il rapprocher ces considérations métaphysiques, pour en tirer réciproquement une clarté plus grande et une détermination plus précise.

C'est ici le lieu de compléter la métaphysique des algorithmes théoriques des NUMÉRALES et DES FACTORIELLES. — Nous avons déduit leurs conceptions générales, et déterminé les schémas (24) et (25) qui en résultent; et nous avons promis de faire connaître leurs lois fondamentales et les circonstances immédiates, formant la seconde et la troisième partie de leurs théories, lorsque nous connaîtrions les lois ou du moins les principes de la génération des algorithmes de la numération et des facultés, dont les numérales et les factorielles sont des cas particuliers. — Voici ce complément.

D'abord, pour ce qui concerne l'algorithme des numérales, dont le schéma général, suivant (24), est

$$A_0 . n^{\mu} + A_1 . n^{\mu + \nu} + A_2 . n^{\mu + 2\nu} + \text{etc.} = N,$$

il est évident qu'un nombre quelconque N étant donné, on pourra toujours prendre μ assez grand pour que N divisé par n^{μ} soit plus petit que n; et alors on aura

$$\frac{N}{n^{\mu}} = A_0 + A_1 . n^{\nu} + A_2 . n^{2\nu} + \text{etc.},$$

ou bien, dans la simplicité première, en faisant $\nu = -1, \ldots \ldots$ (xvi)

$$\frac{N}{n^{\mu}} = A_0 + A_1 . n^{-1} + A_2 . n^{-2} + \text{etc.}$$

Ainsi, pour développer un nombre quelconque donné N, au moyen de l'algorithme des numérales, il suffira, en général, suivant le schéma précédent (xvi), de déterminer les coefficiens A_0, A_1, A_2, etc., entre les limites du nombre n pris pour mesure; et c'est le procédé de cette détermination qui forme évidemment la loi fondamentale de la théorie des numérales. Or, en observant que la quantité N est ici un nombre donné et constant, ainsi que la quantité n servant de mesure, on conçoit que, pour assimiler cette génération du nombre N à la transformation des fonctions opérée par l'algorithme général de la numération, transformation qui nous a conduit aux expressions générales (viii) et (ix), il faut considérer, dans le schéma (xvi), le nombre N et la mesure n, comme étant déjà des déterminations particulières ou arithmétiques de fonctions générales ou algorithmiques; et il faut chercher la nature de ces fonctions générales ou algorithmiques, desquelles peut provenir la génération (xvi) du nombre N, c'est-à-dire, la nature des fonctions au moyen desquelles on peut, suivant les procédés de la transformation technique des fonctions, déterminer les coefficiens A_0, A_1, A_2, etc., dont il est question. Il faut donc déterminer une fonction Fx d'une variable x, et une fonction φx de la même variable, telles que, d'une part, elles donnent respectivement les nombres $\frac{N}{n^\mu}$ et $\frac{1}{n}$ pour une valeur déterminée de cette variable, et que, de l'autre, elles puissent servir à la détermination des coefficiens A_0, A_1, A_2, etc. en question, suivant les procédés de la transformation technique de laquelle résulte l'expression (x) qui est évidemment la formule de l'expression (xvi) dont il s'agit. Or, ces fonctions respectives et uniques sont.....(xvii)

$$Fx = \left(\frac{N}{n^\mu}\right)^x, \quad \text{et} \quad \varphi x = \left(\frac{1}{n}\right);$$

comme nous allons le voir.

On aura, pour la première transformation,

$$\left(\frac{N}{n^\mu}\right)^x = \left(a_0 + \frac{N'}{n^\mu}\right)^x,$$

a_0 étant un nombre entier plus petit que n, et $\frac{N'}{n^\mu}$ une fraction plus petite que l'unité, ce qui donnera

$$\left(\frac{N}{n^\mu}\right)^x = \left(\frac{N'}{n^\mu}\right)^x + \frac{x}{1}\cdot\left(\frac{N'}{n^\mu}\right)^{x-1}\cdot a_0 + \frac{x}{1}\cdot\frac{x-1}{2}\cdot\left(\frac{N'}{n^\mu}\right)^{x-2}\cdot a_0^2 + \text{etc.};$$

et partant

$$A_0 = \frac{x}{1}\cdot\left(\frac{N'}{n^\mu}\right)^{x-1}\cdot a_0 + \frac{x}{1}\cdot\frac{x-1}{2}\cdot\left(\frac{N'}{n^\mu}\right)^{x-2}\cdot a_0^2 + \text{etc.},$$

$$\Phi_0 x = \left(\frac{N'}{n^\mu}\right)^x;$$

de manière que, x étant infiniment grand, la mesure $\varphi x = \left(\frac{1}{n}\right)^x$ et la quantité partielle $\Phi_0 x = \left(\frac{N'}{n^\mu}\right)^x$ deviendront zéro en même temps. On aura, pour la seconde transformation

$$\left(\frac{N'}{n^\mu}\right)^x : \left(\frac{1}{n}\right)^x = \left(\frac{nN'}{n^\mu}\right)^x = \left(a_1 + \frac{N''}{n^\mu}\right)^x,$$

a_1 étant encore un nombre entier plus petit que n, et $\frac{N''}{n^\mu}$ une fraction plus petite que l'unité; ce qui donnera

$$\left(\frac{nN'}{n^\mu}\right)^x = \left(\frac{N''}{n^\mu}\right)^x + \frac{x}{1}\cdot\left(\frac{N''}{n^\mu}\right)^{x-1}\cdot a_1 + \frac{x}{1}\cdot\frac{x-1}{2}\cdot\left(\frac{N''}{n^\mu}\right)^{x-2}\cdot a_1^2 + \text{etc.};$$

et partant

$$A_1 = \frac{x}{1}\cdot\left(\frac{N''}{n^\mu}\right)^{x-1}\cdot a_1 + \frac{x}{1}\cdot\frac{x-1}{2}\cdot\left(\frac{N''}{n^\mu}\right)^{x-2}\cdot a_1^2 + \text{etc.},$$

$$\Phi_1 x = \left(\frac{N''}{n^\mu}\right)^x;$$

de manière que, x étant infiniment grand, la mesure $\varphi x = \left(\frac{1}{n}\right)^x$ et la quantité partielle $\Phi_1 x = \left(\frac{N''}{n^\mu}\right)^x$ deviendront encore zéro en même temps. Procédant, de la même manière, à la transformation de la quantité $\left(\frac{N''}{n^\mu}\right)^x : \left(\frac{1}{n}\right)^x$, et poursuivant ces transformations, à l'indéfini s'il le faut, on obtiendra, d'après la formule générale (x), l'expression......(xviii)

$$\left(\frac{N}{n^\mu}\right)^x = A_0 + A_1\cdot n^{-x} + A_2\cdot n^{-2x} + A_3\cdot n^{-3x} + \text{etc.},$$

qui, dans le cas particulier où $x=1$, donnera la génération du nombre N dont il est question, savoir,

$$\frac{N}{n^\mu} = a_0 + a_1.n^{-1} + a_2.n^{-2} + a_3.n^{-3} + \text{etc.} ;$$

ou bien..... (xix)

$$N = a_0.n^\mu + a_1.n^{\mu-1} + a_2.n^{\mu-2} + a_3.n^{\mu-3} + \text{etc.}$$

Telle est donc la loi de la génération d'un nombre au moyen de l'algorithme des numérales, et par conséquent la LOI FONDAMENTALE de la théorie de cet algorithme. — Telle est encore, et avec évidence, la déduction métaphysique de la possibilité de cette génération d'un nombre. — C'est donc là le principe sur lequel se fonde l'opération arithmétique par laquelle on exprime, au moyen de l'algorithme des numérales, c'est-à-dire, au moyen d'un système de numération arithmétique, un nombre donné quelconque : cette opération est le fait algorithmique ; l'objet de la déduction précédente en est le principe métaphysique.

Avant de procéder aux circonstances immédiates de la théorie des numérales, observons que si, suivant la loi générale (viii) des séries, on prenait, pour schéma de l'algorithme des numérales, l'expression plus générale ou plus composée.... (xx)

$$N = A_0.n^{\mu|r} + A_1.n^{(\mu-1)|r} + A_2.n^{(\mu-2)|r} + \text{etc.},$$

n et r étant des nombres formant la mesure algorithmique, on pourrait développer un nombre quelconque N, au moyen de cet algorithme plus composé, en procédant, dans la transformation de ce nombre, suivant les principes de la transformation de laquelle résulte l'expression générale (viii), et en observant que l'expression en question (xx) donne

$$\frac{N}{n^{\mu|r}} = A_0 + A_1.(n+\mu r)^{-1|r} + A_2.(n+\mu r)^{-2|r} + \text{etc.},$$

ou bien

$$\frac{N}{n^{\mu|r}} = A_0 + A_1.\frac{1}{(n+\mu r - r)^{1|r}} + A_2.\frac{1}{(n+\mu r - r)^{2|r}} + \text{etc.}$$

Par

Par exemple, si le nombre proposé était $\frac{1}{2}$, et si les nombres n et r servant de mesure, étaient $n = 1$ et $r = -2$, on aurait d'abord, en faisant $\mu = 0$,

$$\frac{1}{2} = A_0 + A_1 \cdot \frac{1}{3^{\cdot 1 \cdot 2}} + A_2 \cdot \frac{1}{3^{\cdot 1 \cdot 2}} + A_3 \cdot \frac{1}{3^{\cdot 1 \cdot 2}} + \text{etc.},$$

et procédant d'après les principes en question, on obtiendrait les transformations :

$$1^\circ.\ \left(\tfrac{1}{2}\right)^x = \quad \left(0 + \tfrac{1}{2}\right)^x = \left(\tfrac{1}{2}\right)^x + 0,$$

$$2^\circ.\ \left(\tfrac{1}{2}\right)^x : \left(\tfrac{4}{3}\right)^x = \left(1 + \tfrac{1}{2}\right)^x = \left(\tfrac{1}{2}\right)^x + \left\{ \tfrac{x}{1}\left(\tfrac{1}{2}\right)^{x-1} \cdot 1 + \tfrac{x}{1}\cdot\tfrac{x-1}{2}\cdot\left(\tfrac{1}{2}\right)^{x-2}\cdot 1^2 + \text{etc.} \right\},$$

$$3^\circ.\ \left(\tfrac{1}{2}\right)^x : \left(\tfrac{1}{5}\right)^x = \left(2 + \tfrac{1}{2}\right)^x = \left(\tfrac{1}{2}\right)^x + \left\{ \tfrac{x}{1}\left(\tfrac{1}{2}\right)^{x-1}\cdot 2 + \tfrac{x}{1}\cdot\tfrac{x-1}{2}\cdot\left(\tfrac{1}{2}\right)^{x-2}\cdot 2^2 + \text{etc.} \right\},$$

$$4^\circ.\ \left(\tfrac{1}{2}\right)^x : \left(\tfrac{1}{7}\right)^x = \left(3 + \tfrac{1}{2}\right)^x = \left(\tfrac{1}{2}\right)^x + \left\{ \tfrac{x}{1}\left(\tfrac{1}{2}\right)^{x-1}\cdot 3 + \tfrac{x}{1}\cdot\tfrac{x-1}{2}\cdot\left(\tfrac{1}{2}\right)^{x-2}\cdot 3^2 + \text{etc.} \right\},$$

etc., etc.; qui donneront, dans le cas particulier où $x = 1$, la génération suivante..... (xxi)

$$\frac{1}{2} = 1 \cdot \frac{1}{3} + 2 \cdot \frac{1}{3.5} + 3 \cdot \frac{1}{3.5.7} + 4 \cdot \frac{1}{3.5.7.9} + \text{etc.}$$

Tel serait l'emploi de l'algorithme des numérales, en le prenant dans sa plus grande généralité. — On voit que, sous ce point de vue, on pourrait former des systèmes de numération arithmétique bien plus généraux que les systèmes connus, lesquels derniers procèdent simplement suivant les puissances des nombres pris pour mesure. Mais, c'est précisément dans cette simplicité primitive que consiste la primauté des systèmes ordinaires de numération arithmétique : les systèmes plus généraux dont il est question, et qui procèdent suivant les factorielles des nombres servant de mesure, exigent déjà eux-mêmes la détermination numérique que donnent les systèmes ordinaires.

Quant aux circonstances immédiates formant la troisième partie de la théorie des numérales, dont il nous reste encore à parler, elles proviennent de la double manière, directe et inverse, dont on peut établir la comparaison algorithmique des fonctions partielles Φx avec la mesure φx, savoir, $\Phi x : \varphi x$ et $\varphi x : \Phi x$. — Ces circonstances donnent ainsi, pour résultat, d'après la seconde de ces comparaisons, un algorithme particulier des numérales, conforme à la loi générale (IX) des fractions continues. Nous le nommerons FRACTIONS CONTINUES NUMÉRALES.

Sans alléguer tous les argumens, qu'on pourra facilement suppléer après ce que nous venons de dire de la loi fondamentale de la théorie des numérales, nous présenterons ici immédiatement la génération d'un nombre au moyen de l'algorithme particulier formant les fractions continues numérales. — Soit $\frac{N}{M}$ un nombre quelconque donné; et soit $\frac{n}{m}$ la quantité servant de mesure, dans laquelle $n < m$, mais différant d'une quantité assez petite pour que toutes les déterminations que nous indiquerons soient possibles. Faisons

$$Fx = \left(\frac{N}{M}\right)^x; \quad \text{et} \quad \varphi x = \left(\frac{n}{m}\right)^x;$$

et nous aurons, suivant les procédés des tranformations qui donnent l'expression générale (IX), les transformations particulières suivantes :

$$1^\circ. \ \left(\frac{N}{M}\right)^x = \left(a_0 + \frac{N'}{M'}\right)^x =$$
$$= \left(\frac{N'}{M'}\right)^x + \left\{\frac{x}{1}.\left(\frac{N'}{M'}\right)^{x-1}.a_0 + \frac{x}{1}.\frac{x-1}{2}.\left(\frac{N'}{M'}\right)^{x-2}.a_0^2 + \text{etc.}\right\},$$

$$2^\circ. \ \left(\frac{n}{m}\right)^x : \left(\frac{N'}{M'}\right)^x = \left(\frac{M'n}{N'm}\right)^x = \left(a_1 + \frac{N''}{M''}\right)^x =$$
$$= \left(\frac{N''}{M''}\right)^x + \left\{\frac{x}{1}.\left(\frac{N''}{M''}\right)^{x-1}.a_1 + \frac{x}{1}.\frac{x-1}{2}.\left(\frac{N''}{M''}\right)^{x-2}.a_1^2 + \text{etc.}\right\},$$

$$3^\circ. \ \left(\frac{n}{m}\right)^x : \left(\frac{N''}{M''}\right)^x = \left(\frac{M''n}{N''m}\right)^x = \left(a_2 + \frac{N'''}{M'''}\right)^x =$$
$$= \left(\frac{N'''}{M'''}\right)^x + \left\{\frac{x}{1}.\left(\frac{N'''}{M'''}\right)^{x-1}.a_2 + \frac{x}{1}.\frac{x-1}{2}.\left(\frac{N'''}{M'''}\right)^{x-2}.a_2^2 + \text{etc.}\right\},$$

etc, etc. ;

où l'on suppose que a_0, a_1, a_2, etc. sont des nombres entiers, et $\frac{N'}{M'}$, $\frac{N''}{M''}$, $\frac{N'''}{M'''}$, etc. des quantités plus petites que l'unité. Or, dans le cas particulier où $x = 1$, les transformations précédentes donnent évidemment.... (XXII)

$$\frac{N}{M} = a_0 + \cfrac{\frac{n}{m}}{a_1 + \cfrac{\frac{n}{m}}{a_2 + \cfrac{\frac{n}{m}}{a_3 + \text{etc.}}}} ;$$

et si, de plus, on suppose que n ne diffère de m que d'une quantité indéfiniment petite, on aura.... (XXIII)

$$\frac{N}{M} = a_0 + \cfrac{1}{a_1 + \cfrac{1}{a_2 + \cfrac{1}{a_3 + \text{etc.}}}} ,$$

qui est le schéma de l'algorithme particulier en question, que nous nommons fractions continues numérales. — Telle est donc la déduction métaphysique, ou le principe de l'opération arithmétique qui conduit à cette espèce particulière et numérique de fractions continues; espèce qui, suivant cette déduction, appartient évidemment, comme corollaire immédiat, à la théorie des numérales.

Venons, en second lieu, au complément de la théorie des factorielles, qu'il nous reste encore à donner. — Le schéma de l'algorithme des factorielles, suivant (25), est

$$x^{m|\xi} = (x + 0)(x + \xi)(x + 2\xi)(x + 3\xi)\ldots.$$

Or, considéré par rapport à sa forme, cet algorithme n'est autre chose qu'un développement par graduation, pris dans sa simplicité primitive; et alors, tout ce que nous avons dit de ce développement, en traitant la théorie générale des équivalences, se rapporte ici immédiatement. Ainsi, la factorielle $x^{m|\xi}$ en question, doit avoir un développement par sommation dont le schéma sera évidemment

$$x^{m|\xi} = x^m + M_1 . x^{m-1} + M_2 . x^{m-2} + M_3 . x^{m-3} + \text{etc.} ;$$

les coefficiens M_1, M_2, M_3, etc. formant les sommes des combinaisons des quantités 0ξ, 1ξ, 2ξ, 3ξ, ..., prises respectivement de

1 à 1, de 2 à 2, de 3 à 3, etc. sans permutations; de manière que
si, en général, on désigne, comme plus haut, par $(0\ldots n)_\mu$ la
somme des combinaisons des nombres $0, 1, 2, 3,\ldots n$, pris de μ
à μ, sans permutations, on aura

$$M_1 = \big(0\ldots(m-1)\big)_1 . \xi, \quad M_2 = \big(0\ldots(m-1)\big)_2 . \xi^2,$$

$$M_3 = \big(0\ldots(m-1)\big)_3 . \xi^3, \quad \text{etc., etc.};$$

et par conséquent....(xxiv)

$$x^m|\xi = x^m + \big(0\ldots(m-1)\big)_1 . \xi x^{m-1} + \big(0\ldots(m-1)\big)_2 . \xi^2 x^{m-2} +$$
$$+ \big(0\ldots(m-1)\big)_3 . \xi^3 x^{m-3} + \text{etc.}$$

C'est ce développement par sommation de la factorielle générale
$x^m|\xi$, qui est la LOI FONDAMENTALE de la théorie des factorielles :
c'est, en effet, par ce développement que les factorielles, qui sont de
simples développemens par graduation, se trouvent ramenées à
l'algorithme primitif et primordial de la sommation, et par conséquent liées avec cet algorithme. — Mais, il faut observer que la loi
en question (xxiv), qui est dérivée de la première (hh) des deux
lois fondamentales de la théorie des équivalences, ne se trouve
proprement démontrée que pour les cas où l'exposant m est un
nombre entier : nous ne pourrons en avoir la démonstration générale que lorsque, dans la seconde partie de cet Ouvrage, nous connaîtrons la loi fondamentale des facultés en général, de laquelle
nous déduirons, comme cas particulier, cette loi fondamentale des
factorielles. Toutefois, nous devons remarquer que déjà ici, suivant
ce que nous avons dit dans la théorie des équivalences et dans la
déduction des produites continues (xiii), nous pouvons supposer
une généralité absolue à la loi (xxiv) en question ; et cela même,
non seulement en nous fondant sur la simple fonction *logique* du
jugement, qui constitue l'INDUCTION, mais bien sur une véritable
fonction *transcendantale* de cette faculté intellectuelle. En effet,
nous avons vu, dans la théorie des équivalences, que l'accord des
deux algorithmes primitifs, de la sommation et de la graduation,
dans les développemens primitifs ou simples, dépendans de ces
algorithmes, est un véritable phénomène téléologique, une finalité

dans les différentes fonctions du savoir de l'homme, et nous voyons, par le sens de la déduction des produites continues, que les factorielles forment réellement des développemens primitifs par graduation; de manière que le développement par sommation qui entre dans l'expression de la loi (xxiv) dont il s'agit, et qui forme également un développement primitif ou simple, doit, suivant ce PRINCIPE TÉLÉOLOGIQUE, être équivalent à la factorielle pour toutes les valeurs de l'exposant m, pourvu que les coefficiens $(0\ldots(m-1))\cdot\xi$, $(0\ldots(m-1))\cdot\xi^2$, etc. de ce développement, se trouvent exprimés, en général, en fonctions de cet exposant (*).

Les CIRCONSTANCES IMMÉDIATES qui forment la troisième et dernière partie de la théorie des factorielles, proviennent encore, comme dans la théorie des numérales, de la double manière dont on peut envisager la génération des facultés prises dans toute leur étendue; et nommément comme donnant, d'une part, l'espèce générale (xiv) de facultés, lorsque, dans le schéma général (xii), la quantité A est considérée comme indépendante de la variable x de la fonction proposée Fx; et comme donnant, de l'autre part, l'espèce particulière (xiii) des facultés, lorsque, dans le schéma (xii), la quantité A est considérée comme dépendante de la variable x de la fonction Fx. Or, le résultat de ces circonstances, dans la théorie des factorielles, est évidemment un algorithme particulier de factorielles, conforme à l'espèce particulière (xiii) des facultés en général, c'est-à-dire, conforme aux produites continues. — Le schéma de cet algorithme particulier, que nous nommerons PRODUITES CONTINUES FACTORIELLES, est.... (xxv)

$$x\,(x+\xi)\,(x+2\xi)\,(x+3\xi)\ldots \text{ à l'infini.}$$

(*) C'est sur ce principe téléologique que se fonde la déduction que Kramp donne de cette loi des factorielles; et c'est encore sur le même principe que se fondent toutes les déductions du célèbre binome de Newton, tant qu'on reste dans la Théorie de l'Algorithmie, et qu'on n'emploie pas, pour ces déductions, les procédés de la Technie de l'Algorithmie : c'est cette Technie qui seule réunit ou identifie en quelque sorte, dans les algorithmes de la numération et des facultés, les deux algorithmes primitifs, la sommation et la graduation, de l'indépendance desquels vient précisément la difficulté en question.

Mais, pour peu qu'on examine ces produites factorielles, on voit qu'elles ne sauraient, en général, donner des valeurs déterminées et finies, que *dans leurs rapports*; et voici l'expression de ces rapports, lorsqu'ils sont considérés dans leur simplicité primitive ;
(XXVI)

$$\frac{(a+x)^{\infty}|\xi.(q+z)^{\infty}|\zeta}{(b+z)^{\infty}|\zeta.(p+x)^{\infty}|\xi} = \frac{\zeta^n}{\xi^m} \cdot \frac{(a+x)^m|\xi}{(b+z)^n|\zeta},$$

en faisant $m = \frac{p-a}{\xi}$, $n = \frac{q-b}{\zeta}$, et en supposant $m = n$. Nous en donnerons la déduction dans la seconde partie de cet Ouvrage, où nous distinguerons cette expression comme formant un cas particulier de l'expression de ces rapports, que nous donnerons pour les facultés en général.

Revenons à la Technie de l'Algorithmie. — Les quatre algorithmes techniques que nous avons déduits jusqu'ici, et qui, deux à deux, forment les deux classes de génération technique, dépendantes respectivement de l'emploi de la sommation et de la graduation, constituent évidemment les *algorithmes techniques primitifs*. Ce sont donc ces quatre algorithmes, les séries, les fractions continues, les facultés (strictement dites), et les produites continues, qui, dans tous les cas, doivent servir, du moins comme élémens, à l'évaluation ou à la mesure des fonctions algorithmiques. De plus, puisque ces deux classes générales de fonctions techniques, ne sont que des modifications ou des déterminations particulières des deux algorithmes théoriques primitifs, de la sommation et de la graduation, il est visible que ces algorithmes techniques étant combinés, si cela était possible, ne feraient que reproduire les algorithmes dérivés théoriques, et ne donneraient nullement des algorithmes techniques nouveaux ou différens; de manière qu'il n'existe point, quant à la forme de génération, d'autres algorithmes techniques élémentaires, différens de ceux que nous avons déduits jusqu'ici. Toutefois, si l'on distingue, non la forme de génération qui ne saurait être différente, mais le procédé, direct ou inverse, de la détermination de la fonction proposée Fx, pour avoir sa génération technique, on trouvera qu'il existe une classe d'*algorithmes techniques dérivés*, provenant des algorithmes primitifs que nous connaissons. En effet, les quantités A_0, A_1, A_2, etc., qui entrent dans les séries

(viii), dans les fractions continues (ix) et dans les facultés strictement dites (xiv), sont évidemment des quantités formées au moyen
de déterminations particulières des fonctions proposées Fx que
ces algorithmes servent à évaluer; de manière que, quoique les
fonctions générales Fx ne soient point données, pourvu que leurs
déterminations particulières qui sont requises pour les algorithmes
techniques en question, soient connues ou du moins puissent être
déduites de quelques autres données, on pourra toujours, suivant
un procédé inverse, obtenir, par le moyen des trois algorithmes
techniques que nous venons de nommer, l'évaluation générale de la
fonction Fx à laquelle se rapporteront les déterminations particulières qu'on aura employées.—C'est ce procédé inverse, formant
évidemment une classe d'algorithmes techniques dérivés, qui est
ce qu'on appelle *méthodes d'interpolation.* — Ces méthodes ont
donc la forme de génération des trois algorithmes techniques en
question, des séries, des fractions continues et des facultés strictement dites, au moyen desquels elles peuvent avoir lieu; mais, le
procédé de la détermination des fonctions que ces méthodes servent
à évaluer, est ici inverse de celui qu'on emploie dans les algorithmes
techniques primitifs : dans les méthodes d'interpolation, la fonction
générale ou du moins sa génération technique, qui est l'objet de
ces méthodes, est dérivée des déterminations particulières de cette
fonction, données immédiatement ou médiatement; tandis que,
dans les algorithmes techniques primitifs, ces déterminations particulières sont dérivées de la fonction générale qui est donnée.

Telle est la déduction architechtonique des MÉTHODES D'INTERPO-
LATION. —Voici quelques aperçus de leur métaphysique, et nommément l'exposition de leur conception générale.

D'abord, il faut observer que l'expression ou la génération
technique qu'on obtient pour une fonction inconnue, au moyen
des méthodes d'interpolation, est elle-même une fonction d'une
quantité variable; de manière que, lorsque cela est possible,
cette expression forme une fonction générale, et est susceptible
d'une continuité indéfinie. Mais, cette continuité que reçoit ainsi
une fonction cherchée, ne lui vient point des méthodes mêmes d'interpolation : ces méthodes ne donnent en effet qu'une génération secondaire, une génération technique, de la fonction à la-

quelle se rapportent les déterminations particulières, sur lesquelles
se trouvent fondées les méthodes en question ; et il faut que cette
dernière fonction ait, par elle-même, une génération primitive et
théorique, susceptible d'une continuité indéfinie, pour que les fonctions obtenues par les différentes méthodes d'interpolation, soient
également susceptibles d'une continuité indéfinie. Ce n'est donc
point des méthodes d'interpolation que certaines quantités reçoivent leur continuité, comme paraissent le croire les géomètres ;
mais au contraire, les fonctions que donnent les méthodes d'interpolation, reçoivent leur continuité algorithmique de ce que les quantités correspondantes ont, par elles-mêmes, une génération primitive
ou théorique, susceptible d'une continuité indéfinie. Par exemple,
les fonctions dérivées différentielles et successives de la fonction x^m,
savoir, mx^{m-1}, $m(m-1)x^{m-2}$, $m(m-1)(m-2).x^{m-3}$, etc., peuvent donner, par l'application des méthodes d'interpolation, une
fonction générale dépendante de l'ordre μ des différentielles ; et
quoiqu'on ne puisse attacher aucune signification de dérivation différentielle aux cas où μ est fractionnaire, la fonction générale obtenue donnera néanmoins, pour ces cas, des valeurs déterminées,
et elle aura ainsi une continuité indéfinie. Mais, cette continuité
qui est ici purement accidentelle, ne provient point, dans la fonction générale en question, des méthodes mêmes d'interpolation :
elle provient de ce que l'ordre général des différentielles dont il
s'agit, a une expression algorithmique théorique, ou une génération
primitive, qui se trouve susceptible d'une continuité indéfinie. En
effet, cette expression générale est

$$\frac{d^\mu x^m}{dx^\mu} = m^{\mu\,|\,-1} . x^{m-\mu} ;$$

où l'on voit qu'à cause de la continuité indéfinie de la factorielle
$m^{\mu\,|\,-1}$, dépendante de l'exposant μ, cette expression est réellement
susceptible d'une continuité indéfinie, quoique purement accidentelle : si l'on désigne par ∂ la différentielle prise par rapport à la
quantité μ considérée comme variable, on aura, d'après l'expression (32) des facteurs élémentaires des factorielles, l'expression
générale suivante :

$$\partial\left(\frac{d^{\mu}x^{m}}{dx^{\mu}}\right) = m^{\mu|-1} \cdot x^{m-\mu} \cdot \left\{ L(m-\mu) - \Lambda\frac{1}{\mu-m} - Lx \right\} \cdot \partial\mu,$$

qui est le principe de cette continuité.

En second lieu et réciproquement, lorsque les déterminations particulières d'une fonction inconnue, auxquelles s'appliquent les méthodes d'interpolation, sont de nature que la fonction correspondante n'ait point, par elle-même, une continuité indéfinie, les méthodes d'interpolation ne peuvent donner des fonctions qui aient une telle continuité. Par exemple, les fonctions que nous avons remarquées ci-dessus en parlant des rapports algorithmiques, et que nous avons nommées lameds, ne sauraient, par l'application des méthodes d'interpolation, recevoir une continuité indéfinie ; parce que, comme nous l'avons déjà observé, ces fonctions n'en sont point susceptibles dans leur génération primitive. Il en est de même des fonctions que nous avons nommées alephs : ces fonctions, étant considérées par rapport à leur exposant, ne sont pas non plus susceptibles d'une continuité indéfinie dans leur génération primitive ou théorique (*); et elles ne sauraient, par conséquent, recevoir cette continuité de l'application des méthodes d'interpolation.

En réunissant ces argumens, nous conclurons que les méthodes d'interpolation ne donnent qu'une génération secondaire, la génération technique, des fonctions dont les déterminations particulières auxquelles s'appliquent ces méthodes, sont connues immédiatement ou médiatement ; et qu'elles ne forment proprement que des algorithmes occasionnels, dérivés des trois algorithmes techniques primitifs, nommés plus haut, dont elles ne diffèrent que par le procédé inverse (*à particulari ad universale*) de l'emploi des déterminations particulières, desquelles elles dépendent. — Telle est la CONCEPTION GÉNÉRALE des méthodes d'interpolation : les schémas

---

(*) La raison de ce que les fonctions alephs ne sont point susceptibles de continuité, quoiqu'elles proviennent d'une considération transcendantale, consiste dans ce qu'elles se rapportent essentiellement à la Théorie des nombres, et par conséquent, à l'algorithme primitif de la sommation, dont le caractère distinctif est la discontinuité.

33

algorithmiques qui en résultent, sont nécessairement identiques avec les schémas (VIII), (IX), et (XIV) des algorithmes techniques primitifs dont dérivent ces méthodes. — Quant à leurs LOIS FONDAMENTALES respectives, et aux CIRCONSTANCES IMMÉDIATES, formant la seconde et la troisième partie de leur métaphysique, elles rentrent dans l'objet de la seconde partie de cet Ouvrage.

Les algorithmes techniques, primitifs et dérivés, que nous avons déduits jusqu'ici, sont les algorithmes techniques *élémentaires*. En effet, tous ces algorithmes dépendent immédiatement et séparément, du moins dans leurs principes respectifs, des algorithmes théoriques élémentaires : il n'y entre encore aucune influence de la *réunion systématique* de ces élémens algorithmiques. — Or, cette réunion se présente ici, comme dans la Théorie de l'Algorithmie, et avec la même nécessité : nous renvoyons à ce que nous avons dit, dans cette Théorie, concernant la déduction de cette réunion nécessaire des élémens de l'Algorithmie; et nous nous contenterons ici d'observer que l'unité systématique qui lie les algorithmes techniques élémentaires, ne peut consister que dans la forme générale de ces algorithmes, et que cette forme générale est nécessairement la forme primitive de toute l'Algorithmie. En effet, toutes les déterminations d'*identité* ou de *diversité* systématiques, que peut recevoir la réunion des élémens algorithmiques, et qui constituent le *contenu* de cette réunion, sont déjà données dans la Théorie de l'Algorithmie; et il ne reste, par conséquent, pour la réunion systématique et nécessaire des algorithmes techniques élémentaires, que ce qui peut appartenir à la *forme* de cette réunion : de plus, cette forme générale des algorithmes techniques est évidemment la forme primitive de toute l'Algorithmie, en ce qu'elle embrasse l'application même, indépendante et immédiate, des algorithmes primitifs et opposés, de la sommation et de la graduation.

Il nous reste donc à découvrir cette forme générale des algorithmes techniques, qui sera évidemment l'*algorithme technique systématique*; et qui, en même tems, sera la LOI ALGORITHMIQUE ABSOLUE.

Pour procéder avec méthode dans cette recherche, il suffit d'observer que l'algorithme systématique en question, devant présenter la forme primitive de l'Algorithmie, doit suivre l'algorithme primitif de la sommation, qui est évidemment le principe premier et constitutif (*) de toute l'Algorithmie; et par conséquent que, dans la recherche en question, nous devons nous diriger au moyen de ce principe. — Nous allons le faire réellement; mais, nous n'en parlerons plus explicitement, pour abréger l'exposition.

D'abord, si l'on prend le schéma (viii) des séries, savoir,

$$Fx = A_0 + A_1 . \varphi x + A_2 . \varphi x^2 | \xi + A_3 . \varphi x^3 | \xi + \text{etc.},$$

et si l'on fait abstraction de la nature particulière des fonctions consécutives φx, $\varphi (x + \xi)$, $\varphi(x + 2\xi)$, etc. qui entrent dans cette expression algorithmique, on aura, pour résultat de cette généralisation, un agrégat de termes de la forme.... (xxvii)

$$Fx = \Phi_0 + \Phi_1 + \Phi_2 + \Phi_3 + \text{etc.}$$

En second lieu, si l'on prend le schéma (ix) des fractions continues, savoir,

$$Fx = A_0 + \cfrac{\varphi x}{A_1 + \cfrac{\varphi (x + \xi)}{A_2 + \cfrac{\varphi (x + 2)}{A_3 + \text{etc.}}}} ;$$

et si l'on fait

$$F_1 x = \cfrac{\varphi(x + \xi)}{A_2 + \cfrac{\varphi (x + 2\xi)}{A_3 + \text{etc.}}} , \qquad F_2 x = \cfrac{\varphi (x + 2\xi)}{A_3 + \cfrac{\varphi (x + 3\xi)}{A_4 + \text{etc.}}} ,$$

etc., etc., et en général,

$$F_\mu x = \cfrac{\varphi (x + \mu \xi)}{A_{\mu+1} + \cfrac{\varphi(x + (\mu + 1)\xi)}{A_{\mu+2} + \text{etc.}}} ;$$

on aura

$$F_m x = \varphi (x + m\xi) . (A_{m+1} + F_{m+1} x)^{-1}.$$

De plus, si l'on désigne simplement par φ_0, φ_1, φ_2, etc. les fonctions

---

(*) Le principe premier régulatif de toute l'Algorithmie, est le schéma (6), ou plus généralement le schéma (31), sur lequel se fonde toute continuité algorithmique.

φx, $\varphi(x+\xi)$, $\varphi(x+2\xi)$, etc., et si l'on forme, avec ces fonctions et avec les quantités A, les médiateurs suivans,

$$P_m = 1,$$
$$P_{m+1} = A_{m+1} \cdot P_m,$$
$$P_{m+2} = A_{m+2} \cdot P_{m+1} + \varphi_{m+1} \cdot P_m,$$
$$P_{m+3} = A_{m+3} \cdot P_{m+2} + \varphi_{m+2} \cdot P_{m+1},$$
$$\text{etc.,} \quad \text{etc.};$$

on aura

$$F_m x = \frac{\varphi_m}{P_m} \cdot (P_{m+1} + P_m \cdot F_{m+1} x)^{-1}.$$

Or, en substituant la valeur de $F_{m+1}x$, cette dernière expression donnera

$$F_m x = \frac{\varphi_m}{P_m} \cdot (A_{m+2} + F_{m+2} x) \cdot \{P_{m+1} \cdot (A_{m+2} + F_{m+2} x) + P_m \cdot \varphi_{m+1}\}^{-1};$$

et développant la puissance -1,

$$F_m x = \frac{\varphi_m}{P_m} \cdot \left\{ \frac{1}{P_{m+1}} - \frac{P_m \cdot \varphi_{m+1}}{P_{m+1}^2 \cdot (A_{m+2} + F_{m+2} x)} + \text{etc.} \right\};$$

et revenant à la même puissance,

$$F_m x = \frac{\varphi_m}{P_m \cdot P_{m+1}} - \frac{\varphi_m \cdot \varphi_{m+1}}{P_{m+1}} \cdot \{P_{m+1} (A_{m+2} + F_{m+2} x) + P_m \cdot \varphi_{m+1}\}^{-1} =$$
$$= \frac{\varphi_m}{P_m \cdot P_{m+1}} - \varphi_m \cdot \left[\frac{\varphi_{m+1}}{P_{m+1}} \cdot (P_{m+2} + P_{m+1} \cdot F_{m+2} x)^{-1} \right].$$

Ainsi, en substituant successivement les valeurs de $F_{m+2}x$, $F_{m+3}x$, etc., et en procédant toujours de la même manière, on obtiendra le développement général suivant :

$$F_m x = \frac{\varphi_m}{P_m \cdot P_{m+1}} - \frac{\varphi_m \cdot \varphi_{m+1}}{P_{m+1} \cdot P_{m+2}} + \frac{\varphi_m \cdot \varphi_{m+1} \cdot \varphi_{m+2}}{P_{m+1} \cdot P_{m+3}} - \text{etc.};$$

qui donnera, pour le cas de $m=0$, l'expression.... (xxviii)

$$Fx = A_0 + \frac{\varphi x}{P_0 P_1} - \frac{\varphi x^{2|\xi}}{P_1 P_2} + \frac{\varphi x^{3|\xi}}{P_2 P_3} - \text{etc.}$$

Donc si, dans cette expression, on fait abstraction de la nature particulière des quantités dépendantes de la variable x; on aura encore, pour résultat de cette généralisation, un agrégat de termes de la forme.... (xxix)

$$Fx = \Phi_0 + \Phi_1 + \Phi_2 + \Phi_3 + \text{etc.}$$

En troisième lieu, si l'on prend le schéma (xiii) des produites continues, savoir,

$$Fx = f_0 x \times f_1 x + f_2 x \times \text{etc.};$$

et si, comme cela est possible d'après notre déduction, on décompose, en deux termes M et Ξ, les facteurs successifs $f_0 x$, $f_1 x$, $f_2 x$, etc., c'est-à-dire, si l'on fait

$$Fx = (M_0 + \Xi_0)(M_1 + \Xi_1)(M_2 + \Xi_2) \ldots \text{etc.};$$

les quantités M_0, M_1, M_2, etc., étant indépendantes de x, et les quantités Ξ_0, Ξ_1, Ξ_2, etc. formant des fonctions de cette variable; on aura encore, en supposant que la multiplication soit effectuée, et en faisant abstraction de la nature particulière des fonctions Ξ, pour résultat de ce développement et de cette généralisation, un agrégat de termes de la forme.... (xxx)

$$Fx = \Phi_0 + \Phi_1 + \Phi_2 + \Phi_3 + \text{etc.}$$

En quatrième et dernier lieu, si l'on prend le schéma (xiv) des facultés strictement dites, savoir,

$$Fx = (\Psi z)^{\varphi x \,|\, \zeta},$$

et si, en employant l'algorithme technique des séries, on forme le développement

$$(\Psi z)^{\varphi x \,|\, \zeta} = N_0 + N_1 . \varphi x + N_2 . \varphi x^2 |\, \xi + N_3 . \varphi x^3 |\, \xi + \text{etc.};$$

tel que nous l'avons déjà remarqué en parlant des facultés en question, on aura encore, en faisant abstraction de la nature particulière des fonctions φx, $\varphi(x+\xi)$, $\varphi(x+2\xi)$, etc., pour résultat de cette généralisation, un agrégat de termes de la forme.... (xxxi)

$$Fx = \Phi_0 + \Phi_1 + \Phi_2 + \Phi_3 + \text{etc.}$$

Ainsi, tous les algorithmes techniques élémentaires peuvent être ramenés à la forme générale d'un agrégat de termes, à la forme que nous venons de reconnaître (xxvii), (xxix), (xxx), (xxxi). C'est donc dans cette forme que se trouve leur réunion systématique ; et par conséquent, c'est sous cette même forme que doit avoir lieu l'algorithme technique systématique, correspondant à cette réunion des algorithmes techniques élémentaires. De plus, et cela est évident, l'algorithme systématique en question, qui embrasse tous les procédés techniques, est nécessairement le procédé technique absolu, et contient ainsi le principe de toute la Technie de l'Algorithmie.

Soit donc Fx une fonction, donnée immédiatement ou médiatement, dont on demande la mesure ou l'évaluation, c'est-à-dire, la génération technique ; et soient Ω_0, Ω_1, Ω_2, etc. des fonctions arbitraires de la variable x, prises pour la mesure algorithmique, fonctions qui peuvent être liées par une loi, ou n'avoir entre elles aucune liaison ; on aura, suivant la déduction précédente, pour la génération technique en question, l'expression générale...(xxxii)

$$Fx = A_0 . \Omega_0 + A_1 . \Omega_1 + A_2 . \Omega_2 + A_3 . \Omega_3 + \text{etc.},$$

A_0, A_1, A_2, etc. étant des quantités indépendantes de la variable x. — C'est cette expression qui est le schéma algorithmique que donne la CONCEPTION GÉNÉRALE de l'algorithme technique systématique dont il s'agit. — Quant à la LOI FONDAMENTALE et aux CIRCONSTANCES IMMÉDIATES, formant la seconde et la troisième partie de la métaphysique de cet algorithme technique général, elles rentrent visiblement dans l'objet de la seconde partie de cet Ouvrage. Nous nous contenterons ici de remarquer que cette loi fondamentale doit consister dans l'expression algorithmique générale des coefficiens A_0, A_1, A_2, etc., qui sont évidemment des quantités composées de déterminations particulières de la fonction proposée Fx et des fonctions auxiliaires Ω_0, Ω_1, Ω_2, etc. ; et de plus, QUE CES DÉTERMINATIONS PARTICULIÈRES DOIVENT ÊTRE ARBITRAIRES, OU CORRESPONDRE A UNE VALEUR ARBITRAIRE DE LA VARIABLE x, POUR QUE LA LOI EN QUESTION AIT UNE GÉNÉRALITÉ ABSOLUE (*).

____

(*) C'est cette loi absolue, formant l'objet principal de la seconde partie de cet Ouvrage, qui a été présentée à l'Institut de France, comme servant de fondement à l'établissement de la Technie de l'Algorithmie.

Quant à la forme de cette loi technique absolue, forme qui est donnée par le schéma précédent (xxxii), on voit actuellement qu'elle suit effectivement, et dans sa plus grande simplicité, l'algorithme théorique primitif et primordial de la sommation; et par conséquent, qu'elle est la FORME PRIMITIVE de toute l'Algorithmie. Ainsi, c'est dans cette loi que doit se trouver le principe de toutes les lois fondamentales, et par conséquent de toutes les lois en général, théoriques et techniques, de la science des nombres; aussi, déduirons-nous effectivement, de cette loi algorithmique suprême, non-seulement toutes les lois fondamentales de la Technie de l'Algorithmie, qui en dérivent visiblement, mais même toutes les lois fondamentales de la Théorie de l'Algorithmie, que nous avons déduites isolément dans cette Introduction à la Philosophie des Mathématiques. — Vu cette primauté absolue de la loi dont il s'agit, nous la nommerons LOI ALGO-RITHMIQUE ABSOLUE, en la considérant en général par rapport à toute l'Algorithmie, ou bien aussi LOI TECHNIQUE ABSOLUE, en la considérant en particulier par rapport à la Technie de l'Algorithmie. — Nous devons encore faire remarquer que cette loi présente immédiatement les procédés qu'on appelle *développemens* algorithmiques, et par conséquent que nous attribuerons spécialement le nom de DÉVELOPPEMENS aux procédés dépendans immédiatement de l'algorithme technique systématique qui est la loi en question : nous attribuerons le nom particulier et simple de VALEURS aux procédés que donnent les algorithmes techniques élémentaires, parce que ce sont ces procédés dont la véritable signification est l'évaluation des quantités.

Ce que nous venons de dire concernant la Technie dont il est question, appartient proprement au point de vue transcendantal de cette partie de l'Algorithmie, à l'exception des trois principes logiques que nous avons reconnus pour la transition de la Théorie à la Technie de l'Algorithmie. Or, il faut encore observer ici, et cela en suivant les argumens que nous avons allégués dans la Théorie de l'Algorithmie, qu'on peut également envisager la Technie sous un point de vue purement *logique*. — Il n'en résulte nullement des algorithmes nouveaux, parce que la *génération* des quantités qui est l'objet des algorithmes en général, appartient essentiellement au point de vue transcendantal : il n'en résulte qu'une *relation* des algorithmes techniques; et cela, non entre ces algorithmes eux-mêmes, relation qui n'aurait aucune signification, mais bien entre ces algorithmes, considérés comme MOYENS, et les FINS ALGORITHMIQUES pour lesquelles les algorithmes techniques peuvent être employés. — Il nous reste donc à déterminer ces fins algorithmiques générales, qui constituent précisément le but impliqué dans l'objet de la Technie de l'Algorithmie.

Mais, avant de procéder à cette détermination, nous devons encore remarquer que, sous le point de vue transcendantal de la Technie en question, prédomine la faculté de l'entendement, et que, sous le point de vue logique de cette Technie, prédomine la faculté de la volonté. En effet, la génération secondaire des quantités, qui est l'objet des algorithmes techniques, est nécessairement, comme fonction du savoir, une production de l'entendement considéré en général : l'influence de la volonté ou de la finalité qui en résulte, se réduit, dans cette génération secondaire, aux trois principes logiques de la transition de la Théorie à la Technie de l'Algorithmie; principes que nous avons déduits plus haut, et qui, précisément parce qu'ils dépendent de l'influence expresse de la volonté, appartiennent déjà au point de vue logique de la Technie algorithmique. Au contraire, la relation des algorithmes techniques avec les fins algorithmiques, pour lesquelles ils peuvent être employés, dépend évidemment de l'influence de la volonté dans l'objet général de la Technie de l'Algorithmie, et nommément de la finalité qui se trouve impliquée dans cette Technie.

Venons maintenant et en dernier lieu, à la détermination des fins algorithmiques dont il est question. — Or, le principe de cette détermination consiste visiblement dans le principe même de la Technie algorithmique, et par conséquent dans l'objet de la déduction que nous en avons donnée, pour établir cette partie de l'Algorithmie; ainsi, pouvant nous dispenser de rappeler ici tous les argumens, nous nous contenterons de présenter, comme résultat de la détermination dont il s'agit, le tableau architectonique suivant.

Tableau

TABLEAU ARCHITECTONIQUE DES MATHÉMATIQUES.

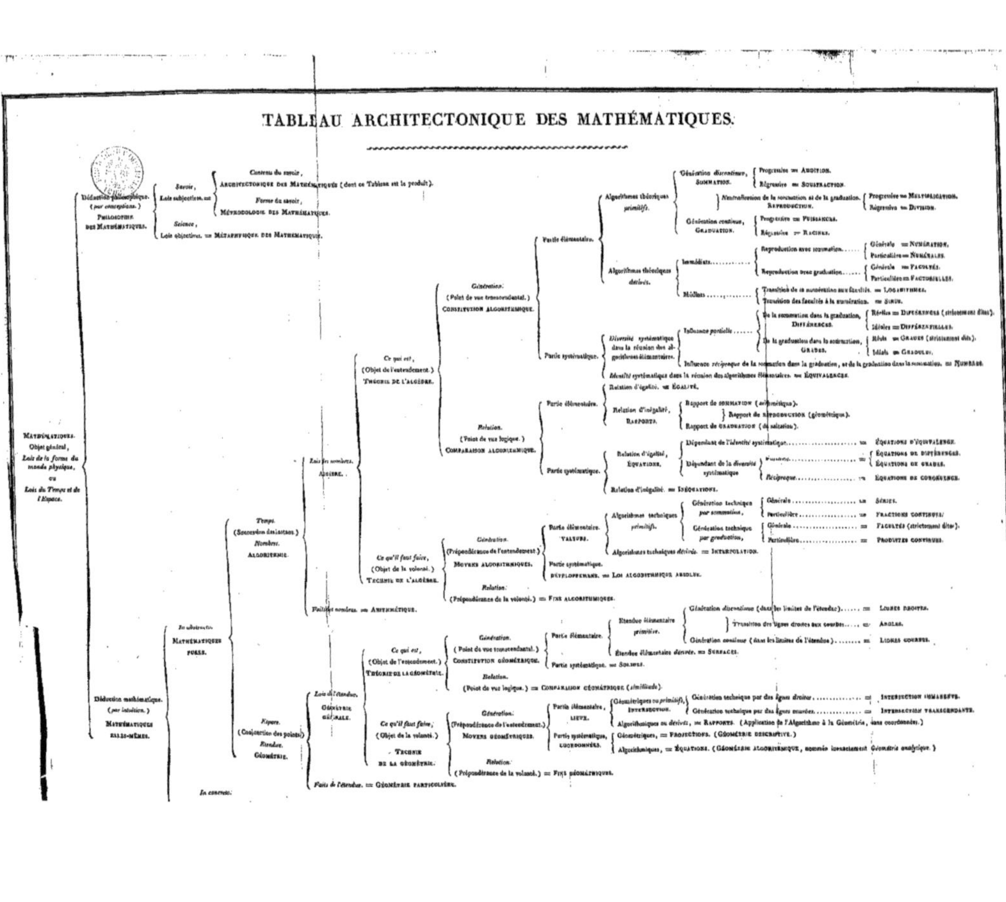

Tableau architechtonique des fins algorithmiques, faisant l'objet de la Technie de l'Algorithmie.

A) Fins mathématiques.

  a) Fins données par la partie élémentaire de la Théorie de l'Algorithmie ;

    α) Sous le point de vue transcendantal,

      1°. Génération technique des fonctions théoriques simples.

      2°. Génération technique des fonctions théoriques composées.

    β) Sous le point de vue logique. = Conditions de l'emploi des méthodes d'interpolation.

  b) Fins données par la partie systématique de la Théorie de l'Algorithmie ;

    α) Sous le point de vue transcendantal,

      1°. Génération technique des fonctions de différences et de différentielles, directes et inverses,

      2°. Génération technique des fonctions de grades et de gradules, directes et inverses.

      3°. Génération technique des propriétés des nombres.

      4°. Génération technique des termes des équivalences,

    β) Sous le point de vue logique,

      1°. Résolution technique des équations d'équivalence.

      2°. Résolution technique des équations de différences et de différentielles.

      3°. Résolution technique des équations de grades et de gradules.

      4°. Résolution technique des équations de congruence,

B) Fins métaphysiques.

  a) Concernant la Technie de l'Algorithmie en particulier :

      1°. Transformation des séries dans les trois autres algorithmes techniques primitifs.

      2°. Transformation des fractions continues, *idem.*

      3°. Transformation des facultés strictement dites, *idem,*

      4°. Transformation des produites continues, *idem.*

  b) Concernant l'Algorithmie en général. = Déduction de toutes les lois algorithmiques fondamentales, de la loi technique ou algorithmique absolue.

34

Telles sont les FINS ALGORITHMIQUES appartenant à la Technie dont il s'agit; et tel est précisément l'objet de la seconde partie de cet Ouvrage. — Nous y donnerons, non des méthodes isolées pour arriver à ces fins algorithmiques, mais bien les PRINCIPES MÊMES ET LES SYSTÈMES DE TOUTES LES MÉTHODES POSSIBLES QUI CONDUISENT AUX FINS EN QUESTION : et c'est là proprement le véritable objet de la Technie considérée comme faisant partie de la science des nombres.

CONCLUSION.

Nous voilà au terme de la Philosophie de l'Algorithmie. — La loi absolue (XXXII) qui s'est trouvée former la dernière limite de cette Philosophie, est, en même tems, la loi absolue de toute la science des nombres; et ce qui est plus, cette loi, quant à sa forme, se trouve identique avec le principe premier et le plus simple, l'algorithme primitif et primordial de la sommation, duquel nous sommes partis dans la déduction de cette Philosophie. Cette circonstance présente un critérium infaillible de ce que le système de nos connaissances algorithmiques, est ici complètement achevé.

Mais, pour nous former une idée exacte de l'état de ces connaissances, arrêtons notre attention sur les deux questions suivantes :

1°. *Quel était l'état des Mathématiques, et sur tout de l'Algorithmie, avant cette Philosophie des Mathématiques?*

2°. *Quel sera l'état de l'Algorithmie, après cette Philosophie des Mathématiques?*

Pour répondre à ces questions, il suffit de résumer ce que nous avons dit dans cette Introduction à la Philosophie des Mathématiques, et d'en faire l'application aux connaissances positives. — Voici ces réponses.

D'abord, pour ce qui concerne l'état de l'Algorithmie antérieur à cette Philosophie, nous avons prouvé que les principes premiers ou métaphysiques n'avaient encore qu'une certitude problématique, et que parmi les différentes lois fondamentales de l'Algorithmie, une seule, le binome de Newton, était connue.

Les différens principes de l'Algorithmie n'étaient obtenus que par induction, *à particulari ad universale*, et n'avaient, par conséquent, qu'une généralité relative ou présomptive. Leur origine intellectuelle, la source de laquelle on aurait pu dériver leur généralité absolue, était inconnue. Ainsi, les limites ou les conditions de l'application de ces principes, ne pouvaient être fixées ; et par conséquent, l'emploi indéfini de ces principes devait conduire à des erreurs : nous en avons donné un exemple frappant, par les contradictions dans lesquelles s'est trouvé entraîné Kramp ; contradictions qui l'ont forcé à déclarer que, dans la question des principes mathématiques, LES PLUS GRANDS GÉOMÈTRES SONT OBLIGÉS D'AVOUER INGÉNUMENT LEUR IGNORANCE.

Quant aux différentes lois fondamentales de l'Algorithmie, voici ce qu'il en était.

La loi fondamentale de la théorie de la SOMMATION, marquée (1) dans cette Introduction, comme identique avec la conception même de cette théorie, était nécessairement connue ; mais cette loi, purement populaire et nullement scientifique, n'étant pour ainsi dire que le premier élément de l'Algorithmie, ne formait, pour la science des nombres, qu'une condition négative (*conditio sine quā non*) des progrès, ou plutôt de l'établissement de cette science.

La loi fondamentale de la théorie de la REPRODUCTION, marquée (4), n'était connue que sous sa forme populaire, ou dans sa généralité relative obtenue par induction : la généralité absolue de cette loi, par exemple, la signification du nombre A pour deux nombres entiers quelconques B et C, n'était point connue.

La loi fondamentale de la théorie de la GRADUATION, marquée (8), qui est la première loi fondamentale entièrement scientifique, forme le binome de Newton ; et c'est là la seule loi fondamentale scientifique qui ait été connue. — Mais, le principe premier de la graduation, la vraie signification des nombres dits irrationnels, et le principe de la pluralité des racines, n'étaient pas connus, du moins avec une conscience logique suffisante ; bien plus, la nature des quantités idéales, dites imaginaires, était entièrement méconnue.

La théorie générale de la NUMÉRATION, dont le schéma est marqué (22), et qui embrasse les séries (VIII) et les fractions continues (IX), n'était point connue dans ses principes. En effet, la forme générale (22) de l'algorithme de la numération, n'était pas encore déduite ; et la loi fondamentale de cette théorie, qui en embrasse toute l'étendue, n'est pas non plus connue encore : nous la donnerons dans la seconde partie de cet Ouvrage. — Quant à l'algorithme des numérales (24), formant un cas particulier de la théorie de la numération, on ne le distinguait pas encore.

La théorie générale des FACULTÉS n'était connue que par induction. Le principe premier de cette théorie, marqué (31), et sa loi fondamentale que nous donnerons également dans la seconde partie de cet Ouvrage, n'étaient point connus. — Quant à l'algorithme des factorielles (25), il n'est qu'un cas particulier de la théorie des facultés.

La loi fondamentale de la théorie des LOGARITHMES, marquée (40) et (41), ou dans sa plus grande généralité (43), n'était encore déduite que de la théorie des sinus. De plus, la loi fondamentale et la plus simple de cette théorie, marquée (35), n'était point reconnue encore pour le principe même de la théorie des logarithmes : on ne la considérait que comme une expression instrumentale, propre à donner les développemens de ces fonctions. — Quant au principe architectonique de cette théorie, la transition de la numération aux facultés, on n'en avait pas l'idée.

La loi fondamentale de la théorie des SINUS, marquée (47), et les expressions (48) qui en proviennent, n'étaient point connues. Bien plus, cette théorie, en la considérant même dans le premier ordre de son état transcendant, n'était encore donnée que par la Géométrie. — Pour ce qui concerne les ordres supérieurs de la théorie des sinus, auxquels correspondent les expressions (54), (55) et (59), ils étaient entièrement inconnus.

La loi fondamentale de la théorie générale des DIFFÉRENCES, marquée (c) et (c)', n'était pas connue. — Nous savons bien que Condorcet était parvenu, par induction, à l'expression marquée (h), qui est le cas le plus particulier de cette loi ; mais nous ne savons pas qu'on ait déduit l'expression générale (c), et sur-tout qu'on l'ait reconnue pour la loi fondamentale de toute la théorie des différences et des différentielles, directes et inverses. Nous savons au contraire que, pour ce qui concerne en particulier le calcul différentiel, on a fini par en méconnaître entièrement la nature,

en lui donnant, pour principe, le prétendu théorème de Taylor,
ou d'autres expressions techniques pareilles.

La théorie des GRADES et des GRANULES n'était point connue;
on n'en soupçonnait même pas l'existence.

La loi fondamentale de la théorie des NOMBRES, marquée (D),
qui est le principe de la possibilité des congruences, était inconnue. — Il en était de même du principe architectonique de
cette théorie.

Les principes téléologiques de la théorie générale des ÉQUIVA-
LENCES, n'étaient point connus; et quant aux lois fondamentales
de cette théorie, la loi principale, marquée (pp), n'était pas connue
non plus : on ne connaissait que la loi marquée (hh), qui est visiblement d'une moindre importance philosophique.

La résolution théorique des ÉQUATIONS D'ÉQUIVALENCE était de-
venue tout-à-fait problématique. On ne connaissait que la résolution des équations des quatre premiers degrés, et on n'avait nulle
idée de la nature et de la forme des racines des équations des degrés
supérieurs. — C'est cette nature et cette forme que donne la loi
générale de la résolution des équations d'équivalence, exposée
dans l'article concernant ces équations, et dérivée de la loi fondamentale (pp) de la théorie des équivalences.

La résolution théorique des ÉQUATIONS DE DIFFÉRENCES ET DE
DIFFÉRENTIELLES, était encore plus imparfaite. Les procédés qu'on
a pour la résolution de quelques cas particuliers de ces équations,
sont indirects et artificiels : ils ne sont pas même encore ramenés
à la loi générale de la résolution de ces équations; à la loi qui est
exposée dans l'article concernant les équations des différences, et
dérivée de la loi fondamentale (c) de la théorie générale de ces
fonctions.

La résolution théorique des ÉQUATIONS DE GRADES ET DE GRA-
DULES, n'était pas encore en question.

Enfin, la résolution théorique des ÉQUATIONS DE CONGRUENCE,
se trouvait dans le même état d'imperfection que la résolution des
équations de différences et de différentielles.

Pour ce qui concerne la TECHNIE DE L'ALGORITHMIE, on n'en
avait encore nulle idée; et en effet, la dénomination inexacte
de *méthodes d'approximation* qu'on avait donnée à quelques pro-

cédés techniques isolés , auxquels on s'était trouvé forcé de recourir, prouve, avec évidence, toute l'absence de l'idée de cette partie intégrante de l'Algorithmie. On ne se doutait nullement que les différens procédés techniques qu'on nommait méthodes d'approximation, formassent des systèmes particuliers et dépendans d'un principe unique. Même dans ces méthodes isolées, on ne connaissait encore que les cas les plus particuliers ; par exemple, dans les méthodes dites d'approximation que fournissaient les séries , on connaissait seulement quelques méthodes dépendantes du prétendu théorème de Taylor : la loi de la forme plus générale (x) des séries , et encore moins la loi de la forme la plus générale (viii) de ces fonctions techniques, et par conséquent les méthodes fondées sur ces lois , n'étaient nullement connues. — Quant à la loi technique ou algorithmique absolue (xxxii), et aux méthodes qui en dépendent, on ne s'en doutait même pas.

Voilà quel était l'état de l'Algorithmie avant cette Philosophie des Mathématiques. — Pour ce qui concerne la Métaphysique même de l'Algorithmie, il est superflu d'en parler, parce que, suivant nous, on n'en avait pas encore entrevu l'idée (*).

Voyons maintenant quelle est la réponse que donne le résumé de la Philosophie des Mathématiques, présentée dans cet Ouvrage ; à la seconde des deux questions auxquelles nous nous arrêtons ici, savoir : Quel sera l'état de l'Algorithmie après cette Philosophie des Mathématiques ?

Pour ce qui concerne, en premier lieu, les principes métaphysiques de l'Algorithmie, leur déduction est donnée : le fondement absolu sur lequel ils sont établis, est connu, même par ce que

---

(*) Les ouvrages qui prétendaient au titre de Métaphysique des Mathématiques, tels que la *Langue des Calculs* de Condillac, la *Métaphysique de la science des quantités* de Limmer, et autres productions pareilles, sont, de l'aveu de tous les géomètres, d'une nullité mathématique absolue ; et quant à leur mérite philosophique, c'est tout simplement de la métaphysique dogmatique, ou, comme on dit en France, de la métaphysique systématique : les unes, tels que l'ouvrage de Condillac, dérivent du système de sensualisme de Locke ; les autres, tels que l'ouvrage de Limmer, dérivent du système d'intellectualisme de Leibnitz : et sous ce point de vue, nous pouvons assurer aujourd'hui que les auteurs de ces productions, n'ont même pas eu l'idée de la Métaphysique des Mathématiques.

nous en avons dit dans cette simple Introduction. — Ainsi, les limites et les conditions de l'application de ces principes, sont ou peuvent être rigoureusement fixées ; et nous ne devons plus craindre de pouvoir être entraînés dans des erreurs, par un usage logique ou conséquent de ces principes. — En un mot, l'Algorithmie aura désormais des principes infaillibles.

Pour ce qui concerne, en second lieu, les lois fondamentales de l'Algorithmie en général, ces lois sont actuellement connues et déduites pour toutes les branches de l'Algorithmie. — Leur application est manifeste ; et leur primauté respective est fixée avec évidence et irrévocablement.

Pour ce qui concerne, en troisième lieu, les procédés particuliers de la Théorie de l'Algorithmie, il est visible que ces différens procédés, trouvés ou à découvrir, doivent être ramenés aux lois théoriques fondamentales, établies par la Philosophie dont il est question ; par exemple, les procédés de l'intégration des fonctions et des équations différentielles, doivent être ramenés aux lois fondamentales respectives que nous avons déduites dans les articles concernant la théorie générale des différences et les équations de ces fonctions. — C'est ici le lieu d'observer que tout ce qu'il y a de général dans la Théorie de l'Algorithmie, se trouve déterminé par les lois fondamentales de cette Théorie, posées par la Philosophie dont il s'agit. Ainsi, par exemple, tout ce qu'il y a de général dans la résolution théorique des équations des différens genres, se trouve déterminé par les lois respectives que nous avons reconnues pour ce procédé théorique : les cas particuliers de la résolution des équations, étant entièrement indépendans, et ne pouvant, dans l'état de cette particularité, être soumis à des lois générales, ne sauraient recevoir qu'un développement successif et indépendant de toute considération générale. Il se présente même ici une observation majeure : c'est que la résolution théorique des cas particuliers des équations des différens genres, DÉPEND ENTIÈREMENT DU HASARD ; et cela précisément parce que ces cas particuliers sont indépendans entre eux, et de tout procédé général, comme nous l'avons déjà remarqué en donnant la déduction de la Technie de l'Algorithmie. Nous le répétons, tout ce qu'il y a de général dans la résolution théorique des équations, ainsi que dans toute la Théorie de l'Algorithmie, se trouve donné par les lois fondamentales que nous avons assignées aux différentes branches de cette Théorie : on ne saurait aller au-delà ; et jamais on n'aura des lois ou des procédés théoriques GÉNÉRAUX différens de ceux que nous avons déterminés. — La certitude absolue de cette assertion est fondée sur les principes inconditionnels desquels dérivent les lois théoriques dont il s'agit.

Pour ce qui concerne, en quatrième et dernier lieu, les procédés particuliers de la Technie de l'Algorithmie, il est également visible que ces différens procédés doivent être ramenés aux lois fondamentales des différentes branches de cette Technie, et définitivement à la loi technique ou algorithmique absolue (xxxii). — Il faut observer ici que le sort de la Technie, ou de cette partie intégrante de l'Algorithmie, qui a pour objet la mesure ou l'évaluation des quantités données d'une manière quelconque, est bien différent de celui de la Théorie de l'Algorithmie : dans la Technie, les lois les plus générales s'appliquent immédiatement, sans aucune détermination ultérieure, aux cas les plus particuliers ; dans la Théorie, les lois fondamentales et générales ne sauraient être appliquées aux cas particuliers, considérés comme tels, sans recevoir des déterminations ultérieures qui les rendent applicables à ces cas particuliers et indépendans. Il s'ensuit que la Technie de l'Algorithmie est entièrement en notre pouvoir, dès que les lois fondamentales, et sur-tout la loi absolue (xxxii) de cette partie de l'Algorithmie, sont connues ; tandis que la Théorie de l'Algorithmie reste, pour jamais, hors du pouvoir de l'homme, en la prenant dans son étendue entière. — C'est même là la condition de la nécessité de la Technie en question, considérée comme partie intégrante de l'Algorithmie en général.

Il résulte de cet aperçu de l'état futur de la science des nombres, et de ce que nous avons déjà dit plus haut, que la Théorie de l'Algorithmie forme un champ indéfini de spéculations algorithmiques. — Ces spéculations sont nécessaires ; elles constituent un objet de la raison : aussi, l'homme ne se désistera-t-il jamais d'en poursuivre les développemens. Mais, ces spéculations algorithmiques étant indéfinies, et dépendant, dans leurs développemens successifs, du simple hasard, il se présente un problème d'une importance

portance majeure, celui de déterminer les LOIS GÉNÉRALES de toutes ces spéculations algorithmiques ; lois qui seules peuvent ici satisfaire la raison. — C'est ce problème que nous avons résolu dans cette Introduction à la Philosophie des Mathématiques, en posant les lois fondamentales de toutes les branches de la Théorie de l'Algorithmie.

Il résulte encore de l'aperçu philosophique précédent, et de ce que nous avons déjà dit plus haut, que la Technie de l'Algorithmie peut donner, d'une manière générale, des méthodes pour toutes les questions algorithmiques qui se présentent à l'homme. — Or, c'est en nous fondant sur la certitude de cette possibilité, que nous avons avancé dans le Mémoire sur la Technie algorithmique, présenté à l'Institut de France, et que nous répétons ici expressément, que TOUS LES PROBLÈMES DES MATHÉMATIQUES, EN LES CONSIDÉRANT PAR RAPPORT À LA DÉTERMINATION DE LA VALEUR DES QUANTITÉS, PEUVENT ÊTRE RÉSOLUS AUJOURD'HUI. On verra, dans la seconde partie de cet Ouvrage, si cette assertion est fondée. Pour le moment, en observant que ce sont précisément les développemens des fonctions qui constituent les méthodes algorithmiques en général, on peut présumer la légitimité de cette assertion par la déclaration expresse de la Commission de l'Institut de France, que voici :

« Mais, ce qui a frappé vos Commissaires dans le Mémoire
» de l'auteur, c'est qu'il tire, de sa formule, TOUTES celles
» que l'on connaît pour les développemens des fonctions,
» et qu'elles n'en sont que des cas TRÈS-PARTICULIERS. »

En terminant cette Conclusion, nous devons déclarer que ce n'est point pour nous, mais pour la Philosophie en général, que nous revendiquons ce que les Mathématiques peuvent recevoir de nos travaux. Le temps est venu enfin où la Philosophie, assise sur une base inébranlable, peut remplir, avec infaillibilité, l'une de ses plus nobles fonctions, LA LÉGISLATION DES SCIENCES.

La découverte de la Philosophie transcendantale, sur laquelle repose cette Philosophie des Mathématiques, est une époque incomparable dans les progrès de l'esprit humain : elle a dévoilé cette pénible vérité, que tout ce qu'il y a de fait pour le savoir de l'homme, n'est encore qu'un travail provisoire. Il faut suspendre les recherches : il faut prendre des routes tout-à-fait nouvelles pour arriver, dans certaines sciences, à des résultats permanens, et dans d'autres, à des principes immuables. Un tribunal législateur, établi par cette Philosophie absolue, par la raison, range, au nombre des dernières, la science profonde du géomètre : suivant l'arrêt de cet infaillible tribunal, les Mathématiques ressemblent à un bel édifice qui serait presque achevé, et qui n'aurait pas encore de fondemens. — Ce sont ces fondemens que nous nous sommes efforcés de glisser sous l'édifice des Mathématiques.

Il faut savoir que la Philosophie transcendantale, considérée en elle-même, a été donnée toute achevée par l'auteur même de cette Philosophie, et cela, parce qu'elle forme un système parfait, où toutes les parties sont liées nécessairement (*). Mais, l'application de cette Philosophie aux différentes branches du savoir humain, aux sciences, application qui forme la Métaphysique, n'a pu être achevée par le même homme ; toutefois cet illustre mortel a donné les principes métaphysiques de la Physique, du Droit, de la Morale, de la Religion et de la Pédagogique. — C'est du temps et de la culture de cette Philosophie, qu'il fallait attendre la Métaphysique complète de toutes les sciences.

Voici, d'abord, la Métaphysique des Mathématiques (**). — Nous donnerons ensuite et successivement la Métaphysique des autres sciences exactes.

A cette occasion, nous devons prévenir le public, ou du moins cette partie du public qui ne peut pénétrer jusque dans le sanctuaire de la Philosophie transcendantale, que la Philosophie est enfin parvenue à déduire, avec certitude, les vérités les plus importantes pour l'homme : en effet, les principes des sciences, les règles du beau, les liens de la société, les devoirs des hommes,

----

(*) Il est à regretter que M. de Villers ait renoncé à faire connaître à la France la Philosophie transcendantale : son style éloquent, ses lumières, la pureté de ses intentions, tout l'appelait à cette noble fonction.

(**) Immédiatement après cet Ouvrage, nous présenterons un aperçu de la Philosophie de la Mécanique céleste, précédé d'une Introduction à la Philosophie des Mathématiques appliquées, et spécialement à la Philosophie de la Mécanique en général. — Après avoir ainsi consulté l'opinion publique, nous procéderons à la publication du Traité complet de la Philosophie des Mathématiques.

leur avenir moral, leur dignité, tout est déterminé, et avec la même certitude avec laquelle nous avons déduit, dans cet Ouvrage, les principes simples des Mathématiques. Mais, ce qui mérite surtout d'être remarqué, c'est que les résultats de ces recherches philosophiques, les plus profondes que l'homme ait faites jusqu'à ce jour, se trouvent conformes aux opinions sacrées, établies naturellement dès la plus haute antiquité : ordre juridique avec soumission à la Souveraineté, ordre éthique formant l'Église, ordre moral d'un Dieu rémunérateur, voilà les résultats, tout à la fois sublimes et naturels, de la Philosophie transcendantale.

ADDITION

A l'Article concernant la résolution des Équations de congruence.

La résolution générale des équations de congruence que nous avons exposée à l'article concernant ces équations, peut être simplifiée, et peut ainsi devenir plus facile dans son application aux cas particuliers, en donnant immédiatement, aux élémens de congruence n_1, n_2, n_3, etc., les déterminations que, suivant la résolution générale en question, ces élémens reçoivent médiatement par la détermination des coefficiens P et Q des équations (dk); et cela, en employant simplement les équations (dj), (dp) et (dq). — Pour faire connaître cette simplification, nous la présenterons ici, comme exemple, dans la résolution des équations de congruence du premier degré : on pourra facilement généraliser cette exposition.

Soit l'équation de congruence du premier degré.... $(\delta\alpha)$

$$N'\xi + O' \equiv N''\xi + O'', \quad \text{ou} \quad N\xi + O \equiv o, \ (\text{mod.} = M),$$

en faisant $N'' - N' = N$, $O'' - O' = O$. Or, suivant les expressions (dj) et (dp), on aura les relations d'égalité..... $(\delta\beta)$

$$N'\xi + O' = \aleph[N_a - n_i]^m, \quad N''\xi + O'' = \aleph[N_a - n_r]^m,$$
$$N\xi + O = M.\aleph[N_a]^{m-1};$$

lesquelles, d'après la loi fondamentale des nombres (D), constituent les principes de la possibilité même de l'équation de congruence qui est proposée, et par conséquent les principes de la résolution de cette équation. — Ce sont précisément ces relations qui embrassent tout ce qu'il y a de général dans la résolution des équations de congruence, c'est-à-dire, qui forment la loi générale elle-même de cette résolution; loi qu'il appartenait à la Philosophie de donner, et qui, dans l'Algorithmie, doit recevoir la détermination ultérieure et nécessaire pour être appliquée aux cas particuliers. C'est en effet sous cette forme générale que doit avoir lieu

toute résolution des équations de congruence : il reste seulement
à déterminer, pour un cas particulier donné, par exemple, pour
celui dont il s'agit, les élémens de congruence n_1, n_2, n_3, etc,
et l'exposant m des fonctions alephs. Cette dernière détermination,
qui est entièrement contingente et qui ne dépend plus d'aucune
loi générale, appartient à l'Algorithmie. — On peut ici se former
une idée de la part respective de la Philosophie de l'Algorithmie
et de l'Algorithmie elle-même : la première fixe les lois générales
des procédés algorithmiques, ou les principes de ces procédés;
la seconde donne à ces lois générales des déterminations ultérieures,
pour les rendre applicables aux cas particuliers et indépendans : la
loi générale $(\delta\beta)$, donnée par la Philosophie de l'Algorithmie, est
tout ce qu'il y a de général dans la résolution des équations de
congruence; la détermination ultérieure de cette loi, et nommément
la détermination des élémens de congruence n_1, n_2, n_3, etc. et de
l'exposant m, appartenant à l'Algorithmie elle-même, est essentiellement indépendante dans chaque cas particulier de ces équations, c'est-à-dire, que les procédés de cette détermination ultérieure sont absolument hétérogènes dans les différens cas particuliers, et qu'ils ne dépendent plus d'aucune loi générale. — Voici
cette détermination purement algorithmique de la loi $(\delta\beta)$, dans le
cas particulier dont il s'agit.

Soit $m = 2$, $N_a = n_1 + n_2 + n_3$. La dernière des trois relations
$(\delta\beta)$ donnera . . . . . . $(\delta\gamma)$

$$\xi = \frac{M.(n_1 + n_2 + n_3) - O}{N}.$$

Or, d'après l'équation (dq), au moins un des élémens de congruence
n_1, n_2 et n_3, doit être un nombre entier arbitraire j; ainsi, en faisant
$n_1 = j = Ni$, i étant un autre nombre entier arbitraire, l'expression précédente donnera . . . . . $(\delta\epsilon)$

$$\xi = Mi + \frac{M(n_2 + n_3) - O}{N};$$

où l'on voit que, pour remplir les deux conditions requises dans
la résolution en question, savoir que ξ et $\aleph[N_a]^{m-1}$ soient des
nombres entiers, il suffit de trouver, pour $n_1 + n_2$, un nombre
entier tel que $\frac{M(n_1 + n_3) - O}{N}$ devienne un nombre entier.

Voilà donc en quoi consiste proprement la résolution de l'équation de congruence proposée : elle dépend d'un élément de congruence n_1, constituant un nombre arbitraire de la forme Ni, et de la somme des deux élémens de congruence n_2 et n_3, telle que $\frac{M(n_2+n_3)-O}{N}$ soit un nombre entier.

Quant à la somme n_2+n_3 qu'il nous reste à trouver, il suffit de la déterminer une seule fois, et d'une manière quelconque. Mais, pour procéder méthodiquement dans cette détermination, supposons $n_2+n_3=(-1)^\omega.OP$, P étant un nombre entier, et nous aurons

$$\xi = Mi + O.\frac{(-1)^\omega.MP-1}{N};$$

où il ne reste qu'à trouver pour P un nombre entier quelconque, tel que $\frac{(-1)^\omega.MP-1}{N}$ devienne un nombre entier. Soit $(-1)^\omega.Q$ ce nombre entier résultant : nous aurons

$$MP - NQ = (-1)^\omega;$$

expression qui montre d'abord que les nombres M et N doivent être premiers entre eux, pour que la résolution proposée soit possible. De plus, en comparant cette expression avec la relation générale (dy) que nous avons vue dans l'article concernant les équations de congruence, on verra qu'elle en est un cas particulier, celui où $\varpi=1$ et $\pi=1$, savoir,

$$[a_1]_\omega.[a_2]_{\omega-2} - [a_1]_{\omega-1}.[a_2]_{\omega-1}=(-1)^\omega,$$

en faisant d'ailleurs $\mu=1$. Il ne reste donc qu'à déterminer la suite des bases a_1, a_2, a_3, etc. qui donnent des médiateurs tels que $M=[a_1]_\omega$ et $N=[a_2]_{\omega-1}$. Or, si l'on opère les divisions complètes

$$\frac{M}{N}=a_\omega+\frac{N'}{N}, \quad \frac{N}{N'}=a_{\omega-1}+\frac{N''}{N'}, \quad \frac{N'}{N''}=a_{\omega-2}+\frac{N'''}{N''},$$

etc., jusqu'à $\quad \frac{N^{(\omega-2)}}{N^{(\omega-1)}}=a_1+\frac{N^\omega}{N^{(\omega-1)}};$

en supposant que ω soit le nombre entier qui répond au reste

$N^{(a)} = 0$, les quotiens consécutifs $a_1, a_2, a_3, \ldots a_a$ seront les bases demandées. On aura ainsi...... $(\delta\zeta)$

$$P = [a_a]_{a-2}, \quad \text{et} \quad Q = [a_a]_{a-1} ;$$

et par conséquent...... $(\delta\eta)$

$$\xi = Mi + (-1)^a . O[a_a]_{a-1}.$$

Cette résolution de l'équation de congruence proposée, qui est fondée sur le principe premier ou absolu de cette résolution, montre, avec évidence, quelle est la nature du nombre arbitraire i qui entre dans l'expression de ξ : on voit ici effectivement, ainsi que nous l'avons avancé en général, que ce nombre arbitraire est un des élémens arbitraires de congruence. Mais, pour approfondir encore mieux la nature de cette résolution, il faut remonter jusqu'aux principes de la congruence, contenus dans les deux membres de cette relation. Or, puisqu'en général la différence $n_1 - n_p$ forme le module, nous aurons ici $n_3 - n_a = M$; relation qui, jointe à la détermination $n_a + n_3 = (-1)^a OP$, donnera

$$n_a = \tfrac{1}{2}\big((-1)^a O[a_a]_{a-2} - M\big), \quad u_3 = \tfrac{1}{2}\big((-1)^a O[a_a]_{a-2} + M\big).$$

Ainsi, les trois élémens de congruence n_1, n_a et n_3, en nous rappelant que $n_1 = Ni$, seront déterminés ; et les deux membres de congruence, formant les deux premières des trois expressions $(\delta\beta)$, seront déterminés également. On aura donc

$$\aleph[n_1 + n_a]^a = N^a i^a + Nin_a + n_a^a = N'\xi + O',$$
$$\aleph[n_1 + n_3]^a = N^a i^a + Nin_a + n_3^a = N''\xi + O'' ;$$

et l'on pourra, en y substituant l'expression $(\delta\eta)$ de ξ, déterminer les quantités partielles N', N'', O' et O'' ; quantités qui dépendent évidemment du nombre arbitraire i. — Voilà quelle est, pour chaque valeur de i, la formation des deux membres de la congruence, contenant le principe de l'équation proposée.

FIN.

... [illegible] de cette Introduction; *lisez*, qui est un
objet essentiel de cette Introduction;

15, 1 et 2, notre véritable objet; *lisez*, notre objet essentiel

16, 1, par l'influence de la raison constitutive; *lisez*, par l'influence
constitutive de la raison *

28, 14, $x + m\pi =$; *lisez* $x + \dfrac{m\pi}{2} =$

28, 18, $+ 2m\pi\sqrt{-1}$; *lisez*, $m\pi\sqrt{-1}$.

35, dernière, qui a jugé cet Ouvrage; *lisez*, qui a jugé la Technie
de l'Algorithmie,

36, 7, dans la Philosophie générale des Mathématiques; *lisez*, dans
la suite de cette Introduction.

40, 4, ajoutez à pour l'exposant $\mu - 1$.

43, 14, $+ \Sigma'fx$; *lisez*, $+ 3\Sigma'fx$

50, 24, métaphysique; *lisez*, architectonique

62, 2, qui est l'objet principal; *lisez*, qui est, pour ainsi dire,
l'objet principal

86, depuis la ligne 14, *dans l'expression* $(g1\ldots gv)_m$ *formant des exposans,
ajoutez la lettre v qui y manque, n'ayant pas marqué à
l'impression.*

97, ligne 15, qui font l'objet; *lisez*, qui, dans la partie systématique en
question, font l'objet

108, 4, un produit, semblable par; *lisez*, un produit semblable, par

149, 14, Il restera donc à $(\omega-3)$ coefficiens indéterminés; *lisez*, Il
restera donc $(\omega-3)$ coefficiens indéterminés. — *Il faut,
dans la suite de cet article, substituer partout* $(\omega-3)$
à la place de $2(\omega-3)$, *lorsqu'il s'agit des mêmes coefficiens indéterminés.*

251, 5, (1)1; *lisez*, (1)

256, 27, $\varphi x = \left(\dfrac{1}{n}\right)$; *lisez*, $\varphi x = \left(\dfrac{1}{n}\right)^x$;

264, 10 et 11, *(dans quelques exemplaires)* domine; *lisez*, prédomine